古代歷史文化^{研究}輯刊

十九編

王明蓀 主編

第 **14** 冊

宮闈內外：宋代內臣研究（上）

何冠環 著

國家圖書館出版品預行編目資料

宮闈內外：宋代內臣研究（上）／何冠環 著 -- 初版 -- 新北市：花木蘭文化事業有限公司，2018〔民107〕
目 2+208 面；19×26 公分
（古代歷史文化研究輯刊 十九編；第 14 冊）
ISBN 978-986-485-410-3（精裝）
1. 傳記 2. 宋史
618   107002311

ISBN-978-986-485-410-3

9 789864 854103

古代歷史文化研究輯刊
十九編　第十四冊　　　　　ISBN：978-986-485-410-3

宮闈內外：宋代內臣研究（上）

作　　者　何冠環
主　　編　王明蓀
總 編 輯　杜潔祥
副總編輯　楊嘉樂
編　　輯　許郁翎、王筑　美術編輯　陳逸婷
出　　版　花木蘭文化事業有限公司
發 行 人　高小娟
聯絡地址　235 新北市中和區中安街七二號十三樓
　　　　　電話：02-2923-1455／傳眞：02-2923-1452
網　　址　http://www.huamulan.tw 信箱 hml 810518@gmail.com
印　　刷　普羅文化出版廣告事業
初　　版　2018 年 3 月
全書字數　419319 字
定　　價　十九編 39 冊（精裝）台幣 100,000 元　　　版權所有・請勿翻印

宮闈內外：宋代內臣研究（上）

何冠環　著

作者簡介

何冠環，1955 年生，廣東江門新會人，香港中文大學文學士、哲學碩士，美國亞里桑拿大學（University of Arizona）哲學博士，專攻宋代史，師從著名宋史學者羅球慶教授與陶晉生院士，先後任教於香港公開大學、新加坡南洋理工大學、香港教育大學、香港理工大學，2015 年退休。現擔任香港樹仁大學歷史系及香港新亞研究所客席。2006 年起獲選爲中國宋史研究會理事，2010 年獲選爲嶺南宋史研究會副會長，2014 年獲選爲中國宋史研究會副會長。著有《宋初朋黨與太平興國三年進士》(1994)、《北宋武將研究》(2003)、《攀龍附鳳：北宋潞州上黨李氏外戚將門研究》(2013)、《北宋武將研究續編》(2016)，以及發表學術論文數十篇。

提　要

　　本書取名《宮闈內外：宋代內臣研究》，是作者研究宋代內臣（宦官）的第一本論文結集，共收論文十篇。本書以個案微觀研究取向，以人物爲經，以史事爲緯，考論從宋太祖至宋孝宗逾四十名宋代內臣的生平事蹟，從內臣的視角，透視宋代宮廷政治、文臣黨爭、宋遼、宋夏戰爭的狀況。本書所考述的內臣中，其中六人有墓誌銘傳世，因得以了解他們的家庭狀況。另本書以一半的篇幅，闡述藍氏、閻氏兩大內臣世家的興衰史，並提出宋代內臣存在世家的問題。本書也提出宋代內臣依其職份及能力，可以粗略分爲「文宦」及「武宦」兩大類。

　　雖然宋代內臣的史料匱乏，惟作者能充份利用現存的文獻史料、碑刻銘文，以綿密的考證，生動的筆觸，重建宋代內臣的面貌，並摒除傳統儒家士大夫對內臣的偏見，構建以內臣爲中心的宮闈故事。

謹以此書
敬獻
家姐
何合寬女史
何添寬女史
何添才女史

目

次

山西太原晉祠宋代內臣像

河南鞏義市宋英宗永厚陵前內臣像

緒　言

　　本書名《宮闈內外：宋代內臣研究》，旨在考論在宋代宮闈內外扮演重要角色，並且在宋代政治、軍事、社會、經濟、宗教以至文化學術各個領域均發揮不可低估影響力的內臣。內臣一般稱為宦官，按本書所用「內臣」一詞，是宋官方通用的稱呼，例如司馬光（1019～1086）所撰的〈百官表總序〉便說：「自建隆以來，文官知雜御史以上，武官閤門使以上，內臣押班以上，遷除黜免，刪其煩冗，存其要實，以倫類相從，以先後相次，為《百官公卿表》。」〔註1〕另外，如《宋會要・職官三十六・內侍省》所載錄的許多官方詔書，便用上「內臣」一詞。〔註2〕宋人也常用「宦者」、「宦官」、「內侍」、「閹人」、「中官」、「中貴」、「中人」等各種稱呼。《東都事略》及《宋史》均立〈宦者傳〉，即以「宦者」稱之。本書使用「內臣」的稱呼，既是行文的方便，也用以表明他們服事內廷的特殊身份而不帶貶意。本書有時也會用「宦官」、「權閹」稱呼這些「刑餘之人」。

　　本書是作者十多年來研究宋代內臣的第一本論文結集，主要以內臣個案研究的取向，以人物為經，以史事為緯，考論從宋太祖（927～976，960～976在位）以迄宋孝宗（1127～1194，1162～1189 在位）朝近二百年間，服事宋

〔註1〕 司馬光（撰），李文澤、霞紹暉（校點整理）：《司馬光集》（成都：四川大學出版社，2010 年 2 月），第三冊，卷六十五〈序二・百官表總序〉，頁 1361～1362。

〔註2〕 徐松（1781～1848）（輯），劉琳、刁忠民、舒大剛、尹波等（校點）：《宋會要輯稿》（上海：上海古籍出版社，2014 年 6 月），第七冊，〈職官三十六・內侍省〉，頁 3889，3891～3896，3899。

廷的四十多名內臣的事蹟，特別深入考論其中十四人及其家族的事蹟，並探討他們在宋代政治軍事的意義。另本書亦旁及其他數十名地位高低不等的內臣事蹟，好像與秦翰（952～1015）同時的另一內臣武將張崇貴（955～1011），本書也多有著墨。

本書凡十篇，第一篇〈《全宋文》前十五冊所收碑銘之宋初內臣史料初考〉根據《全宋文》前十五冊所載的宋初內臣碑銘史料，考述地位高低事蹟多寡不一的宋初內臣二十七人的生平。第二篇〈兩個被遺忘的北宋降遼內臣馮從順與李知順事蹟考〉，考述這兩名原爲宋低級內臣，後在宋遼戰爭中被俘，然後事遼數十年成爲遼高級內臣的傳奇事蹟。第三篇〈宋初內臣名將秦翰事蹟考〉則考述這名堪稱宋初內臣名將的軍旅生涯，並探討宋代「閤將」與「武宦」的問題。第四篇〈北宋內臣藍繼宗（960～1036）事蹟考〉及第五篇〈北宋內臣藍元震事跡考〉，透過考述父子兄弟相繼擔任內臣高位的藍繼宗、藍元用（？～1055）及藍元震（？～1077）父子兄弟三人的生平事蹟，提出宋代內臣存在的內臣世家的問題。第六篇〈宋初高級內臣閻承翰事蹟考〉，第七篇〈小文臣與大宦官：范仲淹與仁宗朝權閹閻文應之交鋒〉及第八篇〈北宋閻氏內臣世家第三、四代人物閻士良與閻安〉，再透過四代均擔任內臣高位的閻承翰（947～1014）、閻文慶（後改名閻文應，？～1038）、閻士良（？～1075後）及閻安（？～1105後）的個案，進一步闡述宋代內臣世家的現象。第九篇〈曹勛《松隱集》所收的三篇宋代內臣墓誌銘〉及第十篇〈兩宋之際內臣李中立事蹟考〉，除了考述董仲永（1104～1165）、鄭景純（1091～1137）、楊良孺（1111～1164）及李中立（1087～1164）這四名在兩宋之際給事宋宮的內臣的生平事蹟外，還探析爲何現存的宋人文集裡，只有這四人能有墓誌銘傳世（按《宋史》及《東都事略》都未爲四人立傳）？

除了探討內臣世家的問題外，本書也提出宋代內臣依其職份能力，可以粗略分爲「文宦」與「武宦」兩大類別的看法。至於宋代帝王統馭內臣的手段，朝臣對內臣既巴結又鄙視的矛盾心態，內臣於軍事的參預程度及成效，以及內臣與武將的關係，本書也透過具體事例，加以論述。此外，本書也從內臣的角度，透視宮廷政治的險惡，以及文臣黨爭的本質。

本書所考述的內臣，整體傾向較正面的評價，其中一個原因是有墓誌銘傳世的六名內臣，因墓銘作者無可避免的隱惡揚善特點，故他們「被選擇地」有較好的評價。而筆者選擇考述的兩名典型「武宦」秦翰與「文宦」藍繼宗，

本來已爲宋人視爲內臣模楷，故也給人較好印象。宋代內臣自然有不少爲人切齒之輩，好像爲范仲淹（989～1052）捨命痛擊而惡名昭彰的閻文應，以及包拯（999～1062）等痛劾的閻士良，和文臣一直嚴責的藍元震。而不少宋代內臣，好像本書所考的閻承翰、閻安到藍元用，雖無甚麼事功，但也無甚麼過惡，都安份供職，整體評價均不算太壞。至於本書旁及的多數內臣，因史料不足，多數給人的印象是面目模糊，善惡難知的。不少宋人動輒批評內臣是城狐社鼠，歧視他們是刑餘之人，而無視他們所建的功業，刻意貶低他們的治事能力與才幹，誇大他們的過失，那自然是以偏概全兼不公平的。不過，本書也揭示，也有相當文臣，欣賞個別內臣的文化修養與人品，並因共同的信仰與志趣，樂於與他們交往，而並非一面倒排斥他們。

宋代內臣的直接史料極匱乏，他們的章奏言論散見於《宋史》、《宋會要輯稿》、《續資治通鑑長編》等書，而收錄於宋人文集的內臣墓誌銘就僅有上述的四篇。目前已出土的內臣墓誌銘，也只有本書第二篇所引述的〈馮從順墓誌銘〉與〈李知順墓誌銘〉兩篇。要較全面了解宋代內臣，特別其家庭家族情況，就要期待新出土的內臣墓誌銘加以發明。本書試圖摒除傳統士人對內臣的偏見，盡量從內臣自身的角度立場，重建他們的生平事蹟，並試圖透視他們的內心世界，尤其不少內臣篤信佛道所反映的人生態度。

本書各篇原撰於不同時期，現按其年代先後及相近性質重新編排次序。另本書修訂時，盡量採用宋代史籍的最新的點校本。〔註3〕

作者一向相信，透過更多的內臣個案研究，可以更深入了解宋代內臣的種種問題，希望本書能收拋磚引玉的效果。

〔註 3〕例如《通鑑長編紀事本末》有 2006 年李之亮的點校本，但所用的版本欠佳，點校質量也平平，故本書並未採用。

第一篇　《全宋文》前十五冊所收碑銘之宋初內臣史料初考

一、導言

　　宋代的內臣或宦官，雖然在政治上不如漢、唐、明代之內臣那樣權傾朝野；但他們在政治、軍事以至社會、經濟、藝術上的角色，仍是不可輕忽。有關宋代內臣的史料，《東都事略》及《宋史》均有〈宦者傳〉，記載宋代有名內臣之事蹟。而《續資治通鑑長編》、《宋會要輯稿》、《建炎以來繫年要錄》、《三朝北盟會編》等宋史研究之基本史籍均有大量的宋代內臣事蹟之記載。同樣，宋人文集裡所收錄，以至金石拓片，及近年出土之碑傳、誌銘、題記，亦大量記載宋代內臣之事蹟。由曾棗莊、劉琳兩位主編的《全宋文》三百六十冊即收錄上述各種文獻，給研究者使用提供很大的方便。本文即以《全宋文》所收之碑銘為基本，輔以其他未收之碑銘，考論其中所著錄的內臣史料。在考證該等史料的過程，本文主要參照《宋史》、《續資治通鑑長編》、《宋會要輯稿》等書。因篇幅所限，本文暫只考論《全宋文》前十五冊所收載記錄宋初三朝，最晚及於仁宗（1010～1063，1022～1063 在位）初年的內臣事蹟的碑銘文字。他們出現的先後次序，則依《全宋文》之卷冊次序。本文所考論之北宋初年內臣二十七人，既有位高權重之大宦官如李神福（947～1010）、劉承規（950～1013）、張景宗（？～1022 後）、衛紹欽（952～1007？），亦有許多地位低微，名不見經傳的小黃門。至於本文所引用的碑銘題記凡二十三篇，其中屬墓誌銘的有七篇。

　　宋代宦官的研究一向不多，中央研究院歷史語言研究所的柳立言在 1995 年曾發表過〈以閹爲將：宋初君主與士大夫對宦官角色的認定〉的一篇專論，從一個甚有討論空間的角度去看宋初宦官。〔註1〕本文的取向與柳文不同，擬先從內臣之史料考證入手，希望將來能從宋代的內臣的角度，去探索宋代內臣在宋代政治、軍事、社會所扮演的角色。

二、正文

（1）李神福（947～1010）

　　宋人碑銘中提到李神福的有多處，本文引述的計有兩篇。第一篇對李神福在宋太宗（939～997，976～997 在位）朝的事蹟有所裨補；第二篇對他在眞宗（968～1022，997～1022 在位）朝的經歷亦有所補充。

　　第一篇〈大宋楚王故夫人馮氏墓誌銘並序〉爲屯田員外郎、秘閣校理舒雅（？～1009）在宋太宗至道三年（997）正月所撰，文中提及經理其喪事的內臣爲李神福。李神福《宋史》有傳，是太宗及眞宗甚爲信任的內臣。他在太宗封晉王時，已給事邸中。太宗即位後，他「給事左右，親信特異，中禁密務，咸委辦之」。他又屢預戎行，在太平興國四年（979）曾從征北漢，在太

〔註1〕 在柳氏之前研究宋代宦官的臺灣前輩學者，首推佛光大學的王明蓀教授。筆者在宋史座談會暨東吳大學歷史系合辦的「宋代墓誌史料的文本分析與實證運用」之學術研討會中宣讀本文初稿時，即榮幸由王教授擔任評論人。按柳文曾對 1995 年以前港臺大陸研究宋代宦官之論著，包括王氏之專論，均加以評介。至於最近期的宋代宦官研究，首推筆者同門好友、唐五代與宋初制度史專家趙雨樂兄發表於 1999 年底的〈宋初宦官制度考析〉一文。趙文析論宋初宦官制度在唐、五代之淵源，以及其在宋初之建立與變革之過程。趙文正好補充柳文在這方面未及討論之處，可以參考。參見王明蓀：〈談宋代的宦官〉，載王著：《宋遼金史論文稿》（臺北：明文書局，1981 年 12 月），頁 179～190；柳立言：〈以閹爲將：宋初君主與士大夫對宦官角色的認定〉，原載《大陸雜誌》第九十一卷第三期（1995 年 9 月 15 日），現收入宋史座談會（編）：《宋史研究集》，第二十六輯（臺北：國立編譯館，1997 年 2 月），頁 249～305；趙雨樂：〈宋初宦官制度考析〉，載漆俠（1923～2001）、王天順（主編）：《宋史研究論文集》（銀川：寧夏人民出版社，1999 年 12 月），頁 126～140。＊本文初稿曾於二零零三年十月十九日，宋史座談會暨東吳大學歷史系合辦的「宋代墓誌史料的文本分析與實證運用」之學術研討會中宣讀，蒙佛光大學王明蓀教授擔任本文的評論人。王教授對本文頗有好評，並肯定本文之研究取向。另東吳大學劉靜貞教授亦提出寶貴意見。本文除增補了數條史料外，主要論點則維持未變。

原（今山西太原市）城下之梯衝間，不避危險地傳達詔命。到咸平二年（999）八月，當眞宗閱兵東郊時，又獲委爲大內都提舉。是年冬，又從眞宗駕幸大名府（今河北邯鄲市大名縣）。後來眞宗東封西祀，他一直隨駕，屢任行宮使，並執掌三班多年。他雖然沒有專權任事，卻是太宗、眞宗二朝頗有影響力的內臣。

上述的〈馮氏墓誌銘〉，曾載李神福在至道三年正月所擁有之全部官職差遣，以至階勳爵邑，可補《宋史》本傳所記之闕漏。考其官歷，《宋史》本傳只簡略記他在淳化四年（993）遷崇儀副使、勾當皇城司。後「屬初易黃門之號，轉入內黃門都知，俄加宮苑使」。到眞宗即位，再遷皇城使。〈馮氏墓誌銘〉則記他在是年正月的官職差遣、階勳爵邑爲「宮苑使、內侍省入內內侍都知、同勾當皇城翰林司、金紫光祿大夫、檢校司空兼御史大夫、上柱國、隴西郡開國侯、食邑一千戶」。倘光看《宋史》本傳的記載，一般讀者實無法想像李神福這麼一個宦者，竟然可以封侯賜邑，並掛著上柱國之勳，和擁有中高級文官之散官及檢校官。另外，他在太宗晚年，是擁有宮禁大權的內臣，既擔任入內內侍省的主官，又擔任皇城、翰林兩司的副主管，是當時炙手可熱的內臣王繼恩（？～999）之下的第二號人物。《宋史》本傳稱太宗病重時，李神福朝夕左右，躬侍藥膳。〈馮氏墓誌銘〉記他在至道三年正月同勾當負責皇室醫藥的翰林司，正好爲上文記他侍奉太宗藥膳添個注腳。值得注意的是，當王繼恩在太宗至道元年（995）後，爲明德李皇后（960～1004）所用，圖謀在太宗死後改立太宗長子楚王元佐（966～1027）的同時，這次爲元佐夫人馮氏（965～996）經辦喪事的李神福，在同年三月太宗逝世時，卻沒有追隨李皇后及王繼恩行動。怪不得他後來深得眞宗寵信。研究太宗晚年政治，對於在宋宮舉足輕重的李神福之取向，實不宜忽視。王繼恩一伙沒有藉李神福奉命經理楚王夫人馮氏喪事時，將他爭取過來。他們後來擁立楚王元佐失敗，給宰相呂端（935～1000）輕易擊倒，從其不懂爭取李神福一事觀之，其失敗實非偶然。〔註2〕

〔註2〕李神福生平最詳見於《宋史》，並散見於《續資治通鑑長編》（以下簡稱《長編》）及《宋會要輯稿》等書。據《長編》及《宋會要輯稿》所記，他死後曾立碑。熙寧十年（1077），神宗（1048～1085，1067～1085在位）特賜李神福的墳寺爲褒勤禪院，他的墓碑應在禪院內，惟有否墓誌銘或神道碑銘則不詳。考北宋前期，並沒有爲內臣立神道碑的制度。眞宗大中祥符四年（1011）六月，內臣張承素（？～1012後）請求爲其亡父（按：即養父）張崇貴（951～1007）立神道碑時，眞宗即表示內臣立碑，恐怕並無體例；不過眞宗又說好像李神福或竇神興（？～980後）曾立碑的就可以撰寫神道碑。參見曾棗莊、劉琳（編）：《全宋文》（上海：上海辭書出版社，2006年8月），第三冊，卷

　　第二則是宋初的大文豪、翰林學士楊億（974～1020）在眞宗大中祥符二年（1009）十一月爲追述在一年前（大中祥符元年，1008）天書初降而撰的〈大宋天貺殿碑銘〉。碑銘有以下一段話：

> 惟元年仲夏既望之後夕，上復夢神人諭以諄諄之意，期以來月錫符於泰山。……是月之六日也（按：即大中祥符元年六月六日），粵有梓匠，晨詣靈液亭，給升斸之役。草露方渥，人跡罕至，忽得黃素於灌莽之上，其文有『皇帝崇孝育民，壽歷遐歲』之言。周章震駭，魂思飛越，亟白引進使曹利用、宣政使李神福。即共捧持，以詣封禪經度制置使臣欽若、臣安仁，緘縢載嚴，騎置來獻。〔註3〕

在這碑銘所述的李神福，官職已擢爲當時內臣班官之亞的宣政使。考宣政使是太宗在淳化五年（994）八月爲賞王繼恩平蜀之功而特置的班官，位在昭宣使之上。據《宋史》、《宋會要輯稿》及《長編》綜合記載，李神福在眞宗即位後不久，加昭宣使。到景德三年（1006）六月前，已陞任當年王繼恩所特

<hr />

四十六〈舒雅・大宋楚王故夫人馮氏墓誌銘并序・至道三年正月〉，頁 134～136（按：此墓誌銘原載民國二十六年（1937）刊本的《鞏縣志》卷十八）；脫脫（1314～1355）：《宋史》（北京：中華書局點校本，1977 年 11 月），卷四百六十六〈宦者傳一・李神福〉，頁 13605～13606；李燾（1115～1184）：《續資治通鑑長編》（北京：中華書局點校本，1979 年 8 月至 1995 年 4 月），卷四十一，至道三年三月壬辰至四月丁未條，頁 862～863；四月己未至甲戌條，頁 865～866；卷七十六，大中祥符四年六月甲子條，頁 1727；卷二百八十六，熙寧十年十二月戊子條，頁 6998；徐松（1781～1848）（輯），劉琳、习忠民、舒大剛、尹波等（校點）：《宋會要輯稿》（上海：上海古籍出版社，2014 年 6 月），第二冊，〈禮九・大閱講武〉，頁 662；第三冊，〈禮二十九・歷代大行喪禮上・太宗〉，頁 1321；〈禮三十一・后喪一・孝章皇后〉，頁 1429；第七冊，〈職官三十六・內侍省〉，頁 3890。據龔延明的研究，李神福的「內侍省入內內侍都知」的職位，全稱爲「內侍省入內內侍班院都知」，在淳化五年（994），由入內黃門班院改名。到景德三年二月，改爲入內內侍省都知，爲入內內侍省的主管，可見李神福在內臣地位之高。按《宋會要輯稿》曾記他在至道元年（995）五月，以入內都知的身份「都大監領」太祖孝章宋皇后（952～995）的喪事。在至道三年四月，眞宗又命他作爲王繼恩的副手，出任太宗喪禮的按行副使，此可旁證他在內臣的地位，當時僅次於王繼恩。參見龔延明：《宋代官制辭典》（北京：中華書局，1997 年 4 月），第一編〈皇帝制度類・九、宦官門〉，「內侍省入內內侍都知」、「入內內侍省都知」條，頁 48～49。

〔註3〕《全宋文》，第十五冊，卷二百九十八〈楊億十七・大宋天貺殿碑銘并序・大中祥符二年十一月十七日〉，頁 20～24。按：此碑銘原載《武夷新集》卷八附《楊文公逸詩文》，又見《金石萃編》卷一百二十七、《山左金石志》卷十五，及乾隆《泰安縣志》卷十一、《泰山志》卷十六。

授之班官宣政使。〔註4〕李神福在眞宗天書封禪的鬧劇中，據《宋史》本傳所稱，當「天書降夕，神福與劉承珪、鄧永遷、李神祐、石知顒、張景宗、藍繼宗同直禁中，賜以器幣、緡錢。京師醋會，又令神福與白文肇、閻承翰典之。是歲封泰山，與曹利用同經度行宮道路。及車駕進發，又爲行宮使。禮畢，授宣慶使，領昭州防禦使。」〔註5〕考《長編》及《宋會要輯稿》對李神福在大中祥符元年的天書封禪活動角色，均有記載。其中《宋會要·瑞異·天書》一條與楊億這篇碑銘所記的吻合，記王欽若（962～1025）在是年六月丁酉（初八）在泰山上奏，報稱有木工董祚在六月乙未（初六）在泰山的靈液亭北發現「黃素曳於林木之上有字而不識」的天書。董祚即對皇城吏王居正報告此事，王居正馬上報知曹利用（971～1029）和李神福，然後由王欽若上奏。眞宗收到報告後，便對群臣言及他在五月丙子（十七）（即仲夏既望之後夕）夢見神人，說天書會在來月於泰山出現。按楊億所撰的這篇碑銘，相信是《宋會要輯稿》是條及《長編》卷六十九「大中祥符元年六月丁酉」條的來源，而讓我們曉得李神福在天書封禪鬧劇的開始時，已與眞宗寵臣曹利用迎合眞宗，積極地參預。同年十二月，眞宗賞其功，即特置宣慶使以授之，並領昭州（今廣西桂林市平樂縣西南）防禦使。〔註6〕

（2）李廷訓（？～1010後）

以吏部尚書張齊賢（943～1014）名義，在眞宗大中祥符元年（1008）十一月題刻於兗州（山東兗州市）的〈祀文宣王廟題名碑〉，曾著錄內臣「中貴

〔註4〕 《長編》，卷三十六，淳化五年八月甲午條，頁 792；卷五十六，景德元年六月壬午條，頁 1242；卷六十三，景德三年六月甲午條，頁 1408；《宋會要輯稿》，第二冊，〈禮九·大閱講武〉，頁 662；《宋史》，卷四百六十六〈宦者傳一·李神福〉，頁 13605。據《宋史·李神福傳》所載，李神福在眞宗即位後，遷皇城使、內侍省入內內侍都知，領恩州團練使、勾當永熙陵行宮事。不久，他要求罷去都知的職位，眞宗因改授他昭宣使、勾當皇城司並賜第管城側。據《宋會要輯稿》所載，李神福在景德三年改宣政使。考《長編》在景德三年六月甲午條已記李神福官宣政使，則他在是年六月前已擢爲宣政使。

〔註5〕 《宋史》，卷四百六十六〈宦者一·李神福傳〉，頁 13606。

〔註6〕 參見《長編》，卷六十八，大中祥符元年四月辛卯至丙申條，頁 1530～1531；卷六十九，大中祥符元年六月丁酉至庚戌條，頁 1549～1550；卷七十，大中祥符元年十二月甲辰條，頁 1581；《宋會要輯稿》，第二冊，〈禮二十二·封禪〉，頁 1112；第五冊，〈瑞異一·天書〉，頁 2612～2613。按：《長編》卷六十九是條所記，不如《宋會要·瑞異·天書》條之詳，亦沒有提及李神福的角色，卻記董祚及王居正後來因賞功而陞官之事。

人、內殿崇班李廷訓監蒞祀事」。考李廷訓《宋史》無傳，亦無著錄其名，另《長編》亦不見其名，僅《宋會要‧禮二十八‧祀汾陰北郊》記在大中祥符三年（1010）八月庚戌（初四），當眞宗準備來年祀汾陰（后土所在，今山西運城市萬榮縣榮河鎮西南廟前村北古城）時，所委任的辦事人員，就包括有李廷訓。李當時以內殿承制之職銜【按：眞宗於大中祥符二年（1009）正月乙丑（初九）置內殿承制，在內殿崇班上，秩視殿中丞】勾當神位祭器。我們倘單獨看《宋會要輯稿》這條記載，並不能確知這個官居大使臣之首之內殿承制李廷訓，究竟是尋常武官？還是像同時獲委，與知制誥王曾（978～1038）同製造玉冊的入內高品朱允中（？～1033 後）一樣同屬內臣。〈祀文宣王廟題名碑〉則清楚地告訴我們，這個李廷訓是「中貴人」，在大中祥符十一月時官內殿崇班。參照《宋會要‧禮二十八‧祀汾陰北郊》的記載，他可能在眞宗祀孔廟後，獲陞官一級為內殿承制。在宋初內臣中，李廷訓不像李神福地位既高兼有影響力。上述所引的碑銘史料，只是幫助我們確認他的內侍身份，以及知道他在大中祥符元年之官職而已。〔註7〕又考僧贊寧（919～1001）所撰的《宋高僧傳》卷十八所載，太宗於太平興國七年（982），敕高品白承睿（？～1007 後）重蓋泗州（今安徽宿州市泗縣）普光王塔，令務從高敞，加其累層。八年（983），又遣使別送舍利寶貨，同葬於塔基。太宗將欲建浮圖時，有巨木三根，沿淮河而下，至近浮橋而止，於是太宗命將之收為塔心柱，而續敕殿頭高品李庭訓主之。這個名李庭訓的內臣，疑就是李廷訓。按太平興國八年距大中祥符元年二十六年，李廷訓從低級的殿頭高品遷至相對高級的內殿崇班也算得合理。〔註8〕

〔註7〕 《全宋文》，第五冊，卷一百三〈張齊賢二‧祀文宣王廟題名碑‧大中祥符元年十一月〉，頁388（按此碑原載於《山左金石志》卷十五）；《宋會要輯稿》，第三冊，〈禮二十八‧祀汾陰北郊〉，頁1288。考朱允中的「入內高品」職位，全稱是「入內內侍省內侍高品」，官正九品。朱允中是章獻劉太后寵信之內臣，他在明道二年（1033）十月，任西京作坊使、內侍押班。宋廷落他押班之職，改授他六宅使，出為天雄軍（即大名府）鈐轄。參見龔延明：《宋代官制辭典》，第一編〈皇帝制度類〉，「入內內侍省內侍高品」條，頁51；《長編》，卷七十一，大中祥符二年正月乙丑條，頁1587；卷一百十三，明道二年十月乙巳條，頁2639。

〔註8〕 贊寧（撰），范祥雍（1913～1993）（點校）：《宋高僧傳》（北京：中華書局，1987年8月），下冊，卷十八〈感通篇第六之一‧唐泗州普光王寺僧伽傳‧木叉、慧儼、慧岸〉，頁451。殿頭高品一職，據龔延明的意見，在太宗朝已置，在入內供奉官下，眞宗大中祥符二年二月己丑（初三）改為內侍殿頭。位在內西頭供

（3）阮懷俊（？～983 後）、（4）張從訓（？～1048 後）、
（5）夏侯忠（？～984 後）

近人所收之孔廟碑文錄，其中亦有著錄宋初內臣名字的，例如由當時官
翰林學士的呂蒙正（944～1011）所撰的〈太平興國八年重修兗州文宣王廟碑〉
的碑陰，便著錄了「內品同監修阮懷俊、內品同監修張從訓、高品監修東嶽
並文宣王廟夏侯忠」等三個內臣的名字。（按：新版的《全宋文》亦收入此文，
然不知何故，卻沒有收錄碑陰的資料。另列名的殿直同監修樊繼源暫不確定
是否也是內臣）。考其中的內品張從訓，與《長編》及《宋史・富弼傳》所載，
在仁宗慶曆八年（1048）二月，奉知青州（今山東濰坊市青州市）富弼（1004
～1083）密令，往齊州（今山東濟南市）告知齊州長吏，平定暗中投靠據貝
州（今河北邢台市清河縣）起事的王則（？～1048）的叛兵的內侍張從訓同
名。然太平興國八年（983）與慶曆八年（1048）相距達六十六年，在太平興
國八年任內品的張從訓，能否活到慶曆八年？教人懷疑，疑非同一人。至於
碑上留名的夏侯忠，當是《宋會要・禮二十二・封禪》所記在太平興國九年
（即雍熙元年，984）四月辛丑（廿一），太宗詔命部丁匠七千五百人修泰山
官壇的高品夏侯忠。而阮懷俊之生平，筆者目前所見之史料未見載。〔註9〕

（6）劉承規（珪）（950～1013）

東海（今江蘇連雲港市西南海州鎮）人潘平（？～994 後）撰於太宗淳化
五年六月的〈大宋襄州鳳山延慶禪院傳法惠廣大師壽塔碑銘〉，曾記這位本名

奉官下，內侍高品、高班上。元豐新制定正九品。至於內殿崇班，高於內東頭
供奉官，通常授押班。參見《長編》，卷七十一，大中祥符二年二月己丑條，頁
1593；《宋會要輯稿》，第七冊，〈職官三十六・內侍省〉，頁 3889（按《宋會
要・職官三十六》將殿頭高品寫為殿頭高班，當從《長編》所記為是）；龔延明：
《宋代官制辭典》，第一編〈皇帝制度類〉，「內侍省內侍殿頭」條，頁 60。
〔註9〕 參見劉蔚華（主編）：《石頭上的儒家文獻——曲阜碑文錄》（濟南：齊魯書社
2001 年 4 月），〈隋唐金宋碑〉，〈十六、太平興國八年重修兗州文宣王廟碑〉，
頁 128～136；《全宋文》，第六冊，卷一百六〈呂蒙正・大宋重修兗州文宣王
廟碑銘并序・太平興國八年十月〉，頁 34～37；《長編》，卷一百六十三，慶曆
八年二月丙辰條，頁 3935；《宋史》，卷三百十五〈富弼傳〉，頁 10254；《宋
會要輯稿》，第二冊，〈禮二十二・封禪〉，頁 1109。又張從訓的「內品」，與
夏侯忠的「高品」，前者是內侍省祗候內品之簡稱，從九品，視武階為三班借
職。後者為內侍省祗候高品之簡稱，亦為從九品，地位高於前者，為祗候班
地位最高者。參龔延明：《宋代職官辭典》，第一編〈皇帝制度類・九、宦
官門〉，「內侍省祗候班」、「祗候高品」、「祗候高班內品」條，頁 60～61。

歸曉，字信天的惠廣大師（923～994 後），曾應一位「高品劉供奉」的內臣之
問，說了一番耐人尋味的話。碑銘並沒有清楚言明二人對話的時間；但這則
記載的上文，則提到在太平興國三年（998），太祖（927～976，960～976 在
位）的長婿、「壽州太尉」王承衍（947～998）因心儀惠廣之德行，而請宋廷
加恩惠廣。碑銘的這樣寫法，照常理應是說這位劉供奉與惠廣的對話，當在
太平興國三年前後。按這篇碑銘記劉供奉問：「龍廷金口問，□何對玉機？」
而惠廣則回答說：「鳳閣龍樓遠，堯雲舜日新。」劉供奉很明顯是代太宗問休
咎的，而惠廣為何以堯舜為喻？其中有何深意？是否與太宗當時籌算如何遂
傳子之願之心結有關？筆者認為不宜妄猜；不過，筆者倒懷疑這位劉供奉，
很有可能就是宋初赫赫有名的內臣劉承規（按：後改名承珪）。劉承規和前述
的李神福一樣，《宋史》有傳，而其生平事蹟亦見於《長編》、《東都事略》及
《宋會要輯稿》諸書。他的官職，據《宋史》及《東都事略》所載，他在太
祖建隆中（約 961 或 962）補內侍高班（即高品），到太宗即位後即超擢為北
作坊副使。根據《長編》及《宋會要輯稿》所載，他在太平興國三年正月已
任北作坊副使。筆者以為，劉承規在太宗即位前後，論理應擔任內供奉官之
職，才有資格被超擢為諸司副使。倘惠廣回答這位高品劉供奉之問的時間，
確實在太平興國二年（997）至三年間，則亦頗吻合劉承規當時的官職。劉承
規一直深受太宗的信任，並屢獲超擢官職，由他去向有道之高僧探問休咎，
身份也是適合的。按這則碑銘所揭示有關太宗以至劉承規的史實，仍有待確
定。筆者這裡只是作一番大膽的假設，為研究劉承規的生平提供一項旁證而
已。〔註 10〕

〔註 10〕 《全宋文》，第七冊，卷一百四十〈潘平‧大宋襄州鳳山延慶禪院傳法惠廣大
師壽塔碑銘并序‧淳化五年六月〉，頁 225～229。按此碑銘原載於《湖北金石
志》卷十七，石刻資料新編本，另見《八瓊室金石補志》卷八十六。另參見
《宋史》，卷四百六十六〈宦者傳一‧劉承規〉，頁 13608～13610；《長編》，
卷十九，太平興國三年正月戊戌條，頁 420；《宋會要輯稿》，第十六冊，〈方
域十七‧水利〉，頁 9611；王稱（？～1200 後）：《東都事略》，收入趙鐵寒（1908
～1976）（主編）：《宋史資料萃編》，第一輯（臺北：文海出版社，1967 年 1
月），卷一百二十〈宦者傳‧劉承規〉，葉二上。按這裡所記的「高品」，當是
地位較高的內侍省內侍高品的簡稱，而非注 9 所提及夏侯忠的祇候高品。至
於「供奉」，是專授內臣之內侍省內供奉官的簡稱，從八品，位次內侍省押班。
參龔延明：《宋代職官辭典》，第一編〈皇帝制度類‧九、宦官門〉，「內侍
省內東頭供奉官」、「內侍省內西頭供奉官」、「內侍省內侍高品」，頁 59～60。
附帶一談，數年前有國內學者撰寫劉承規的傳記，不過，由於篇幅所限（只

（7）張繼勳（？～1010）

張齊賢之次子張宗晦（969～1045）在咸平三年（1000）十月，以朝奉郎、太子中舍的身份，爲感德軍（即耀州，今陝西銅川市耀縣）節度觀察留後知定州（今河北保定市定州市）安守忠（932～1000）撰寫的〈贈太尉安公墓誌銘〉，曾提到是年六月奉旨監護喪事的內臣爲張繼勳。在墓銘中列出張繼勳的官職全銜爲「內殿崇班、銀青光祿大夫、檢校國子祭酒兼御史大夫、騎都尉。考張繼勳《宋史》無傳，惟在《宋史・侍其曙傳》則記他在大中祥符二年以環慶駐泊都監之職，與侍其曙（？～1010 後）及知慶州（今甘肅慶陽市慶陽縣）孫正辭（？～1010 後）率領陝西兵，討伐作亂的黎州（今四川雅安市漢源縣）夷人，所至皆降。張繼勳生平事蹟，散見於《長編》、《宋會要輯稿》、《山堂考索》及《玉海》諸書。《宋會要輯稿》記他的事，最早記他在咸平四年（1001）七月，以內殿崇班出任莫州（今河北滄州市任丘市北）駐泊都監，做步軍副都指揮使、莫州駐泊都部署桑贊（？～1006）的副將。而《長編》大中祥符二年八月癸未及十一月丙寅條，以及《宋會要輯稿》兩條，也記錄他在大中祥符二年八月征黎州夷人的事，並記張當時之官位爲東染院副使，另在附注中說明張繼勳之子張懷信（？～1033 後）是內臣，故他亦必爲內臣。另也記他卒於大中祥符三年三月前，因未及得平黎州夷人之賞，故他的兒子（養子）張懷信得到恩恤，錄爲入內高班。至於《山堂考索》後集卷四十二，則記他任職環慶時，曾上言朝廷，說本路軍士之閱習，與京師不同，請求眞宗許他赴殿前司觀看教習之法，然不爲眞宗所接納。考安守忠的墓誌銘，是目前所見最早記錄張繼勳官歷之文獻，它教我們知道這個在眞宗朝頗有戰功的內臣，早在咸平三年六月，已官至大使臣的內殿崇班，並帶著一大串階與勳。〔註11〕

有五頁），該文並未參考《全宋文》所收有關碑銘資料。參見李鴻淵：〈宋初宦官劉承規傳論〉，《西安電子科技大學學報》（社會科學版），第 19 卷第 4 期（2009 年 7 月），頁 100～104。

〔註11〕《全宋文》，第十三冊，卷二百六十九〈張宗晦・大宋故推誠翊戴功臣、感德軍節度觀察留後、光祿大夫、檢校太傅、知定州軍事充本州馬步軍都部署管內制置營田使兼御史大夫、上柱國、安定郡開國公、食邑五千八百戶食實封六百戶、贈太尉安公墓誌銘并序・咸平三年十月〉，頁 310～314（按：此墓誌銘原載於《北京圖書館藏拓片・墓誌三七一四》）；《宋史》，卷三百二十六〈侍其曙傳〉，頁 10535；《長編》，卷七十二，大中祥符二年八月癸未條，頁 1626；十一月丙寅條，頁 1643；卷七十三，大中祥符三年三月壬辰條，頁 1659；卷

（8）李知常（？～1037後）

宋初內臣自行刻下的碑銘爲數不多，在《金石萃編》曾收錄一闋殘碑〈西嶽設醮題記〉，曾記大中祥符某年六月，入內內侍省內侍高品李知常因在西嶽華山設醮，而刊石爲記。全碑字數不多，共七十九字，然不能識別的有十五字，現錄如下：

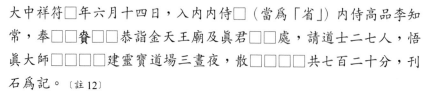

> 大中祥符□年六月十四日，入內內侍□（當爲「省」）內侍高品李知
> 常，奉□□貲□□恭詣金天王廟及眞君□□處，請道士二七人，悟
> 眞大師□□□□建靈寶道場三晝夜，散□□□□共七百二十分，刊
> 石爲記。〔註12〕

李知常《宋史》無傳，《長編》亦未載其事蹟。《宋會要‧職官三十‧將作監》有一條資料，記他在眞宗天禧二年（1018）正月，以內殿崇班之官銜，管勾提點東八作司。〔註13〕另外《偃師縣志》卷二十八所收錄的〈永定陵修奉采石記〉，亦記李知常在乾興元年（1022）八月，仍以內殿崇班之官銜，「提舉山陵逐程排頓及馬遞鋪、管勾采取搬運石段」，有份參與修建眞宗永定陵的工作。〔註14〕此外，民國《鞏縣志》所收的〈修奉園陵之記〉，亦記李知常在仁宗景祐四年（1037）正月，以西京左藏庫副使充監修章惠楊太后（984～1036）

一百十二，明道二年四月癸丑至丙辰條，頁 2611～2612；《宋會要輯稿》，第十四冊，〈兵八‧出師二‧契丹邊〉，頁 8760；〈兵十‧出師四‧黎瀘州蠻夷〉，頁 8793；第十六冊，〈蕃夷五‧西南蕃〉，頁 9846～9847；章如愚（？～1196後）（編撰）：《山堂考索》（北京：中華書局影印明正德十六年（1521）建陽書林劉洪愼獨齋本，1992 年 10 月），〈後集〉，卷四十二，葉七下（頁 728）；王應麟（1223～1296）：《玉海》，（上海：上海書店據清光緒九年浙江書本刊本影印，1988 年 3 月），卷一百九十三〈兵捷‧黎雅州水陸都巡檢使平瀘州夷〉，葉二十下至二十一下。按張懷信的「入內高班」是入內內侍省內侍高班的簡稱，在大中祥符二年（1009）二月，由入內內侍省殿頭高品、殿頭高班改置，從九品，位在入內內侍高品之下，入內內侍黃門之上。張懷信在明道二年四月癸丑（十八），因劉太后病逝，仁宗盡罷劉太后所寵的上御藥與御藥供奉，他就自上御藥供奉罷爲供備庫副使，三天後（丙辰，廿一），更被出爲岳州（今湖南岳陽市）都監。參龔延明：《宋代職官辭典》，第一編〈皇帝制度類‧九、宦官門〉，「入內內侍省內侍高品」、「入內內侍省內侍高班」條，頁 51～52。

〔註12〕《全宋文》，第十三冊，卷二百七十二〈李知常‧西嶽設醮題記‧大中祥符□年六月〉，頁 381（按：此碑記原刊於《金石萃編》，卷一百二十七）。

〔註13〕《宋會要輯稿》，第六冊，〈職官三十‧將作監‧東西八作司〉，頁 3797。

〔註14〕河南省文物考古研究所（編）：《北宋皇陵》（鄭州：中州古籍出版社，1997年 8 月），〈附錄一‧北宋皇陵碑刻錄文〉，頁 506～507，〈永定陵修奉采石記〉。按：此碑記見乾隆《偃師縣志》卷二十八，亦見《金石萃編》卷一百三十一。

之陵園皇堂。〔註15〕不過，上述所引的〈西嶽設醮題記〉，要比《宋會要輯稿》、《偃師縣志》與《鞏縣志》更早著錄他的名字，且確認他屬內臣身份，而非普通的武官。另李知常在碑記稱他「刊石爲記」，他能略通文墨。

　　按碑記提到的悟眞大師，據下一節將要討論的〈韓國長公主設醮題記〉所著錄，即是宋初道教奇士希夷先生陳摶（？～989）的弟子、華山雲台觀道士賈得升（？～1010後）（按：《宋史》作賈德昇）。賈得升在大中祥符三年（1010）三月及四月，先後爲爲太宗女韓國長公主（？～1033）設醮及禱謝而立題記兩則，考這次李知常在西嶽設醮，亦由賈得升主其事，疑亦在大中祥符三年，碑中年份所衍去的，疑即爲「三」字。又考李知常的「入內內侍省內侍高品」這一官職，是大中祥符二年二月，自「入內內侍省高品」改，故李知常爲韓國長公主設醮之事，不應早於大中祥符二年二月。〔註16〕

（9）張懷則（？～1035後）

　　上一節提到的悟眞大師賈得升在大中祥符三年三月及四月，爲太宗女、眞宗妹韓國長公主設醮及禱謝，並刊刻下〈韓國長公主設醮題記〉及〈韓國長公主禱謝題記〉兩碑記。在此兩碑記中均著錄經辦其事的內臣、入內內侍省內侍高班張懷則的名字。與上一節的李知常相同。張懷則《宋史》無傳，《長編》亦未有著錄其事蹟，僅有《宋會要輯稿》兩處及《元憲集》一條記載其事蹟。因兩則碑記均不長，茲錄其碑文如下：

> 大中祥符三年，歲在庚戌。三月庚辰朔七日丙戌，入內內侍省內侍高班張懷則，奉宣爲韓國長公主消災祈福於西嶽廟。請道士二七人，修建靈寶道場三晝夜。散日設五嶽謝恩大醮一座，□刊於石□記。雲臺觀悟眞大師賈得升題。（〈韓國長公主設醮題記・大中祥符三年三月〉）

> 入內內侍省高班張懷則，爲韓國長公主疾愈承命再來禱謝嚴靈。請道士二七人，開啓靈寶道場三晝夜。散日設清醮壹座，行事禮畢而退。時大中祥符三年四月□八日。悟眞大師賈得升題記。勾當人員

〔註15〕同上書，頁510，〈修奉園陵之記〉。按：是記原刊於民國《鞏縣志》卷十八。

〔註16〕《全宋文》，第十三冊，卷二百七十三〈賈得升・韓國長公主設醮題記・大中祥符三年三月〉，頁389；《宋史》，卷四百五十七〈隱逸上・陳摶傳〉，頁13421。按李知常的入內內侍省內侍高品，官正九品，位次於入內內侍殿頭，而高於入內內侍高班。參龔延明：《宋代職官辭典》，第一編〈皇帝制度類・九、宦官門〉，「入內內侍省內侍高品」條，頁51。

二人，通引官周寶、右都押衙李元吉、虞候傅□。」（〈韓國長公主
禱謝題記・大中祥符三年四月〉）〔註17〕

據《宋會要輯稿》所記，張懷則在仁宗天聖元年（1023）四月，以禮賓副使
的身份，奉旨與內殿承制馮仁俊（？～1023後），商量如何改善接待遼國使臣
之事宜。他在景祐二年（1035）八月，則以三陵副使的身份，向宋廷分辯皇
陵之一的青龍山並未如上書人所言，樹木被人任意探伐。至於《元憲集》則
記他在景祐二年前後，從如京副使永定陵副使擢爲莊宅副使。〔註18〕

　　賈得升所撰刊的兩道碑記，除給我們提供了張懷則在眞宗朝的事蹟資料
外，也讓我們知道韓國長公主在大中祥符三年曾染疾而向西嶽禱告設醮得愈
的事實。〔註19〕

〔註17〕 《全宋文》，第十三冊，卷二百七十三〈賈得升・韓國長公主設醮題記・大中
　　　　祥符三年三月〉、〈韓國長公主禱謝題記・大中祥符三年四月〉，頁389～390。
　　　　按以上兩碑記原載《金石萃編》卷一百二十八，又見北京大學圖書館藏《藝
　　　　風堂金石拓片》。張懷則的入內內侍省內侍高班，官從九品，在入內內侍省
　　　　的地位即比上面的李知常低一級。

〔註18〕 《宋會要輯稿》，第三冊，〈禮三十七・緣陵裁製上〉，頁1574；第七冊，〈職
　　　　官三十六・內侍省・主管往來國信所〉，頁3907；宋庠（996～1066）：《元
　　　　憲集》，文淵閣《四庫全書》本，卷二十〈如京副使永定陵副使張懷則莊宅副
　　　　使〉，葉六上下；《長編》，卷一百十四，景祐元年閏六月辛酉條，頁2681；卷
　　　　一百十八，景祐三年二月壬戌條，頁2777；卷一百二十一，寶元元年三月戊
　　　　戌條，頁2866。考宋庠任知制誥，早在景祐元年（1034）閏六月前，而迄寶
　　　　元元年（1038）三月擢翰林學士，則他爲張懷則寫這道制文，最早在景祐元
　　　　年中，而最晚不遲於寶元元年初。參照《宋會要・禮三十七》的記載，他在
　　　　景祐二年八月已任三陵副使。他陞爲莊宅副使，當在景祐二年八月後，寶元
　　　　元年三月前。按禮賓副使遷六階爲如京副使，再遷五階爲莊宅副使，這次張
　　　　懷則算是超擢。宋庠爲宋廷所撰之制詞，稱許張懷則「以肅給之姿，列禁嚴
　　　　之侍。涉更歲次，階陟使名。比嘉軒闥之勞，出總山園之衛。」

〔註19〕 韓國長公主，即《宋史・公主傳》的揚國大長公主。她在至道三年五月初封宣
　　　　慈長公主，咸平五年（1002）五月進封魯國長公主，下嫁太宗朝樞密使柴禹錫
　　　　（943～1004）孫子柴宗慶（？～1044）。大中祥符二年正月改封韓國長公主，
　　　　故在大中祥符三年禱西嶽時，賈得升稱她爲韓國長公主。她在明道二年（1033）
　　　　七月先柴宗慶卒，最後被追封爲揚國大長公主。《宋史》稱她性妬，故柴宗慶不
　　　　敢納妾而無子，死後只有女兒，而以兄子入繼。參見《宋史》，卷二百四十八〈公
　　　　主傳・揚國大長公主〉，頁8773～8774；卷四百六十三〈外戚傳上・柴宗慶〉，
　　　　頁13555～13556；《長編》，卷一百四十六，慶曆四年二月壬寅條，頁3540；李
　　　　埴（1161～1238）（撰），燕永成（校正）：《皇宋十朝綱要校正》（北京：中華書
　　　　局，2013年6月），上冊，卷二〈太宗・公主七・楊國大長公主〉，頁51。

（10）王懷珪（？～1016 後）

大理寺丞、知華陰縣（今陝西華陰市）張綽（？～1016 後）在大中祥符九年（1016）六月，爲內臣王懷珪撰刻〈王懷珪設醮碑〉。碑記不長，茲錄如下：

> 大中祥符九年六月□□日，入內內侍省內侍高品王懷珪奉宣於嶽廟真君觀道場□七晝夜，罷散日，設醮一座。續□敕差太府少卿蔡汶賚□□祝版祭告，同會於□祠。大理寺丞、知縣事張綽書，長安普濟廣教大師澄遠。〔註20〕

王懷珪來頭不小，據《宋史》和《長編》的記載，他是太宗朝權勢薰天的內臣王繼恩收養的次子。不過在《宋史・王繼恩傳》中，對他的生平只有「子懷珪，轉入內高班」八個字。而《長編》則記因王繼恩之子先他而死，故王懷珪得以「養充次男」。另記到元豐三年（1080），王家已家道中落，只有王懷珪之子王仲千（？～1080 後）任入內內侍省中地位最低的後苑散品，神宗（1048～1085，1067～1085 在位）可憐他，將他擢爲入內內侍省內侍黃門。上述的碑記稍可補證王懷珪在真宗朝的事蹟。考真宗在大中祥符三年，特詔追復王繼恩官爵，以白金千兩賜其家。王懷珪在大中祥符九年得以入內高班的身份出使嶽廟，可旁證《宋史》的記載，亦見真宗對當年試圖推翻他的王繼恩的寬大。〔註21〕

（11）楊承政（？～1034 後）、（12）蕭繼元（？～1034 後）、（13）任承亮（？～1050 後）

翰林學士石中立（972～1049）在仁宗景祐元年（1034）九月所撰的〈大宋新修會聖宮碑銘〉，曾著錄有份經辦其事的三名內臣楊承政、蕭繼元和任承亮。楊承政的頭銜是入內內侍省內侍高班、勾當會聖宮、同監修碑樓，而蕭

〔註20〕 《全宋文》，第十三冊，卷二百七十四〈張綽・王懷珪設醮記・大中祥符九年六月〉，頁407～408。按：此碑記原刊於《金石萃編》卷一百二十八，又見《華嶽志》卷四。

〔註21〕 《宋史》，卷四百六十六〈宦者一・王繼恩傳〉，頁13605；《長編》，卷三百零九，元豐三年十月癸未條，頁7509。按入內內侍省後苑散品，是入內內侍省祗候班地位最低者，並無品位。至於入內內侍省內侍黃門，官從九品，在大中祥符二年二月，自入內內侍省黃門改，地位次於入內內侍省高班，其下爲不入等的入內內侍省小黃門。參見龔延明：《宋代職官辭典》，第一編〈皇帝制度類・九、宦官門〉，「入內內侍省」條，頁47，「入內內侍省內侍黃門」條，頁52。

繼元的銜頭則是入內內侍省內西頭供奉官、監修碑樓、權勾當會聖宮。蕭繼元在入內內侍省的地位高於楊承政。任承亮的品級最高，他的銜頭當時是禮賓副使、勾當御藥院、提點管勾會聖宮。〔註22〕

考王應麟（123～1296）《玉海》卷三記仁宗亦在景祐元年派遣內侍任承亮、鄧保信（？～1055後）、皇甫繼和（疑即皇甫繼明【？～1047】）、周惟德等，將歷代諸家天文占書，自春秋至五代以來史書採摭撰集，令任承亮等總其事，數月後，在景祐元年七月壬辰（初五）編成，仁宗命名爲《景祐乾象新書》，周惟德等均以勞遷秩。〔註23〕上述的碑記幫我們知道任承亮在修畢《景祐乾象新書》後所遷的秩及領的差遣即爲禮賓副使、勾當御藥院、提點管勾會聖宮。

任擔任勾當御藥院的差遣，他顯然是仁宗寵信的內臣。兩宋之際的周紫芝（1085～1155）的《太倉稊米集》卷四十九，記述了一則關於仁宗爲太子時患疿腮時，靠赤小豆方治愈，後來任也靠此方治愈惡疾的有趣故事：

> 仁宗皇帝在東宮時，偶患疿腮，命昭應宮道士贊能治之，取赤小豆四十九粒呪之，雜他藥爲末傅之而愈。時中貴任承亮在傍見之，後十餘歲，承亮自患惡瘡頻死，尚書郎傅（闕），以藥傅之立愈。問其方，乃赤小豆矣。承亮始悟道士之呪，乃神其術也。他日有僧惠文患發背，狀如爛瓜，以傅之亦愈。後承亮過豫章，豫章人有患脇疽者，幾達五臟，醫者治之甚捷，承亮問曰：公何爲用小豆耶？醫者大驚，再拜謝曰：吾用此活三十口。〔註24〕

〔註22〕《全宋文》，第十四冊，卷二百七十七〈石中立・大宋新修會聖宮碑銘・景祐元年九月十三日〉，頁50～54。按：這篇碑銘原載於《金石萃編》卷一百三十二，亦見弘治《偃師志》卷三、乾隆《偃師縣志》卷二十八，及見《偃師金石遺文補錄》卷八。亦參見《北宋皇陵》，頁508～509。按：入內內侍省西頭供奉官置於大中祥符二年二月，官從八品，位次於入內東頭供奉官，而在入內殿頭、內侍高品、內侍高班之上。至於禮賓副使則是諸司副使西班第廿一階，僅高於最低的供備庫副使一階。參龔延明：《宋代職官辭典》，第一編〈皇帝制度類・九、宦官門〉，「入內內侍省東頭供奉官」、「入內內侍省西頭供奉官」、「入內內侍省內侍高班」條，頁50～52；第十一編〈階官類・六、武階官門之二──諸司使副與大小使臣〉，「禮賓副使」條，頁587。

〔註23〕《玉海》，卷三〈天文・天文書下・景祐乾象新書〉，葉二十二下至二十六上。

〔註24〕周紫芝：《太倉稊米集》，文淵閣《四庫全書》本，卷四十九〈雜說十二首・病中雜記〉，葉七上下。周氏此則傳聞，亦爲南宋名醫張杲（1149～1227）的《醫說》所傳述。參見張杲：《醫說》，文淵閣《四庫全書》本，卷十〈善醫小兒・治療惡瘡〉，葉二十上下。

　　從周紫芝上述的記載，可知任承亮在仁宗為太子時已侍候身邊，屬隨龍之人，難怪備受擢用。任承亮後來的官職，以及卒年，據胡宿（996～1067）的《文恭集》卷二十一〈故洛苑使任承亮可贈團練使制〉的制文，知道他最後官至諸司正使西班第十四階的洛苑使。考胡宿擔任知制誥，從皇祐二年（1050）十二月甲午（初十）後至皇祐五年（1053）八月甲寅（十八）陞任翰林學士前。他為任承亮撰寫這篇制文，當在這段期間，而任承亮大概在皇祐二年十二月後，而最晚應在皇祐五年八月前已逝世。這篇制文對任的人品勞績溢美一番，更提到他侍親盡孝而致隕亡之事：

> 敕具官某：褒恤信臣，匪常于邦典；追旌死孝，用篤於人倫。以爾行義修明，材謀敏勁。入祗禁奧，履謹畏而寡尤；外治劇煩，資恪勤而能力。侍承親疾，踰歷旬時。藥必務必先嘗，目曾無于交睫。因刲其腹，遂隕厥躬。可謂殺身成仁，舍身取義。在竭誠之足感，何與善之可疑。特厚卹章，用嘉純孝。褒進戎團之秩，申寵壙宥之遊。庶幾營魂，尚識恩禮。〔註25〕

任承亮如何侍親至死，因胡宿的制文寫得含蓄，具體經過不詳。至於楊承政和蕭繼元的事蹟，不見於現存的其他宋代史料，有待將來新出土的史料發明。

（14）康廷讓（？～1013後）

　　真宗大中祥符六年（1013）二月，另一名內臣康廷讓奉敕移塑安天元聖帝尊像於北嶽恆山。康廷讓的全銜是入內內侍省內侍殿頭、勾當北嶽移塑。他以初獻官的身份領銜留下這篇〈北嶽題名〉。〔註26〕

　　康廷讓《宋史》無傳，《長編》亦未著錄其事蹟，只有《宋會要輯稿》曾記他在乾興元年二月癸亥（廿四），當宋廷辦理真宗的喪事時，委派他以入內

〔註25〕《長編》，卷一百六十九，皇祐二年十二月甲午條，頁4073；卷一百七十五，八月甲寅條，頁4230；胡宿：《文恭集》，文淵閣《四庫全書》本，卷二十一〈故洛苑使任承亮可贈正任團練使制〉，葉二下至三上。

〔註26〕《全宋文》，第十四冊，卷二百八十〈康廷讓・北嶽題名・大中祥符六年二月〉，頁110～111。按：這篇題名記原載《授堂金石文字續跋》卷八。又擔任亞獻官的是東頭供奉官、知曲陽縣兼兵馬監押諸省恕。終獻官則是定武軍（即定州）節度推官、承奉郎、試大理評事苗用之。至於陪位官有定武節度使幕下和曲陽縣一大批幕職文武官十六人。在一眾官員中，似乎只有康廷讓屬內臣。按：入內內侍省內侍殿頭，亦在大中祥符二年二月自入內內侍省殿頭高品改，官正九品，位次於內西頭供奉官，而高於入內內侍高品。參龔延明：《宋代職官辭典》，第一編〈皇帝制度類・九、宦官門〉，「入內內侍省內侍殿頭」條，頁51。

供奉官的衙頭，與判少府監楊嵎（？～1022 後）及另一內臣李懷儼（？～1022 後）（按：李亦爲入內供奉官）負責製造凶仗。〔註27〕

（15）張茂先（？～1013 後）

大中祥符六年十二月，另一名內臣入內內侍省內侍高品張茂先，奉命到北嶽廟并眞君觀各開啓道場三晝夜。碑記稱：

> 罷散，設醮一座。大中祥符六年十二月二十七日記之。〔註28〕

內臣張茂先《宋史》無傳，《長編》及《宋會要輯稿》分別有多條記載神宗朝另有張茂先其人，考《長編》第一條記一官職不詳的張茂先在元豐七年（1084）十月丁丑（十一），因負責經制變運川峽路常平積剩錢所增息錢二百三十二萬緡，獲吏部推薦加恩，張與史君俞候改官日各遷一官，並減磨勘年有差。另一條記在元符二年（1099）閏九月丁丑（初八），宋廷詔包括張茂先在內的多名官員各特給衝替處分，坐訴理言涉詆訕。按這一個張茂先當是元豐七年所記的張茂先。惟《長編》這兩條所記的張茂先，絕不可能是已距大中祥符六年長達七十一年以上的內臣張茂先。至於《宋會要・職官二十六》及《宋會要・食貨五十三》所記與《長編》元豐七年十月丁丑條是同一事同一人。而《宋會要・職官五十五》所載的張茂先卻是孝宗乾道八年（1172）的建寧府（即建州，今福建建甌市）免解進士。至於《宋會要・職官六十七》所記的與《長編》元符二年閏九月丁丑條相同。〔註29〕

據此碑銘，我們可以知道宋代至少有三人名張茂先，一爲眞宗朝內臣，一爲神宗、哲宗（1077～1100，1085～1100 在位）世的文臣，一爲孝宗（1127

〔註27〕 《宋會要輯稿》，第三冊，〈禮二十九・歷代大行喪禮上・眞宗〉，頁1329。按：《宋會要・禮二十九》這裡將康廷讓寫作康「延」讓，當是字型相近而生之筆誤。按康廷讓在乾興元年所任的入內供奉官，未詳是內東頭供奉官抑內西頭供奉官，論理在乾興元年，已距他在大中祥符六年任內侍殿頭前後十年，何況又有仁宗初登位之恩典，筆者以爲他這時已擢兩級爲入內東頭供奉官較爲合理。

〔註28〕 《全宋文》，第十四冊，卷二百八十〈張茂先・建道場題記・大中祥符六年十二月〉，頁110。按：這篇碑銘原載《國家圖書館藏拓片・各地一二三一至一二三二》。

〔註29〕 《長編》，卷三百四十九，元豐七年十月丁丑條，頁8369；卷五百十六，元符二年閏九月丁丑條，頁12273；《宋會要輯稿》，第六冊，〈職官二十六・司農寺〉，頁3699；第八冊，〈職官五十五・進納補官〉，頁4525；〈職官六十七・黜降官四〉，頁4862；第十二冊，〈食貨五十三・常平倉〉，頁7207。

～1194，1162～1189 在位）朝的進士。至於張茂先是否仁宗朝至哲宗朝高級
內臣張茂則（1016～1094）的兄弟，就有待新出土的文獻發明。

（16）楊懷德（？～1033後）

真宗大中祥符八年（1015）三月，內臣楊懷德在兗州曲阜（今山東濟寧
市曲阜市）的太極觀留下題記。因題記不長，茲錄如下：

> 奉敕同監修兗州仙源縣景靈宮太極觀，於大中祥符八年三月一日，
> 奉安聖祖天尊大帝玉石聖像。內侍省內侍殿頭楊懷德。〔註30〕

楊懷德《宋史》無傳，《宋會要輯稿》也沒有任何記載，只《長編》曾記在明
道二年（1033）八月庚子（初七），殿中侍御史段少連（994～1039）上言，稱
「頃歲，上御藥楊懷德至漣水軍，稱詔市民田三十頃給僧寺。」另《長編》記
在明道二年二月壬子（十六）記宋廷命上御藥楊承德為兩川路的分路走馬承受
公事，四月癸丑（十八）楊承德以上御藥被罷為洛苑副使，三天後（丙辰，廿
一）再被出為同州（今陝西渭南市大荔縣）都監。疑楊承德即是楊懷德的訛寫。
〔註31〕據龔延明的研究，「上御藥」是差遣名，隸屬於御藥院，由入內內侍省
內臣充。從這裡可以知道，楊懷德到了仁宗之世，已從內侍省殿頭遷陞到入內
內侍省，並在明道二年前，以上御藥的差遣，往漣水軍（今江蘇淮陰市漣水縣），
買民田給僧寺。按楊懷德在大中祥符八年已任內侍省內侍殿頭，他到明道二
年，至少應擢至入內內侍省內東頭供奉官，惜《長編》未載其官職。

附帶一談，從這條題記，我們知道楊懷德在大中祥符八年，受命奉安那
個宋真宗在天書封禪製造出來的趙氏始祖「聖祖天尊大帝」之聖像。真宗要
將他的「始祖」封為屬於道教神仙系統的「天尊大帝」，因真宗篤信道教之
故。而楊懷德在明道二年八月前以「上御藥」之差遣往漣水軍賜田於佛寺，
筆者懷疑是奉當時有病而篤信佛教的章獻劉太后（968～1033，1022～1033
攝政）之命，以捨田予佛寺的方式，為她祈福。（按：劉太后死於是年三月）

〔註30〕《全宋文》，第十四冊，卷二百八十一〈楊懷德‧曲阜太極觀題字‧大中祥符
八年三月〉，頁142。此題記原刊於《山左金石志》卷十五。按：宋廷在大中
祥符二年二月，將內侍省殿頭高品改名為內侍省內侍殿頭，簡稱內侍殿頭，
元豐改制時定為正九品，元祐改為從九品，至南宋復為正九品。參龔延明：《宋
代職官辭典》，第一編〈皇帝制度類‧九‧宦官門〉，「內侍省內侍殿頭」條，
頁60。

〔註31〕《長編》，卷一百十二，明道二年二月壬子條，頁2606；四月癸丑至丙辰條，
頁2611～2612；卷一百十三，明道二年八月庚子條，頁2632。

〔註32〕真宗篤好道教，而劉太后深信佛教，楊懷德先後為他的兩個主子以不同方式祈福，也是有趣而巧合的事。

（17）張景宗（？～1022後）

楊億在景德二年（1005）十二月，奉敕為外戚、官拜使相的李繼隆（950～1005）撰寫墓誌銘。另在景德三年十月，再奉敕為早在咸平六年（1003）四月逝世之真宗次子周王（995～1003）撰寫墓誌銘。在這兩篇墓誌銘中，均提到監護這兩位皇親貴戚葬事的是內臣張景宗。在〈贈中書令諡曰忠武李公墓誌銘〉中，張景宗的頭銜是入內內侍副都知、西京作坊副使。而在〈追封周王諡悼獻墓誌銘〉中，他的頭銜則為供備庫副使、入內內侍副都知。〔註33〕

張景宗是真宗東宮舊人，當真宗在東宮建學，教導他手下的親信讀書識字時，即以張景宗為副學長。〔註34〕他是真宗一直信任的內臣，於真宗晚年，當李神福、劉承規等相繼去世後，他就成為資格最老、地位最高的內臣。在

〔註32〕當劉太后在明道二年三月病重時，宋廷即下詔「僧道童行係京畿三年、西京南京五年、諸道七年，並與剃度披帶。」這與派楊懷德往購民田捨佛寺的用心其實相近。參《長編》，卷一百十二，三月庚寅條，頁2609。又劉太后信佛，宋人筆記頗有言及者。吳曾（？～1170後）的《能改齋漫錄》曾記載一則有趣的故事，記漣水軍人妻道，法名證因大師的人，自幼在漣水軍的文殊院出家，居於院旁無屋無廬之地，名為藥師庵。他後來名聞京師，曾為太宗召見，賜以偈言並加禮遣還。他在大中祥符中，再被真宗召見，館於開寶寺造塔道者院。真宗命仁宗見他，證因說仁宗「他日為四十二年太平天子」。真宗又命宮中后妃出見他。據說他閉目端坐，閱數十人，到一人時，他即起而對真宗說：「願善待此人，他日為陛下作得家主。」他所說的人正是劉太后。吳曾繼續說淮楚一帶多水患，而漣水軍與泗州（今安徽宿州市泗縣）尤其水患嚴重，賴證因的生前死後之威靈，得以鎮服水災。筆者懷疑劉太后在明道二年前後，派楊懷德往漣水軍買民田賜僧寺，就是報答當年證因對真宗誇獎她之話，以及深信這個甚有法力的漣水僧，能替她消災解難。而楊懷德奉命贈田的寺院，很有可能就是證因所居的藥師庵或文殊院。參見吳曾：《能改齋漫錄》（上海：上海古籍出版社，1979年11月據中華書局1960年11月點校本重印），卷十八〈神仙鬼怪‧證因大師〉，頁519～520。

〔註33〕《全宋文》，第十五冊，卷三百零一〈楊億二十‧宋故推誠翊戴同德功臣、山南東道節度管內觀察處置橋道等使、特進、檢校太尉、同中書門下平章事、使持節襄州諸軍事行襄州刺史判許州軍州事、上柱國、隴西郡開國公、食邑一萬四百戶食實封三千二百戶、贈中書令諡曰忠武李公墓誌銘〉，頁76；卷三百零二〈楊億二十一‧大宋故光祿大夫、檢校太保、左衛上將軍兼御史大夫、上柱國、信國公、食邑一千戶實封二百戶、追封周王諡悼獻墓誌銘〉，頁88。按：兩篇碑文原載《武夷新集》卷十及卷十一。

〔註34〕《長編》，卷四十七，咸平三年十月辛亥條，頁1028。

天禧五年（1021）十月更擢爲內臣之首的宣政使。據宋人傳聞，他的養子張茂實（997～1063，後改名張孜）其實是眞宗的私生子，交由他撫養。這可窺見眞宗與他親密的關係。〔註35〕他在眞宗一朝，特別在眞宗晚年複雜的宮廷政治中所扮演的角色，實不宜忽視。許多重要的人事更替或政令的傳達，都由他以入內都知的身份執行。仁宗立爲太子後，眞宗在天禧四年（1020）十二月，詔二府大臣往太子讀書的資善堂議事，就只令張景宗一人侍候太子，其他人都不許在場。〔註36〕可惜《宋史・宦者傳》未有爲他立傳，我們只能從《宋史》、《長編》及《宋會要輯稿》散見其生平事蹟。

　　楊億這兩篇墓誌銘給我們提供了張景宗在景德年間的官職資料。考《長編》最早提到張景宗的，除了上文言及他在太宗晚年任眞宗東宮副學長外，就在咸平六年五月；不過，只籠統地稱他爲「內侍」，沒有記其職銜。〔註37〕

〔註35〕據《長編》引述《默記》所考，張茂實是悼獻太子（即周王）乳母朱氏之子，她帶入宮中與周王作伴。周王死後，眞宗將他賜給經辦周王喪事的張景宗爲養子；不過，有開封民卻傳言他其實生於宮中，是眞宗與朱氏之私生子，份屬仁宗之兄。因眞宗懼怕劉皇后，就將他交與張景宗作爲養子。張茂實後來官至馬軍副都指揮使並建節，改名張孜。宋人認爲他以內臣的養子而能拜管軍任節帥，實是異數。他的身世在仁宗至和元年（1054）曾引起一番風波。又據《宋會要輯稿》所記，張景宗在天禧元年八月，請封贈所生父母，眞宗特從其請求，但聲明其他的人不得以此爲例。眞宗對他的恩寵可見一斑。另眞宗在天禧四年十二月己亥（廿三）命宰相都大管勾新修的天章閣，亦命張景宗（按：《長編》訛寫爲張景言）及另一內臣入內副都知鄧守恩（974～1021）提點。參見王銍（？～1144）（撰），朱杰人（點校）：《默記》（與《燕翼詒謀錄》合本）（北京：中華書局，1981年9月），卷上，頁15；《長編》，卷九十六，天禧四年十二月己亥條，頁2230；卷九十七，天禧五年十月戊申條，頁2255；卷一百十三，明道二年八月丁未條，頁2633；卷一百七十六，至和元年五月乙丑條，頁4260～4261；《宋會要輯稿》，第四冊，〈儀制十・陳請封贈〉，頁2506；《宋史》，卷三百二十四〈張孜傳〉，頁10475～10476。

〔註36〕例如在天禧四年（1020）十一月，丁謂（966～1037）與李迪（976～1043）相爭，齊齊被罷相。後來丁謂自辯無過，說服了眞宗，得以復相。眞宗即命張景宗以入內都知的身份負責傳達丁復相之詔命。到劉太后攝政，亦由張景宗向輔臣傳話，只是張景宗不像另一內臣雷允恭（？～1022）弄權，沒有借傳命之機會干政。參見《宋會要輯稿》，第九冊，〈職官七十八・罷免上〉，頁5194；《長編》，卷九十六，天禧四年十一月戊辰至己巳條，頁2224～2225；十二月庚寅條，頁2229；卷九十八，乾興元年二月庚申條，頁2272～2273；《宋史》，卷八〈眞宗紀三〉，頁170。

〔註37〕按眞宗在咸平六年五月甲寅（廿五），因宰相呂蒙正上表求罷，乃命張景宗攜手札勞問，並賜呂以名藥及尊酒。參見《長編》，卷五十四，咸平六年五月甲寅條，頁1194。

從楊億所撰的兩篇墓誌銘，我們知道張景宗早在景德二年前後，已出任地位不低而握有實權的入內副都知，而且位列諸司副使，可見他受眞宗的信用。〔註38〕據《宋會要輯稿》及《長編》所記，張景宗在大中祥符二年二月陞任入內內侍省副都知、西京左藏庫使，到大中祥符三年十一月已任左藏庫使，到大中祥符六年十二月已擢爲洛苑使。天禧元年（1017）八月已任左騏驥使、澄州刺史，並陞任爲入內都知。他在天禧三年（1019）三月前，已擢爲宮苑使，仍任入內都知兼勾當翰林司。是月以翰林司藥童挾刀入署殺人，又被降回左騏驥使。到天禧五年三月，則以皇城使、康州團練使、入內都知擢爲昭宣使，領嘉州防禦使，並都大管勾龍圖、天章閣公事。稍後又兼管勾祥源觀事。同年十月，再遷宣政使。直至乾興元年六月前後，他一直任入內都知，長期在入內內侍省掌權。惜他在仁宗朝的事蹟不詳。〔註39〕

（18）石廷（延）福（？～1013後）

楊億所撰的〈贈中書令諡曰忠武李公墓誌銘〉，亦提到協助經辦李繼隆喪事的另一內臣、殿頭高品石廷福。眞宗特命石廷福召名德僧往李府，作佛事四十九日。〔註40〕

石廷福（群書有時作「延」福），《宋史・宦者傳》無傳，惟《宋史》、《長編》及《宋會要輯稿》有多條記載他的事蹟。《宋會要・兵十一・捕賊一》條

〔註38〕 按供備庫副使序位低於西京作坊副使，論理張景宗在景德三年應官西京作坊副使。考楊億所撰之周王墓誌銘，並未有說清楚張景宗的銜頭供備庫副使是指在咸平六年周王初殯時，還是在景德三年改葬時。

〔註39〕 《宋會要輯稿》，第一冊，〈帝系八・公主・荊國大長公主〉，頁186；〈禮一・郊祀職事〉，頁494；第二冊，〈禮十三・神御殿〉，頁717；第三冊，〈禮二十八・祀汾陰北郊〉，頁1291；〈禮二十九・歷代大行喪禮・眞宗〉，頁1328，1331；〈禮五十一・徽號一・朝謁太清宮〉，頁1883；第四冊，〈儀制十・陳請封贈〉，頁2506；第五冊，〈職官四・尚書省・行在諸司〉，頁3116；第七冊，〈職官三十六・內侍省〉，頁3889；《長編》，卷七十一，大中祥符二年二月庚寅條，頁1593；卷七十四，大中祥符三年七月戊申條，頁1682；卷八十五，大中祥符八年八月壬午條，頁1943～1944；卷八十九，天禧元年五月己未條，頁2061；卷九十四，天禧三年七月壬戌條，頁2160；卷九十六，天禧四年十一月壬戌條，頁2222；卷九十七，天禧五年三月壬寅條，頁2245；十月戊申條，頁2255。按：《宋會要・禮一・郊祀職事》條將張景宗擔任祀汾陰修行宮道路差事的日子，錯繫於景德三年八月。又張景宗曾在大中祥符二年二月以過失，一度被罷副都知之職。他在大中祥符八年八月仍任入內副都知。他在天禧元年五月已任入內都知。

〔註40〕 《全宋文》，第十五冊，卷三百零一〈贈中書令諡曰忠武李公墓誌銘〉，頁76。

記他在咸平五年九月丙申（初四），奉眞宗命以入內高品之職位，與如京使苗忠（？～1006 後）提點河北捕賊。而據《宋史》及《長編》所載，他在咸平六年六月，又佐大將田敏（？～1023 後）、張凝（944～1005）率五千騎兵屯北平寨（在定州北九十里，今河北保定市滿城縣北漕河上），以禦入寇的遼軍。惟這裡沒提他的官職。另又記他在大中祥符六年七月，在眞宗大攬封祀活動時，他登兗州壽丘，獲靈芝一本，貫草而生，又旁得三十本，呈獻眞宗。這裡只稱他爲「內侍」。〔註41〕

從上述的資料，我們可以知道石廷福是一能作戰的內臣，楊億所撰的李繼隆墓誌銘讓我們知道，石在景德二年已從入內高品遷陞爲殿頭高品，〔註42〕並從河北的前線返回京師，擔任較輕易的治喪及後來封祀的工作。

（19）竇神寶（949～1019）

楊億所撰的〈贈中書令諡曰忠武李公墓誌銘〉，記述李繼隆生平事蹟時，曾提到李繼隆「嘗奉詔書，護塞河決。日暮涉水，讓舟於梁迥。公與竇神寶乘單舸而渡，溺於中流，得大桑樹，依之獲免。及迥以舟迎，夜半至岸，比且視之，樹已沒矣。」〔註43〕這裡提到與李繼隆同乘一舟，幾乎溺死的竇神寶，是太宗、眞宗兩朝頗有戰功的內臣，先後轉戰西北二邊，累遷至入內右班副都知，最後官至皇城使。竇神寶《宋史·宦者傳》有傳，但未載曾與李繼隆因治河而覆舟之事。而《宋史·李繼隆傳》只載竇神寶奉命與李繼隆一同治河，但並沒有記載竇神寶其實當時與李繼隆同乘一舟，覆舟後賴抱著枯桑才不致雙雙溺死之事。〔註44〕這篇墓誌銘可以補充《宋史》漏記有關竇神

〔註41〕 《宋會要輯稿》，第十四冊，〈兵十一·捕賊一〉，頁8819；《長編》，卷五十四，咸平六年六月己未朔條，頁1195；《宋史》，卷六十三〈五行志二上〉，頁1391；卷三百二十四〈石普傳〉，頁10473。按：《長編》與《宋史》均作石「延」福。

〔註42〕 殿頭高品在太宗朝置，景德三年改爲內侍省殿頭高品。大中祥符二年二月，再改爲內侍省內侍殿頭，官正九品，地位高於內侍高品及入內高品一級。從咸平五年到景德二年，石廷福只是陞了一級。參見龔延明：《宋代職官辭典》，第一編〈皇帝制度類·九、宦官門〉，「入內內侍省內侍殿頭」、「入內內侍省內侍高品」條，頁51，「內侍省內侍殿頭」，頁60。

〔註43〕 《全宋文》，第十五冊，卷三百零一〈贈中書令諡曰忠武李公墓誌銘〉，頁77。

〔註44〕 按《宋史·李繼隆傳》既沒有記事件之年月，也沒有載竇神寶在舟上。《長編》則記李繼隆等奉命塞河，在太平興國三年正月，但未記竇神寶有預此役。參見《宋史》，卷二百五十七〈李處耘傳附李繼隆傳〉，頁8964；卷四百六十六〈宦者傳一·竇神寶〉，頁13600～13601；《長編》，卷十九，太平興國三年正月戊戌條，頁420～421。

寶曾覆舟之事。至於寶神寶在太平興國三年的官職，群書均沒有確實的記載，據其《宋史》本傳，他在太平興國四年從征北漢有功，才「稍遷入內高品」，他當時的官位大概是入內高品之下的入內高班。〔註45〕

（20）衛紹欽（952～1007？）

楊億在景德三年正月奉敕爲去世的宰相畢士安（938～1005）撰的〈贈太傅中書令謚曰文簡畢公墓誌銘〉，提到在景德二年十月監護畢士安葬事的內臣，是皇城使、愛州（今越南清化省清化市）刺史衛紹欽。〔註46〕

衛紹欽與寶神寶一樣，都是太宗及眞宗朝頗有戰功，而地位權勢不低的內臣，並且在《宋史·宦者傳》有傳。他爲畢士安辦理喪事，亦見於《宋史·畢士安傳》。

據《宋史》本傳及《宋會要輯稿》，他在眞宗嗣位後，拜宮苑使領愛州刺史，充入內內侍副都知。到景德元年，遷皇城使。根據楊億這一篇墓誌銘，衛紹欽在景德二年十月，仍任皇城使領愛州刺史。然楊億這篇墓銘卻漏記他入內副都知的職位。按楊億這篇墓銘，並未提供有關衛紹欽的新史料。〔註47〕

〔註45〕《宋史》，卷四百六十六〈宦者傳一·寶神寶〉，頁13600。

〔註46〕《全宋文》，第十五冊，卷三百零二〈楊億二十一·宋故推忠協謀佐理功臣、金紫光祿大夫行尚書吏部侍郎同中書門下平章事、監修國史、上柱國、太原郡開國公、食邑二千户實封四百户、贈太傅中書令謚曰文簡畢公墓誌銘〉，頁83。按：是篇墓誌銘原載《武夷新集》卷十一。

〔註47〕衛紹欽最大的戰功，是在太宗晚年佐王繼恩平定四川李順（？～1017）之亂，並處理善後的工作。據《宋會要·禮二十九》所記，他曾擔任安葬太宗的永熙陵使。他在景德元年六月已陞任皇城使。《宋史》本傳說他在「三年」加昭宣使，而《宋會要·職官四·尚書省·行在諸司》一條，也記他在景德四年正月已陞任昭宣使。考《宋會要·禮十七·時饗》一條則記他在景德四年四月辛卯（廿五），以皇城使奉眞宗命赴郭皇后上饗官皇城使，筆者認爲〈禮十七·時饗〉一條所記之皇城使，其實是勾當皇城司之誤寫，他當如《宋史》所記已於景德三年遷昭宣使。他雖陞爲昭宣使的班官，但他所領的遙郡，到景德三年，仍爲化外的愛州刺史。按群書都沒有記載衛紹欽於大中祥符之後的事蹟，所有典禮都不見他的名字。《長編》最後提到他的名字。是在卷八十四，大中祥符八年五月丁未條，眞宗憶述衛紹欽掌儀鸞司時工作認眞，然沒說他仍健在。《宋史》本傳記他卒年五十六，但群書均未載其卒年。他的兒子衛承慶（？～1013後）在大中祥符五年（1012）六月丙寅（三十），以內殿崇班任棣州（今山東濱州市惠民縣東南）兵馬都監，六年（1013）九月壬寅（十三）以修固棣州河防城壘之功，擢一級爲內殿承制。惟《長編》在記衛承慶事時也沒有提及衛紹欽的生死。相信他卒於景德四年或大中祥符元年。參見《宋會要輯稿》，第二冊，〈禮十七·宗廟·時饗〉，頁911；第三冊，〈禮二十

（21）楊永貴（？～1012後）

真宗大中祥符五年（1012）閏十月，內臣楊永貴在北嶽刻下題名碑。碑文不長，茲引錄如下：

> 大中祥符五年十月二十四日，聖祖九天司命天尊大帝降延恩殿，宣差入內內侍高品楊永貴於安天元聖帝廟并真君觀，請道士二七人，僧二七人起建道場，各三晝夜，於閏十月七日開啟，至二十三日罷散，故記之。〔註48〕

楊永貴之生平事蹟，不載於《宋史》等書。雖然他的官位不高，僅為入內高品，但從他能刻下題名之事觀之，他是粗通文墨的。

九・歷代大行喪禮上・太宗〉，頁1321；第四冊，〈儀制十三・內侍追贈・贈觀察使〉，頁2570；第五冊，〈職官四・尚書省・行在諸司〉，頁3113；《長編》，卷七十八，大中祥符五年六月丙寅條，頁1773；卷八十一，大中祥符六年九月壬寅條，頁1847；卷八十四，大中祥符八年五月丁未條，頁1930～1931；《宋史》，卷四百六十六〈宦者傳一・李神福、衛紹欽〉，頁13606，13625。順帶一提，贊寧的《宋高僧傳》有兩條提及衛紹欽在太平興國年間的事蹟，第一條記他在太平興國五年（980）奉太宗命，以高品的職位入天台山（今浙江台州天台縣）重建壽昌寺。第二條記他以內殿頭高品之職與另一內臣張承貴（當為張崇貴），在太平興國八年奉太宗命往天台山重建福田寺。這比《長編》在雍熙四年（987）八月己酉（十九）首次提到他以入內西頭供奉官回奏太宗關於諸王府侍講邢昺（932～1010）的工作為早。另外此兩條亦旁證前述的「李廷訓條」的殿頭高品一職，在太宗初年已設。另外，南宋人王栐（？～1227後）的《燕翼詒謀錄》卷二也記衛紹欽把一個乞修天台國清寺而願焚身以報的江東僧，在修成寺後將他燒死。此則傳聞與《宋高僧傳》所載衛紹欽在太平興國五年及八年往天台山修寺的事當有關連，似乎這個被燒死的寺僧是福田寺的自詢，因他曾「誓斷腕然鍊，乞重造此寺」。參見《宋史》，卷五〈太宗紀二〉，頁95；卷二百八十一〈畢士安傳〉，頁9521；卷四百六十六〈宦者傳一・王繼恩、衛紹欽〉，頁13603，13624～13625；《長編》，卷二十八，雍熙四年八月己酉條，頁638～639；卷三十六，淳化五年九月，頁795～796；乙丑條，頁798；卷八十四，大中祥符八年五月丁未條，頁1930～1931；《宋會要輯稿》，第二冊，〈禮九・大閱講武〉，頁662；〈禮十七・時饗〉，頁911；第三冊，〈禮二十九・歷代大行喪禮上・太宗〉，頁1321，1324；第五冊，〈職官四・尚書省・行在諸司〉，頁3113；贊寧：《宋高僧傳》，上冊，卷七〈義解篇第二之四・大宋天台山螺溪傳教院義寂傳〉，頁163；卷二十七〈興福篇第九之二・唐天台山福田寺普岸傳・全亮、惟約〉，頁682；王栐（撰），誠剛（點校）：《燕翼詒謀錄》（與《默記》合本）（北京：中華書局，1981年9月），卷二，頁18～19。

〔註48〕《全宋文》，第十五冊，卷三百零五〈楊永貴・北嶽題名・大中祥符五年閏十月〉，頁127。按：此碑文原載《授堂金石文字續跋》卷八。

（22）王從政（？～1020後）

眞宗天禧四年三月，內臣、入內內侍省內西頭供奉官王從政往越州（今浙江紹興市）的陽明洞天射的潭設醮。他在該處留下碑記。茲錄如下：

> 皇宋三葉□東封之一十二年，□（有）事於南郊。大禮云畢，□明年季春，始命入內內侍省內西頭供奉官王從政賫持金龍玉簡，□陽明洞天射的潭設醮，恭謝休徵，判軍州事牛昭儉，觀察推官、試大理評事江白。謹書石壁，以□能事。天禧四年三月二十三日記。會稽主簿湯楷，玉清宮智賢大師□文成。〔註49〕

考眞宗與仁宗朝至少有三人名王從政，除了刻下這道碑文的內臣王從政外，據《宋史》所載，眞宗朝殿前副都指揮使王漢忠（949～1002）之次子亦名王從政（？～1058），還有在皇祐四年（1052）九月被廣源蠻儂智高（？～1055）擊殺於館門驛的宋將東頭供奉官閣門祗候亦名王從政。〔註50〕

《全宋文》這一篇的校點者刁忠民氏本是宋代政治制度史的專家，不知何故，他在撰寫內臣王從政的生平簡介時，竟將歐陽修（1007～1072）、胡宿、宋庠（996～1066）及王珪（1019～1085）等人的文集中所提到歷任諸司使臣，然後官拜馬軍都虞候的武臣王從政，當成刻題這篇碑記的同一個人，卻不考宋代內臣絕不可能擔任禁軍軍職，更不可能成爲三衙管軍。〔註51〕

〔註49〕《全宋文》，第十五冊，卷三百零五〈王從政・陽明洞投龍簡記・天禧四年三月〉，頁136。按：此碑原載清道光刻本《越中金石記》卷二。

〔註50〕《宋史》，卷二百七十九〈王漢忠傳〉，頁9477；卷三百〈楊畋傳〉，頁9964～9965；卷四百六十六〈忠義傳一・王從政〉，頁13155；《長編》，卷一百七十三，皇祐四年九月庚申條，頁4173～4174；卷一百七十四，皇祐五年六月己卯條，頁4213；卷二百八十三，熙寧十年六月壬辰條，頁6924；杜大珪（？～1194後）；《名臣碑傳琬琰之集下》，文淵閣《四庫全書》本，卷十四〈王荊公安石傳〉（實錄），葉六下。考李燾已考證王從政實死於昭州館門驛，但《宋史》仍沿襲宋國史之誤，作太平場。又考《名臣碑傳琬琰之集下》卷十四所收錄的〈王荊公安石傳〉曾載，在熙寧十年（1076）齎詔往江寧府（今江蘇南京市）慰勞王安石（1021～1086）的內臣亦名王從政。然據《長編》所載，在是年六月壬辰（十四）前往江寧安撫王安石的內臣，其實是在哲宗朝位居內臣之首的入內內侍省都知的梁從政（？～1106後），而不是王從政。按天禧四年距熙寧十年達五十七年，那個在眞宗晚年出使越州的入內西頭供奉官王從政，絕不會是在熙寧十年往江寧安撫王安石的「王從政」。《名臣碑傳琬琰之集下》顯然錯將梁從政訛寫爲「王從政」。

〔註51〕《全宋文》，卷三百零五〈王從政・陽明洞投龍簡記・天禧四年三月〉，頁136。按刁忠民氏曾撰有《兩宋御史中丞考》（成都：巴蜀書社，1995年11月）及《宋代臺諫制度研究》（成都：巴蜀書社，1999年5月）兩專著，是宋代政治制度史專家。

在這道碑刻上題名的內臣王從政，據筆者以爲，當是《長編》卷八十二所記，在大中祥符七年（1017）五月丙午（廿一）擔任同勾當修內司的王從政。據龔延明教授的研究，修內司在北宋前期隸提舉在京諸司庫務司，掌理皇城內宮殿垣宇及太廟修繕之事，該司置勾當官三人，在眞宗朝由內侍省、入內內侍省內侍充任。在時間及身份上，雖然《長編》是條沒有記下這個王從政的官職，但從他擔任同勾當修內司之差遣來看，他當是內臣無疑。而從時間來看，他應該就是在天禧四年往越州設醮的入內西頭供奉官王從政。〔註52〕

順帶一談，刁忠民所疑與碑上題名同係一人的馬軍都虞候王從政，據筆者所考，當是史稱「好讀書，頗能詩，喜儒士，待賓佐有禮」、「慕賈島、李洞爲詩，居常讀書，手不釋卷，名稱甚茂」的名將王漢忠次子。按《宋史·王漢忠傳》只簡略記載王漢忠在咸平五年七月暴得疾卒後，宋廷恩恤其三子，其中王從政以次子授左侍禁，惟王從政以後的事蹟則沒有記載。據胡宿及王珪先後爲馬軍都虞候王從政所撰之敕書與制文所描述，王從政是「世濟勳勞，材推果壯」，和「起於舊門，服詩書之略」，那正吻合王漢忠兒子的身份。而另一篇由范祖禹（1041～1098）在元祐九年（即紹聖元年，1094）二月所撰的〈贈曹州觀察使妻安康縣君王氏墓誌銘〉，而爲刁忠民所沒有引用之碑銘，即明確指出這位王氏之祖眉州防禦使、贈司徒王從政，乃是籍屬開封的保靜軍節度使王漢忠之子。而據《宋會要輯稿》所載，這位名將之子的王從政，最後正是官至殿前都虞候、眉州防禦使，而卒於仁宗嘉祐三年（1058）二月。〔註53〕

〔註52〕 《長編》，卷八十二，大中祥符七年五月丙午條，頁1876；《宋代職官辭典》，第五編〈元豐正名後中樞機構類之二·十三、將作監門〉，「修內司」條，頁369。據《長編》所載，內臣王從政在是月被東上閤門使魏昭亮（？～1017後）告發，指他與勾當引見司焦守節（？～1028後）、勾當修內司李知信（？～1017後）、勾當事材場貫繼勳（？～1017後）等假公濟私，私下借軍匠爲樞密院副承旨尹德潤（？～1017後）治第，結果五人均被削一任。又龔延明討論修內司的編制，亦引用《長編》是條。

〔註53〕 據《長編》所記，王漢忠子王從政在慶曆元年（1041）十月以供備庫使、帶御器械之官職往河東相度修復寧遠寨（今陝西榆林市府谷縣西南楊家灣村）。宋庠所撰一道制敕，稱王從政爲諸司使副陝西緣邊都監知州。正如上文注17所考，宋庠任知制誥，早在景祐元年（1034）閏六月前，而迄寶元元年（1038）三月擢翰林學士，則他寫這道制文，亦當在景祐元年中至寶元元年初。據此，我們可以知道王從政在景祐年間擔任諸司使副及陝西緣邊都監之職位，他到慶曆元年前則擢爲諸司正使之供備庫使。又王珪曾撰王從政自崇儀使賀州刺史擢六宅使制文，而歐陽修又曾撰〈左藏庫使涇原鈐轄王從政可西上閤門使益州鈐轄〉制文。以上兩制文所撰寫的時間，應在王從政在慶曆元年任供備

正如上文所考，另一位在皇祐四年九月於昭州（今廣西桂林市平樂縣西南）被儂智高所殺的宋將開封人王從政，遇難時的官位是東頭供奉官、閤門

庫使之後。按歐陽修在慶曆三年（1043）十二月任知制誥，四年（1044）四月放外任，他寫這道制文當在慶曆三年底至四年初。至於王珪任知制誥之年月不詳，但他在至和二年（1055）十月前仍任知制誥，疑他亦在慶曆年間撰寫這度制文。又據《景定建康志》所收之〈馬軍司題名記〉所載，王從政於至和元年二月除馬軍都虞候，五月改差（按：陞殿前都虞候），嘉祐三年二月卒於殿前都虞候任上，而宋廷追贈建武軍節度觀察留後。以上當是可考之王從政仕歷。據范祖禹這篇墓誌銘所載，安康縣君王氏（1044～1093）之父為王道恭（？～1077後），他是王從政之子，官至慶州團練使，贈明州觀察使。而據《長編》所記，王道恭在熙寧十年（1077）官至知雄州（今河北保定市雄縣）、四方館使。開封王氏可說是三代為將。至於安康縣君王氏本人則嫁宗室濟陰侯、贈曹州觀察使趙世統，卒於元祐八年（1093）五月，年五十。又據《長編》所記，王從政之幼弟王從益（？～1039後）以右侍禁出仕後，在寶元元年（1038）八月，曾以西染院副使兼閤門通事舍人的身份出使遼國，翌年（寶元二年，1039）八月，又以同樣的官職，出任益利路體量安撫使韓琦（1008～1075）的副手，出使四川賑撫當地的旱災。參見《宋史》，卷二百七十九〈王漢忠傳〉，頁9477；《長編》，卷五十二，咸平五年七月己亥條，頁1141～1142；卷一百二十二，寶元元年八月庚辰條，頁2877～2878；卷一百二十四，寶元二年八月丁丑條，頁2922～2923；卷一百三十四，慶曆元年十月庚辰條，頁3187；卷二百八十四，熙寧十年八月丙申條，頁6954；胡宿：《文恭集》，文淵閣《四庫全書》本，卷二十六〈賜侍衛親軍步軍都虞候王從政敕書二〉，葉六下；王珪：《華陽集》，文淵閣《四庫全書》本，卷三十八〈步軍都虞候王從政可馬軍都虞候、捧日天武四廂都指揮使王興可步軍都虞候制〉，葉七下至八上；卷四十〈崇儀使賀州刺史王從政可六宅使制〉，葉七下；《宋會要輯稿》，第四冊，〈儀制十一・武臣追贈・軍職防禦使〉，頁2541；歐陽修（撰），李逸安（點校）：《歐陽修全集》（北京：中華書局點校本，2001年3月），第三冊，卷八十〈左藏庫使涇原鈐轄王從政可西上閤門使益州鈐轄〉，頁1161；宋庠：《元憲集》，卷二十二〈諸司使副陝西緣邊都監知州萵宗古王從政米吉張世昌並轉官制〉，葉七下至八上；馬光祖（？～1269）（編）、周應合（？～1275後）（纂），王曉波（校點）：《景定建康志》，收入王曉波、李勇先、張保見、莊劍（點校）：《宋元珍稀地方志叢刊》甲編，（成都：四川大學出版社，2007年6月），第二冊，卷二十六〈官守志三・郭倪・侍衛馬軍司題名記〉，頁1243；嚴杰：《歐陽修年譜》（南京：南京出版社，1993年11月），頁112～122；《全宋文》，第九十九冊，卷二千一百六十〈范祖禹四十六・贈曹州觀察使妻安康縣君王氏墓誌銘・元祐九年二月〉（按即紹聖元年，是年四月改元紹聖），頁114～115。按：《四庫全書》本的《范太史集》所載的同一篇墓誌銘，提到墓主王氏祖父的名字，在「政」字之上原闕一字，《全宋文》這一卷的點校者劉琳據《宋史》卷三百七十九〈王漢忠傳〉補上「從」字。參見范祖禹：《范太史集》，文淵閣《四庫全書》本，卷四十九〈贈曹州觀察使妻安康縣君王氏墓誌銘〉，葉十七上下。

祗候。宋廷後來追贈他信州刺史，錄其孫二人，其女賜冠帔，另封其妻郭氏為縣君。〔註54〕從相距的年份（按相距有三十二年）到職位，加上有妻有女有孫，這個在皇祐四年陣亡的宋將王從政，肯定不是天禧四年往越州設醮的內臣王從政。

（23）康從政（？～1025後）、（24）江德用（？～1031後）

仁宗天聖三年（1025）四月，江寧府（今江蘇南京市）茅山崇禧觀的道士上清大洞宗師朱自英（977～1029），因章獻劉太后在此處開建上清黃壇預啓玉籙道場七晝夜，而奉命撰寫〈宋天聖皇太后受上清籙記〉。在這篇碑記中，提到兩名負責此件差事的內臣，分別為入內內侍省西頭供奉官康從政和入內內侍省內侍殿頭、勾當御藥院江德用。〔註55〕

康從政之名，不見錄於《宋史》各書，《長編》卷二百四十二，曾記在熙寧六年（1073）二月丙申（廿二），看守宣祖安陵的內臣名康為政。這個康為政與四十八年前出使江寧府崇禧觀的內臣有何關係？因史料不足，暫難確定。〔註56〕

至於江德用，據《宋會要輯稿》所記，他在天聖七年（1029）七月，因玉清昭應宮失火，他以入內供奉官之官職，被責追一任勒停。到了天聖九年（1031）閏十一月，他則以供奉之官職帶上御藥之的差遣，與另一內臣羅崇勳（？～1033後），奉命協助三司使晏殊（991～1055）從京師迎太祖、太宗及真宗的神像，奉安到永安縣紫玉山建成的鳳臺山宮。大概他在天聖九年前已官復原職。〔註57〕據《長編》卷一百十二所記，在明道二年四月癸丑（十八），當劉太后死後，仁宗盡罷劉太后所寵的上御藥及御藥供奉，他就自上御藥罷為供備庫使。〔註58〕以後的事蹟就不詳。

〔註54〕 《長編》，卷一百七十三，皇祐四年九月庚申條，頁4172～4173；卷一百七十四，皇祐五年六月己卯條，頁4213；蔡襄（1012～1067）（撰），吳以寧（點校）：《蔡襄集》（上海：上海古籍出版社，1996年8月），《蔡忠惠集》，卷十三〈制誥四·故東頭供奉官閤門祗候王從政妻郭氏可縣君制〉，頁240。

〔註55〕 《全宋文》，第十五冊，卷三百十七〈朱自英·宋天聖皇太后受上清籙記·天聖三年四月〉，頁333～335。按：是篇碑記原載正統道藏本《茅山志》卷三十三。

〔註56〕 《長編》，卷二百四十二，熙寧六年二月丙申條，頁5904。

〔註57〕 《宋會要輯稿》，第二冊，〈禮五·祠宮觀·鳳臺山宮〉，頁563；〈禮十三·神御殿〉，頁717；，第八冊，〈職官六十四·黜降官一〉，頁4782。

〔註58〕 《長編》，卷一百十二，明道二年四月癸丑條，頁2611。

　　康從政與江德用先後任入內內侍供奉官，地位屬於中級的內臣，他們並無特別事功，這篇碑記倒讓我們知道江德用在任入內供奉官前，曾經歷低一級的入內內侍殿頭，而他從天聖三年四月前後，至九年閏十一月，長期獲委御藥院的差遣。至於江德用與劉太后寵信的內臣、官至入內副都知的江德明（？～1033 後）是否兄弟關係，則暫未可考。〔註59〕

（25）孫可久（？～1027 後）、（26）張懷彬（？～1016 後）、（27）李懷凝（？～1016 後）

　　眞宗大中祥符九年正月，內臣、入內高班孫可久在華陰縣的西嶽祠留下一篇碑記，除了提到他本人外，還提到在場的另外兩個內臣入內供奉官張懷彬與入內高品、前涇原走馬承受李懷凝。當時的知華陰縣是同年六月當王懷珪來此地的大理寺丞張綽。碑記不長，茲引錄如下：

> 天書九載孟春十日，入內供奉官張懷彬道場於嶽祠，入內高班孫可久投龍於仙谷，偶會入內高品李懷凝自涇原承受解秩歸闕，時與知縣、大理寺丞張綽同焚香於金天順聖帝，致誠而退。孫題。〔註60〕

張懷彬與李懷凝，生平事蹟不載於《宋史》各書，至於孫可久，據《全宋文》這條的點校者祝尙書的考索，《宋會要輯稿》及《青箱雜記》曾著錄他的一些事蹟。《宋會要輯稿》曾記他在天聖五年（1027）七月，以玉津園監官的身份，上奏稱：

> 養象茭草，逐年府縣和買園苑種蒔，甚費錢本，及搔擾人民。今玉津園頗有曠土可種，約歲用外，別爲儲廥，準備闕乏及斥賣，以錢入官，充人牛工價。

宋廷聽從他的建議。〔註61〕至於吳處厚（？～1089 後）的《青箱雜記》，則對他的生平事蹟有較詳細的記載。記他「賦性恬澹，年踰五十，即乞致仕」。又載他在京師有居第，宅的堂北有一個小園，另在城南有別墅。每逢良辰美景，

〔註59〕　江德明在明道二年（1033）十月，官至左藏庫使領晉州團練使、入內副都知、并代路鈐轄。宋廷以他在劉太后死後仍未知檢點，就將他落入內副都知職；不過，補償地加他果州防禦使，改授潞州（今山西長治市）鈐轄。參《長編》，卷一百十三，明道二年十月乙巳條，頁2639。

〔註60〕　《全宋文》，第十五冊，卷三百十七〈孫可久・張懷彬等題名・大中祥符九年一月〉，頁341～342。按：這篇碑記原載於《金石萃編》卷一百二十八。關於張綽的資料，可參本文第十節〈王懷珪〉。

〔註61〕　《宋會要輯稿》，第十五冊，〈方域三・園・玉津園〉，頁9304。

他就以小車載著酒，優游小園與別墅間。仁宗朝的文人雅士如石延年（994～1041）、柳永（987～1054）均曾爲他的宅園題詩。據吳處厚說，孫可久好吟詠，尤其仰慕中唐大詩人白居易（772～846）。當他任陝西駐泊（按：當爲監押）時，就在郡城大皐之頂爲白居易建構祠堂，堂中繪上白的畫像，另在舊墉遍寫白居易的平生詩賦及警策之句。孫本人寫詩，則效法白的風格。晚年著有詩文集《歸休集》行於世，得年七十餘。〔註62〕

我們參照上述的記載，可以看到孫可久是頗有氣派、文武兼修的內臣。他通文墨，故不必勞煩知縣張綽，自己就撰下這篇碑記。不像半年後另一內臣王懷珪要由張綽動筆。這篇碑記可旁證吳處厚的說法，孫是一個頗有文化修養的內臣。在這篇碑記中，題名的三個內臣均屬入內內侍省，地位最高是入內供奉官張懷彬，然後到李懷凝的入內高品，最低是孫可久的入內高班。按李懷凝以入內高品擔任涇原走馬承受的差遣，而一般武臣委爲走馬承受，多半由本官是三班使臣，特別是殿直這一級出任。這篇篇幅不長的碑記，在這方面亦可以幫助我們了解多一點宋初的宦官與武臣之遷轉制度。

三、結論

因篇幅所限，本文的宋初內臣事蹟的考索就暫止於《全宋文》的前十五冊，按本文所引述的二十七名內臣，大部份可以從《宋史》、《長編》及《宋會要輯稿》以及一些宋人文集或筆記找到他們生平事蹟的相關記載。碑銘上的內臣史料，從本文的初步考索，可以得出有以下幾種用途：

第一，補充了《宋史》等書未記之事實，例如個別內臣在某年月之官職差遣以及所擔任的臨時職務；

第二，幫助研究宋史的人確知在《宋史》等書著錄，看似是一般武臣的人，其實是內臣；

〔註62〕吳處厚（撰），李裕民（點校）：《青箱雜記》（北京：中華書局點校本，1985年5月），卷十，頁109。按《宋朝事實類苑》亦載錄此條。參見江少虞（？～1145後）：《宋朝事實類苑》（上海：上海古籍出版社，1981年7月），卷三十八〈詩歌賦詠·贈孫可久詩〉，頁492。又《兩宋名賢小集》之《石曼卿集》所收石延年贈孫可久的一首詩，文字與《青箱雜記》及《宋朝事實類苑》所錄的略有出入。參見陳思（？～1264後）（編）、陳世隆（？～1364後）（補）：《兩宋名賢小集》，文淵閣《四庫全書》本，卷七十九《石曼卿集》，〈過內官孫可久別業賦贈〉，葉六下。

　　第三，給研究宋代宦官制度提供有用之史料，例如宋代高級的內臣一樣可以賜邑封侯，以及擁有文臣武將所帶的階與勳。另外，也提供宋初三朝內臣遷轉制度的實例；

　　第四，爲研究曾牽涉重大政治事件的個別內臣如李神福，提供重要甚至關鍵的線索。另考訂同姓名的人如王從政，哪一個是內臣，哪一個是武臣。

修訂後記：

　　本文原刊於《東吳歷史學報》第十一期（2004 年 6 月），頁 29～58。是筆者首篇研究宋代內臣的論著。當年舊版《全宋文》只出版至第五十冊。本文現採用新版的《全宋文》，故初稿的冊卷頁數也相應調整。另也改用最新的點校本《宋會要輯稿》及《皇宋十朝綱要》。此外，也在題目上略加修改，以表明本文所考的只限於《全宋文》前十五冊。並且增補一些初稿上沒有引用的史料。

第二篇　兩個被遺忘的北宋降遼內臣馮從順與李知順事蹟考

一、前言

　　《遼史》以簡陋著稱，它的〈宦官傳〉僅收王繼恩（？～1034 後）及趙安仁（？～1040 後）二傳。王是棣州（今山東濱州市惠民縣東南）人，趙是深州樂壽（今河北滄州市獻縣，距河間市 30 公里）人，二人均是在遼聖宗（971～1031，982～1031 在位）時，在幼年被遼軍南侵時所俘閹為內臣，王累遷內謁者、內侍左廂押班、尚衣庫使、左承宣、監門衛大將軍、靈州觀察使、內庫都提點。趙安仁亦累官內侍省押班、御院通進、左承宣、監門衛大將軍、契丹漢人渤海內侍都知兼都提點。他們後來的結局及卒年，《遼史》的編者均作「後不知所終」。按王傳只有 139 字，而趙傳則只有 246 字。〔註 1〕考王、趙二人之生平不見其他遼代文獻，宋人葉隆禮（？～1260 後）所撰的《契丹國志》則有兩條相關記載，記二人在重熙三年（1034）獲遼興宗（1016～1055，1031～1055 在位）委以監南北蕃漢臣僚之職。〔註 2〕而值得注意的是，明景泰

〔註 1〕脫脫（1314～1355），劉浦江（1961～2015）等（修訂）：《遼史》（北京：中華書局點校修訂本，2016 年 4 月），卷一百九〈宦官傳・王繼恩、趙安仁〉，頁 1630～1632。

〔註 2〕考《契丹國志》記遼興宗在重熙三年與殿前都點檢耶律喜孫、護位太保耶律劉三發動政變，逐走企圖廢立他的生母法天太后（即欽哀皇后，？～1057），並將她送往慶州（今內蒙古自治區巴林右旗索布日嘎蘇木（鄉），南距旗所在地大板鎮 98 公里）守聖宗陵。興宗又大殺太后親信永興宮都總管高常哥及內侍數十族，而命時任靈州節度使內庫都提點王繼恩、內侍都知監門衛大將

二年（1451）年朝鮮史臣鄭麟祉（1396～1478）所編纂的《高麗史》卷六〈世家・靖宗〉曾記趙安仁在高麗靖宗六年（庚辰，1040，即遼興宗重熙九年、宋仁宗康定元年）七月，以夏州觀察使奉使高麗來賀靖宗（1018～1046，1035～1046 在位）生辰。此條是現存史籍中趙安仁事蹟的最後記載。〔註3〕

有關遼代內臣的研究，由於史料的缺乏，專題研究目前僅有吉林大學王茜 2012 年的一篇碩士論文〈遼金宦官研究〉，該文第二章「遼代宦官」及第四章「遼金宦官的特點」所引述的遼代內臣事例，仍只及王繼恩與趙安仁二人，作者並沒有參考遼代出土文獻所著錄的內臣史料。〔註4〕

本文所考論的兩名的遼內臣馮從順（967～1023）和李知順（975～1028），與王繼恩及趙安仁一樣原為宋人。只是他們早在太宗（939～997，976～997 在位）朝已仕於宋廷，在眞宗（968～1022，997～1022 在位）朝初年的宋遼戰爭中先後被俘降遼，然後長期仕於遼廷，最後擢至節度使而卒。與王、趙不同，馮、李二人的生平事蹟，既見於遼的出土墓誌，又見於宋人的文獻。而李知順和趙安仁一樣，其事蹟更見於域外的《高麗史》。

馮、李二人是目前僅見有墓誌傳世的遼代內臣，墓誌均在近代出土，現收入陳述（1911～1992）輯校的《全遼文》（亦收錄於向南（楊森，1937～2012）編的《遼代石刻文獻》）的內臣墓誌，分別是〈馮從順墓誌・太平三年・宋復圭〉及〈李知順墓誌・太平八年・向載言〉。李知順屬內臣身份，學者均能確

軍趙安仁監南北面蕃漢臣僚，命二人具奏不便軍民三十餘事，並立改之。按《契丹國志》此兩條所記之事與《遼史》所記略有出入。考王繼恩官至靈州觀察使，而非節度使。另《遼史・王繼恩傳》未載興宗幽廢法天太后後，他獲授監南北蕃漢臣僚之職。參見葉隆禮（撰），賈敬顏（1924～1990）、林榮貴（點校）：《契丹國志》（北京：中華書局，2014 年 1 月），卷八〈興宗文成皇帝〉，頁 87；卷十三〈后妃傳・聖宗蕭皇后〉，頁 164～165；《遼史》，卷十八〈興宗紀一〉，頁 244；卷七十一〈后妃傳・聖宗欽哀皇后蕭氏〉，頁 1324～1325；卷一百九〈宦官傳・王繼恩、趙安仁〉，頁 1630～1632。又按《契丹國志》點校本，不知何故，將興宗發動政變的甲戌年（景祐元年）誤作重熙二年（以下重熙各年均與所繫之干支及仁宗各年號不符）。考《四庫全書》本《欽定重定契丹國志》卷八及卷十二，均作重熙三年，而非重熙二年。不知點校本為何有此失。

〔註3〕鄭麟祉等（撰），孫曉（主編）：《高麗史》，（重慶：西南師範大學出版社，2014年 11 月據韓國奎章閣藏光海君覆刻乙亥字本及明景泰二年（1451）朝鮮乙亥銅活字本等標點校勘本），冊一，卷六〈世家・靖宗一〉，六年（庚辰）七月條，頁 164。

〔註4〕王茜：〈遼金宦官研究〉，吉林大學史學碩士論文，2012 年 5 月，第二章「遼代宦官」，頁 6～19；第四章「遼金宦官的特點」，頁 31～37。

認；但馮從順也爲內臣，不少學者卻未確認，因不少遼史學者沒有留意宋人
對馮的相關記載。〔註5〕從二人的墓誌，我們得知馮從順和李知順二人原均是
宋的低級內臣，先後在宋眞宗咸平二年（999）及景德元年（1004）於河北戰
場被遼軍所俘卻不死，然後均得到遼聖宗的重用，最後官至遼的高級內臣，
於太平三年（即天聖元年，1023）及太平八年（即天聖六年，1028）分別在
遼的上京臨潢府（今內蒙古巴林左旗林東鎮南郊波羅城）和中京大定府（今
內蒙古自治區赤峰市寧城縣）病逝。關於馮從順，《宋史・鄭文寶傳》記他在
太宗淳化五年（994）或至道元年（995），以「內侍」身份，奉宋廷之命，向
當時的陝西轉運使鄭文寶（953～1013）詢問營建在清遠軍（今甘肅慶陽市環
縣甜水堡）西北八十里的古威州的問題。而《宋史・田紹斌傳》又記在至道
二年（996）三月，勇將知靈州（今寧夏銀川市靈武市西南，一說在寧夏吳忠
市南金積鄉附近）兼兵馬部署田紹斌（933～1009），在浦洛河（今寧夏吳忠
市南山水河）之役後，不失一人，並在清遠軍救起宋的敗將殘兵，安返靈州。
他隨即「遣內侍馬從順驛聞，太宗益嘉之，優詔褒獎。」很明顯，《宋史・田
紹斌傳》所記的這個內侍「馬從順」，就是馮從順的訛寫。〔註6〕而《宋會要・

〔註5〕陳述（輯校）：《全遼文》（北京：中華書局，1982年3月），卷六〈馮從順墓
　　　誌・太平三年・宋復圭〉，頁123～125；〈李知順墓誌・太平八年・向載言〉，
　　　頁139～141；向南（編）：《遼代石刻文編》（石家莊：河北教育出版社，1995
　　　年4月），〈聖宗編〉〈馮從順墓誌・太平三年〉，頁169～172；〈李知順墓誌・
　　　太平八年〉，頁187～190；李逸友（1930～2002）：〈遼李知順墓誌銘跋〉，《內
　　　蒙古文物考古》（創刊號），1981年10月，頁84～86；蓋之庸（編著）：《內
　　　蒙古遼代石刻文研究》（呼和浩特：內蒙古大學出版社，2002年5月），上編，
　　　〈李知順墓誌・太平八年〉，頁144～151。按蓋之庸書附有李知順墓誌拓本。
　　　本文現採用《全遼文》版本。有關李知順的資料年前蒙西北大學王善軍教授
　　　賜示，謹此致謝。而李逸友一文蒙臺灣中央研究院何漢威學長寄贈，亦謹致
　　　謝忱。又近讀遼史及契丹文字大家劉鳳翥教授新作《契丹尋踪——我的拓碑
　　　之路》（北京：商務印書館，2016年8月），劉教授言及他早在1977年11月
　　　往內蒙古呼和浩特市的內蒙古自治區博物館文物工作隊拓制遼碑時，在文物
　　　倉庫內便就地拓制了寧城縣出土，當時尚未發表的遼代漢文《李知順墓誌》（頁
　　　96），可見此碑文早受遼史學者的重視。
〔註6〕關於宋廷派馮從順往訪鄭文寶詢其對營築古威州的意見的具體年月，《宋史・
　　　鄭文寶傳》未有清楚記載。考文寶本傳先記他向宋廷建議禁蕃商貨鹽以困
　　　李繼遷，宋廷遣知制誥錢若水（960～1003）馳傳視之，議悉除其禁。然後再
　　　記宋廷派馮從順問築古威州城之事於鄭。據《長編》卷三十二所載，鄭文寶
　　　在淳化二年（991）閏二月任陝西轉運使（按：《宋史》作轉運副使），而據《宋
　　　史・太宗紀二》所記，他在至道元年十月己丑（十六）（按：原文作「乙丑」，
　　　惟是月無乙丑，疑爲「己丑」之訛寫）才被罷爲藍田（今陝西西安市藍田縣）

兵十四》又有一條記馮在太宗至道三年（997）二月癸卯（初八），以內品的職位奉西征大將李繼隆（950～1005）之命，向太宗奏報征討李繼遷（963～1004）軍情並獲賞之事。〔註7〕他後來的事蹟，宋人就再沒有記載。而李知順的情況就更令人注目，考《續資治通鑑長編》（以下簡稱《長編》）卷五十九，記宋廷在景德二年（1005）正月戊午（初九），追贈在景德之役死難之文武官員，其中「贈受事河朔而沒者，殿直劉超爲供備庫使，入內高班內品李知順爲六宅副使，奉職胡度等三人爲內殿崇班，仍各錄其子及賻卹其家。」宋廷認定劉超、李知順及胡度等五人已死於王事，因上封者請求優加恩典，以勸忠臣，乃有是命，而且再命有司錄贈官制及錄用諸子事，布告天下（按《宋

令（《宋史・鄭文寶傳》作藍山令（今湖南永州市藍山縣）。考《宋史・夏國傳上》記鄭文寶議禁鹽池之事在淳化四年（993），而錢若水在淳化二年十二月辛卯（廿六）前已爲知制誥，到淳化四年五月丁未（二十）已自知制誥擢爲翰林學士，則錢若水出使陝西當在淳化四年正月至五月前。據此，則宋廷命馮從順往訪鄭文寶當在淳化四年中到至道元年十月前。又據《宋史・田紹斌傳》所記，「會鄭文寶議城席雞城砦爲清遠軍，紹斌與文寶領其役。城畢，以文寶之請命爲知軍事。至道元年拜會州觀察使仍判解州。」參照《宋史》各傳的記載，筆者以爲馮從順出使，在淳化五年（994）的可能性最大。參見脫脫：《宋史》（北京：中華書局點校本，1977 年 11 月），卷五〈太宗紀二〉，頁 98；卷二百七十七〈盧之翰、鄭文寶傳〉，頁 9424，9426～9428；卷二百八十〈田紹斌傳〉，頁 2496～2497；卷四百八十五〈外國傳一・夏國上〉，頁 13987；李燾（1115～1184）：《續資治通鑑長編》（北京：中華書局點校本，1979 年 8 月至 1995 年 4 月），卷三十二，淳化二年閏二月條，頁 712；十二月辛卯條，頁 727；卷三十四，淳化四年三月壬子條，頁 748；五月丁未條，頁 749。考筆者多年前考論田紹斌事蹟及浦洛河一役始末時，並未察知內侍「馬從順」即馮從順。參見何冠環：〈論宋太宗朝武將之黨爭〉，載何著《北宋武將研究》（香港：中華書局，2003 年 6 月），頁 126～128。又本文一位匿名審查人指出清代吳廣成（？～1825 後）的《西夏書事》卷六，引述《宋史・田紹斌傳》時，已將「馬從順」考正爲馮從順。本文初稿時未有參考此書，不知清人早已校出馬從順即馮從順。參見吳廣成（撰），龔世俊等（校證）：《西夏書事校證》（蘭州：甘肅文化出版社，1995 年 5 月），卷六，頁 67。

〔註7〕徐松（1781～1848）（輯），劉琳、刁忠民、舒大剛、尹波等（校點）：《宋會要輯稿》（上海：上海古籍出版社，2014 年 6 月），第十五冊，〈兵十四・兵捷〉，頁 8887。考《宋會要・兵十四》原將馮從順入奏之事繫於咸平三年二月八日條，校點者據《太平治蹟統類》卷二及《宋史・太宗紀二》及《宋史・李繼隆傳》、《宋史・夏國傳》考得此事當在至道三年二月（按：二書均沒有記載李繼隆派馮從順入奏之事）。校點者若知悉馮從順早在咸平二年十月隨康保裔兵敗被停一事，就更能確定《宋會要輯稿》所記馮在咸平三年（1000）二月丙辰（初八）入奏之事實在不可能。

史》卷三百八〈張旦傳〉所記相同。）〔註8〕依宋官方記載，當時任入內高班內品而可能任河北走馬承受的李知順已戰歿沙場。〔註9〕

　　馮、李二人的事蹟，現存宋人的記錄，就僅有上述《宋會要輯稿》及《長編》兩條以及元人所編纂的《宋史》三條。宋廷史臣大概對名不見經傳的小小內品馮從順的生死並不關注，另以官不過入內高班內品的李知順早已歿於王事，故不再對二人的生死查證。於是從《長編》、《宋會要輯稿》到《宋史》，我們就沒有找到有關二人事蹟的記載。同樣在《遼史》也找不到任何有關二人的記載。然教人喜出望外，這兩個早被宋人遺忘而《遼史》從未提及的內臣的墓誌，竟分別在 1949 年前及在 1956 年，在遼寧朝陽市朝陽縣及內蒙古自治區赤峰市寧城縣天義鎮南約六公里的石橋子村北出土。〔註10〕

　　這兩篇出土墓誌，除了大大補充了我們對遼代內臣的認識，包括遼代內臣制度及聖宗使用內臣之政策外，我們還可以藉此特別的案例，體會研究宋遼史時，仔細參照宋遼史料以至域外史料，常有意外的收穫。

　　本文據宋遼等史料，先考論馮從順的生平事蹟，再考論李知順的生平事蹟。然後再討論宋遼內臣的相關問題。

二、馮從順生平事蹟考

　　據陳述的記述，馮從順墓誌的誌文依羅振玉（1866～1940）的《滿洲金石志補遺》所錄，誌蓋篆書「信都馮氏墓誌之銘」九字。文前有「大契丹國故上京戶部使歸義軍節度管內觀察處置等使、金紫崇祿大夫檢校太尉使持節沙州諸軍事沙州刺史兼御史大夫上柱國信都郡開國侯食邑一千戶實封一百戶馮公墓誌銘并序」四十七字，又有「中京留守推官守太子中舍宋復圭撰」十

〔註8〕《長編》，卷五十九，景德二年正月戊午條，頁 1311；《宋史》，卷三百八〈張旦傳〉，頁 10149。

〔註9〕據龔延明的考證，入內高班內品在雍熙三年（986）於入內高品班院置，景德三年（1006）前隸入內高品班院、入內班院、入內黃門班院、內侍省入內班院，景德三年後隸入內內侍省，到大中祥符二年（1009）正月，改為入內內侍省黃門高品，二月又改為內侍高班。參見龔延明：《宋代職官辭典》（北京：中華書局，1997 年 4 月），第一編〈皇帝制度類〉〈九、宦官門・入內高班內品〉，頁 49。

〔註10〕關於馮從順及李知順墓發現的情況，可參見李逸友：〈遼李知順墓誌銘跋〉，頁 84；蓋之庸（編著）：《內蒙古遼代石刻文研究》上編，〈李知順墓誌・太平八年〉，頁 147；附錄一〈內蒙古遼代石刻文發現大事記〉，頁 441；附錄二〈其他地區遼代石刻文概況〉，頁 448。

五字。而據向南及蓋之庸的記載，馮從順的墓誌在 1949 年前出土於遼寧朝陽縣。誌石方形，邊長約 117 釐米，誌文 31 行，每行 34 字，正書。誌文共 1054字。〔註11〕

　　據馮的墓誌所記，他在太平三年（1023）卒，得年五十七，上推他的生年，當生於太祖乾德五年（967）。馮字德柔，本爲宋冀州信都（今河北衡水市冀州市）人，先世居於汾（山西）。至於他如何「入官仕宋」，墓誌卻只空話一句「載書世德，備志先塋」。他爲何成爲内臣？大概諱莫如深。墓誌稱他「生稟粹靈，長爲奇傑。卓爾古賢之操，凜然君子之風」，又說他「本是薦廟之用；樂稱大護，終爲治世之音。故宋主擢入内庭，遂麋好爵。曳綬鸞蹡於兵旅。峨冠鵰立於紫闥。君上委臨。權豪欽憚。」墓誌作者說了一大堆廢話，才交待了馮從順被召入内廷侍候太宗，後來又委以兵職之事。〔註12〕幸而有本文前言所引《宋史・鄭文寶傳》、《宋史・田紹斌傳》及《宋會要輯稿》的三條記載，才知道馮從順入仕後的一點情況，知悉他在淳化五年到至道三年二月，先奉宋廷之命往西邊，向陝西轉運使鄭文寶查詢築城古威州之事，然後兩度奉西邊大將田紹斌及李繼隆之命，以内品之官位回朝向太宗奏報西邊軍情，並獲賞賜束帶、錦襖子及絹三十匹。〔註13〕

　　馮從順被俘降遼的始末，墓誌說得詳細，記在統和十七年九月，承天蕭太后（953～1009）御駕親征，直撲黃河。這時宋主（眞宗）「以公素負令器，□□宸聰。爰委重權，可屬大事。遂與瀛州兵馬都統康保裔同駈軍旅，來禦王師。十萬兵潰而見擒，一千載聖而合契。遂卜入燕之計，始堅事漢之心。」考《遼史，聖宗紀五》則記在是年十月癸酉（廿四）遼軍在瀛州（今河北滄州市河間市），「與宋軍戰，擒其將康昭裔、宋順，獲兵仗器甲無算。」陳述認爲康昭裔即康保裔，宋順即馮從順。〔註14〕不過，《長編》記高陽關兵馬都

〔註11〕陳述（輯校）：《全遼文》，卷六〈馮從順墓誌・太平三年・宋復圭〉，頁 124～125；向南（編）：《遼代石刻文編》，〈聖宗編〉〈馮從順墓誌・太平三年〉，頁 169。蓋之庸（編著）：《内蒙古遼代石刻文研究》，附錄二〈其他地區遼代石刻文概況〉，頁 448。按蓋之庸以馮墓邊長 116 釐米。

〔註12〕《全遼文》，卷六〈馮從順墓誌・太平三年・宋復圭〉，頁 124。

〔註13〕《宋會要輯稿》，第十五冊，〈兵十四・兵捷〉，頁 8887。另參見本文前言及注6。馮從順在至道三年二月所任之内品，暫難確考是否爲眞宗大中祥符八年前已置的内侍省高班内品一類從九品之低級内臣。參見龔延明：《宋代職官辭典》，第一編〈皇帝制度類〉〈九、宦官門・祗候高班内品〉，頁 61。

〔註14〕《全遼文》，卷六〈馮從順墓誌・太平三年・宋復圭〉，頁 124～125；《遼史》，卷十四〈聖宗紀五〉，頁 169～170。

部署康保裔（？～1001後）覆師後，宋廷以爲康力戰陣亡，在咸平三年（1000）正月除給康以很高恤典外，又給其將校官屬死事者十三人全部優其贈典，惜《長編》沒有記下這十三人的名字。馮從順很有可能就是宋廷認爲戰死的十三人中。〔註15〕諷刺的是，康保裔和馮從順等其實都沒有戰死，而是歸降遼國。康保裔在統和十九年（即咸平四年，1001）六月乙巳（初五）還被遼授予昭順軍節度使。〔註16〕

馮從順兵敗被俘降遼，正值年三十四精壯強悍之時。據墓誌所載，馮從順入見聖宗，帝「一見風儀，有同勳口，置之左右，副以對敭。出則守宮闈，監帑藏。剸繁劇於兩京。入則繫行關，從鳴鑾，恆扈隨於二聖。」〔註17〕爲何聖宗如此寵信馮從順？筆者以爲一方面馮有相當的治事才幹，熟悉宮闈事務，包括理財、扈駕禮儀，以至好像前述的宦者王繼恩一樣充當宋使的翻譯，這均是遼宮所缺的人才。更重要的是，蕭太后及聖宗可以在他的身上，探知許多宋方的情報，包括宋眞宗的個性喜好，宋廷文武臣僚的才具，宋廷對遼和戰的態度。遼人授康保裔以高職，後來更重用在咸平六年（1003）四月兵敗望都（今河北保定市望都縣）而被俘的宋將王繼忠（？～1023後），〔註18〕以及在景德元年十月被俘的另一內臣李知順，大概是同一原因。

馮從順後來又獲委與顯陵節度使郝德壽、楚州節度使王仁贇並列朝官，共承寵命，侍聖宗於朝堂。他也獲賜「車乘服玩、臺館園林」，而僕從之「臧獲之徒，皆國家所給」。他也知道安份，「規於名達，孰謂等倫」。他得到聖宗的寵信，自然「事主忠勤，在公廉直。事無巨細，威慴搢紳。」〔註19〕

馮的墓誌沒有具體記載他仕遼的事功，至於他的仕歷，也沒有記載其遷官任職的年月，只記「其歷官自西頭供奉，至頒給副使、頒給武德、皇城等

〔註15〕《長編》，卷四十六，咸平三年正月甲申條，頁985～986；《宋史》，卷四百四十六〈忠義傳一・康保裔〉，頁13150～13151。

〔註16〕《遼史》，卷十四〈聖宗紀五〉，頁170。《遼史》此條亦稱以所俘宋將康昭裔爲昭順軍節度使，可證在統和十七年十月擒獲的宋將康昭裔即康保裔。

〔註17〕《全遼文》，卷六〈馮從順墓誌・太平三年・宋復圭〉，頁124。黃爲放認爲馮從順擔任敦睦宮漢兒渤海都部署時，也負責監察本宮的庫藏，「出則守宮闈，監帑藏」一番話是描述他任行宮都部署的工作。參見黃爲放：〈諸行宮都部署院初探〉，《黑河學院學報》，第一卷第三期（2010年10月），頁96。

〔註18〕《長編》，卷五十四，咸平六年四月丙子條，頁1190；《遼史》，卷十四〈聖宗紀五〉，頁172；卷一百九〈宦官傳・王繼恩〉，頁1630～1631。

〔註19〕《全遼文》，卷六〈馮從順墓誌・太平三年・宋復圭〉，頁124。考郝德壽及王仁贇的事蹟不載於《遼史》，其事蹟待考。

使。兩任知內承宣事、中上兩京內省使。延州觀察使、敦睦宮漢兒渤海都部署、歸義軍節度管內觀察處置等使、上京戶部使。階自銀青至金紫，勳自武騎至上柱國。散官自國子祭酒、工部尚書至司空、太傅、太尉。爵自男至開國侯。封至一千戶實封一百戶」。〔註20〕正如劉浦江教授（1961～2015）所論，馮這段仕履「既有實職（如敦睦宮漢兒、渤海都部署、上京戶部使），也有虛銜（如延州觀察使、歸義軍節度、管內觀察處置等使），卻統稱爲官，而不是像宋朝那樣有寄祿官和差遣的區分。」劉氏認爲元人修《遼史》時對遼代制度已不甚了了，故有此失。〔註21〕若與另一內臣李知順的仕歷比較，馮與李降遼時，均同授西頭供奉官，然後遷頒給副使，再授主管內侍的知內承宣使，以及擔任主管中上兩京的內省使。〔註22〕他們後來都獲授北宋內臣罕得的節度使，且獲授侯伯之爵位及食邑之封。〔註23〕

馮從順在太平三年中染病，聖宗得報，即派翰林名醫往中京診視，又派掖庭近侍傳撫諭之辭。惟到是年十月前，馮卒於上京之公署，得年五十七。

〔註20〕《全遼文》，卷六〈馮從順墓誌‧太平三年‧宋復圭〉，頁124。據張國慶的考證，馮從順所任的敦睦宮漢兒渤海都部署，敦睦宮乃孝文皇太弟、聖宗弟耶律隆慶（973～1016）的宮衛。參見張國慶：〈石刻所見遼代行政系統職官考——《遼史‧百官志》補遺之五〉，《遼寧省博物館館刊》（2011年），頁105。

〔註21〕劉浦江：〈《金朝軍制》平議——兼評王曾瑜先生的遼金史研究〉，《歷史研究》，2000年6期，頁170。

〔註22〕《全遼文》，卷六〈馮從順墓誌‧太平三年‧宋復圭〉，頁124；〈李知順墓誌‧太平八年‧向載言〉，頁140。關於遼代西頭供奉官一職，孫偉祥曾有專文考證，他亦引用李知順一例，認爲遼代曾選拔才能出眾的漢族俘虜爲供奉官。參見孫偉祥：〈遼朝供奉官考〉，《地域性遼金史研究》，2014年，頁157～165。關於馮從順與李知順獲授知內承宣事的差遣，據張國慶所考，爲遼代中央內侍省屬官。《遼史‧百官志三》的〈南面朝官‧內侍省〉所列屬官有左承宣使及右承宣使，未見有「知內承宣事」。張氏認爲馮從順和李知順的墓誌所記他們任知內承宣事之差遣，當等同承宣使。另林鵠的《遼史百官志考訂》在左右承宣使條的考證，亦引用馮、李的墓誌考訂。參見張國慶：〈石刻所見遼代中央行政系統職官考——《遼史‧百官志》補遺之六〉，《黑龍江民族叢刊》（雙月刊），2012年第1期（總126期），頁100；林鵠：《遼史百官志考訂》（北京：中華書局，2015年1月），頁228～230；又頒給副使等職，究是何官，《遼史‧百官志》未載。向南曾作考證但未得其實。參向南（編）：《遼代石刻文編》，〈聖宗編〉，〈馮從順墓誌‧太平三年〉，頁171注6。

〔註23〕臺灣學者葉國良注意到碑誌作者宋復圭稱馮從順爲「太師公」，然馮從順的散官並未授太師一階，他認爲遼金的太師除了是散官外，亦是節度使的俗稱。馮從順遙領歸義軍節度使，故宋復圭尊稱他爲太師。此說可取。參見葉國良：〈遼金碑誌考釋十則〉，《臺大中文學報》第十一期（1999年5月），頁5～6。

聖宗命上京副留守邢某定發引之儀，令中京度支副使李某備墓穴之禮。又特別從京師差派修墓穴之工匠，至於賻贈之資又優於常品。據遼史學者的研究，遼主派人料理臣下喪事，馮從順是目前所見最早一例。在馮妻清河郡夫人張氏及其子馮知玄的扶持下，他的靈柩於是年十月癸酉（十三）歸葬於中京東馮氏別墅，馮家並請得中京留守推官守太子中舍宋復圭爲撰寫墓誌銘。〔註24〕

　　馮從順被俘降遼，侍遼邦凡二十四載，他從宋朝一個寂寂無聞，生死不載於宋人史籍的低級內臣，竟能擢至遼朝的顯宦，而且能有墓誌銘傳世紀其生平大略，實在是一個異數。而這一番異數，還再次出現在比他稍晚的另一內臣李知順身上。

三、李知順生平事蹟考

　　李知順的生平詳記於傳世的李知順墓誌。據李逸友（1930～2002）、向南及蓋之庸（志勇）等所記，內蒙古文物工作組在 1956 年在赤峰市寧城縣天義鎮南約六公里的石橋子村北，發現了一座在 1949 年解放前夕被盜的遼墓，該墓原爲石砌八角形墓室，周壁有柏木護牆板，出土的陶瓷器等隨葬品早已散失，此墓僅存墓誌一合，即爲〈李知順墓誌〉。墓誌用綠沙石鐫刻，誌蓋上陰刻十二生肖像，已毀。誌石碎成四块，長 78 釐米，寬 77 釐米，共刻誌文 38 行，每行最多 45 字，共 1411 字」。誌文陰刻楷書，現藏內蒙古博物館。該墓誌原題由遼徵事郎試大理司直守大定府司錄武騎尉向載言（？～1028 後）所撰。遼史學者李逸友首先在 1981 年於《內蒙古文物考古》（1981 年創刊號）撰寫〈遼李知順墓誌銘跋〉，介紹此墓誌，並據墓誌考訂相關的遼史問題，如遼中京的城市布局。然後陳述、向南均對此墓誌略加注釋。蓋之庸在 2002 年

〔註24〕《全遼文》卷六〈馮從順墓誌‧太平三年‧宋復圭〉，頁 124～125。按馮從順墓誌記他病重在□月十五日，剛好脫掉月份，故不知馮氏是何月十五日病卒。據谷麗芬的研究，目前所見的遼代碑志，最早明確記載遼主派官員料理臣下喪事的，是馮從順太平三年的喪事，可見馮所受的榮寵。又考張國慶曾以馮從順之例子，闡述遼代帝王爲臣下治喪時派人督營造監鑿塋穴之做法。而孫偉祥也以馮從順之例子，推論遼在聖宗時已有專門營建墓穴的機構及專職的匠人。參見谷麗芬：〈碑志所見遼代高官喪葬述略〉，《遼金歷史與考古》，2014 年，頁 314；張國慶：〈遼代喪葬禮俗補遺——皇帝爲臣下遣使治喪〉，《遼寧大學學報》（哲學社會科學版），第 36 卷第 6 期（2008 年 11 月），頁 92；孫偉祥：〈試論遼代帝王陵寢的營造〉，《內蒙古社會科學》，第 34 卷第 4 期（2013 年 7 月），頁 73。

就曾以四頁的篇幅對之作較詳細的考釋。〔註25〕李知順墓誌出土的赤峰市，是遼的中京大定府。〔註26〕而這篇出土墓銘，告訴我們一個驚人的事實：這個早被宋人遺忘的小內臣李知順，不但沒有死於景德之役，還在被俘降遼後，受到遼主政的承天蕭太后及遼聖宗的寵信，步步高陞，最後在景德之役後廿四年，於遼聖宗太平八年（即天聖六年，1028），官至揚州節度使、金紫崇祿大夫、檢校太傅、知中京內省司、提點內庫、陝西縣開國伯、食邑九百戶的高位而卒於遼中京大定府。〔註27〕

據李知順的墓誌所載，他卒於太平八年五月辛巳（廿九），得年五十四，則他當生於太祖開寶八年（975）。墓誌說「公姓李，字知順。隴西郡人也。祖宗職列，族望源流，更不復書，宋朝備矣。公生於并汾，長於汴洛，幼侍內庭」，當指他原籍太原（今山西太原市），然後在開封（今河南開封市）及洛陽（今河南洛陽市）被李姓的內臣養爲閹子。他早年的仕歷不詳，有可能原爲北漢人，太宗平北漢時被俘至開封而成爲小黃門。他的內臣養父不詳，他在太宗一朝及眞宗（968～1022，997～1022 在位）初年事蹟也不詳。到景德元年（1004）在河北被俘時，他已年三十，官入內高班內品。《長編》及《宋

〔註25〕 參見李逸友：〈遼李知順墓誌銘跋〉，頁 84～86；李宇峰：〈《遼代石刻檔案研究》補正〉，《遼金歷史與考古》第三輯（2011），頁 340；彭善國：〈遼慶陵相關問題芻議〉，《考古與文物》，2008 年第 4 期，頁 77～78 及注 14；項春松：《遼代歷史與考古》（呼和浩特：內蒙古人民出版社，1996 年 8 月），第二章第四節，〈陪都（中後期首都）中京大定府〉，頁 55；陳述（輯校）：《全遼文》，卷六〈李知順墓誌・太平八年・向載言〉，頁 139～141；向南（編）：《遼代石刻文編》，〈聖宗編〉，〈李知順墓誌・太平八年〉，頁 187～190；蓋之庸（編著）：《內蒙古遼代石刻文研究》，上編，〈李知順墓誌・太平八年〉，頁 147；附錄一，〈內蒙古遼代石刻文發現大事記〉，頁 441～442。據李逸友所記，他曾到墓地調查。而李知順墓位於寧城縣大明公社大明城遼中京城址東南約十六公里，李氏以墓誌稱「葬於中京東南地約三十之塋」，應爲「約三十里」的省文，與中京城址的方位里程相符。他又根據 1956 年春出土的遼夏蘊石棺上的銘文「遷葬於中都南十里田莊之北原」一句，考定大明城即遼中京城址。李氏在 1981 年刊出此文時，寧城縣尚屬內蒙古烏達盟。又按向南記李知順誌石長 74 釐米，寬 76 釐米，與李逸友及蓋之庸等所記略有出入。

〔註26〕 寧城縣大明鎮鐵匠營鄉是遼代中京大定府所在，遼在統和二十五年（1007）將之建爲中京，李知順之墓即在大定府附近。關於中京大定府的考古材料、歷史沿革、山川地理、中京城的營建、中京城的規模和現況、中京城的建築和佈局，可參閱項春松：《遼代歷史與考古》，第二章第四節〈陪都（中後期首都）中京大定府〉，頁 55～70。又關於遼中京的研究，亦可參閱烏成蔭：《漫話遼中京》（赤峰：內蒙古科學技術出版社，1997 年 5 月）。

〔註27〕 《全遼文》，卷六〈李知順墓誌・太平八年・向載言〉，頁 139～140。

史》記他在河朔戰沒，沒有記他在甚麼地方被俘。墓誌則記「時屬我朝方興甲馬，叵整師徒。遇崆峒大舉之秋。是寰海橫行之日。未逢大陣，俄捷偏師。俘公而來，速詣行闕之下。英文睿武聖母承天皇太后服而捨之，體而察之。今皇上見而奇之，委之任之。」是知他是在遼軍擊敗宋之偏師時被俘，而被送到遼軍行營詣見承天蕭太后及遼聖宗，但他在哪處被俘則不詳。〔註28〕值得一提的是，眾多的遼史學者包括考釋李知順墓誌最詳的蓋之庸，不知何故，卻沒有查考《長編》及《宋史》，而不知李知順降遼前的入內高班內品的官位，以及宋人以為他已死而給予追封六宅副使的事實。而蓋之庸也不知除了李知順外，現存遼宦官傳世的墓誌還有他提過的馮從順。他還以為「李知順是迄今發現唯一一方遼宦官而入仕的墓誌。」〔註29〕

　　遼主為何對李知順俘而不殺？可能他諳契丹語而應對得體，而遼主從他口中獲知不少有用的情報，故賜服而不殺。宋遼議和後，他沒有被釋回宋廷，而是隨遼主返遼廷。宋人還以為他已死，在景德二年正月追贈他六宅副使。統和二十四年（景德三年，1006）遼聖宗擢他為西頭供奉官，信任有加。不久，又授以中京宮苑副使。墓誌作者稱美李知順有多樣才能兼用心辦事，說他「忠勤奉職，清白立身。歷試諸難，頗諳星歲，虹玉抱禮天之用，雅樂含薦廟之音」，似乎李知順在宋內廷歷練得的本事，在遼廷大派用場。〔註30〕

〔註28〕　《全遼文》，卷六〈李知順墓誌・太平八年・向載言〉，頁139～140；《長編》，卷五十九，景德二年正月戊午條，頁1311。

〔註29〕　蓋之庸（編著）：《內蒙古遼代石刻文研究》，上編，〈李知順墓誌・太平八年〉，頁148～149。

〔註30〕　《全遼文》，卷六〈李知順墓誌・太平八年・向載言〉，頁139；《長編》，卷五十九，景德二年正月戊午條，頁1311。墓誌作者說李知順「德由世濟，才爲時生」，又誇張地將遼聖宗任用李知順比爲「光武之用鄧禹，克集元勳；先主之得孔明，須成霸業」，實在過份抬舉了小小一個內臣李知順。關於中京宮苑副使一職，據蓋之庸的考釋，宮苑使不載《遼史・百官志》，惟五代的梁及宋金均有宮苑使之職，他認爲李知順墓誌可以補充《遼史》所記，遼亦有宮苑使一職。另張國慶也同樣指出《遼史・百官志》未載有此一職，惟李知順墓誌及其他文獻則有記載，特別是李知順墓誌記他先後擔任中京宮苑副使及知宮苑司事。張氏以此職爲遼代宮苑畋游服務類職官之名，職掌宮苑內諸事，承仿唐、五代及宋之制而置。張氏認爲從李知順一職推斷，遼中京以外的四京當亦設有相同的職位。參見蓋之庸（編著）：《內蒙古遼代石刻文研究》上編，〈李知順墓誌・太平八年〉，頁149；張國慶：〈石刻所見遼代宮廷服務系統職官考——《遼史百官志》補遺之四〉，《遼寧工程技術大學學報》（社會科學版），第12卷6期（2010年11月），頁563～564。

統和二十七年（大中祥符二年，1009）十二月辛卯（十一），遼承天蕭太后病逝於行宮。〔註31〕蕭太后對李知順同樣寵信有加，據墓誌所載，李知順降遼後，太后以皇甫殿直之女配與李爲妻。皇甫氏「幼承后意，長在內庭，具六禮以納」，按皇甫氏當是侍候蕭太后的宮女。〔註32〕

李知順在開泰初年（即大中祥符五、六年，1012～1013），再獲授頒給大使，墓誌作者稱美他「藏器於身，待時而動。九苞丹鳳，非惟閣上之禎。五色神蛟，不是池中之物。」值得注意的是，在開泰二年（1013）正月，同爲被俘而降遼的王繼忠被授爲中京留守、檢校太師，〔註33〕王與李二人有否接觸交往？則史所不載。

遼早在統和二十八年（大中祥符三年，1010）五月丙午（廿八），以高麗西京留守康肇弒其主王誦（穆宗，980～1009，997～1009 在位），擅立其從兄王詢（顯宗，992～1031，1010～1031 在位），而詔諸道兵繕甲兵，準備第二度征高麗。八月丁卯（廿一）聖宗御駕親征。十一月乙酉（初十）遼大軍渡鴨淥江，大破康肇軍。王詢在是月辛卯（十六）遣使上表請朝，聖宗許之。遼軍在庚子（廿五）攻破高麗的開京（今朝鮮開城市），王詢遁走。聖宗在二十九年正月乙亥（初一）班師，但所降諸城後叛。〔註34〕

開泰元年（大中祥符五年，1012）四月庚子（初三），高麗遣使請稱臣如舊，惟聖宗要王詢親朝。八月己未（廿四），王詢遣使稱病不能朝。聖宗就詔取回六州（興化、通州、龍州、鐵州、郭州、龜州）舊地，以此爲藉口出兵，迫高麗就範。高麗不從，最後二國更兵戎相見。聖宗於開泰四年（大中祥符八年，1015）正月壬寅（廿一）下詔東征高麗。四月甲寅（初五），蕭敵烈（？～1015 後）等卻無功而還。五月辛巳（初二），再命劉晟、耶律世良、蕭屈烈

〔註31〕《遼史》，卷十四〈聖宗紀五〉，頁 178～179。

〔註32〕蓋之庸認爲遼廷以李知順宦官而娶皇甫氏宮女，也非孤例。《全遼文》，卷六〈李知順墓誌・太平八年・向載言〉，頁 140；參見蓋之庸（編著）：《內蒙古遼代石刻文研究》，上編，〈李知順墓誌・太平八年〉，頁 149。

〔註33〕《全遼文》，卷六〈馮從順墓誌銘・太平三年・宋復圭〉，頁 124；〈李知順墓誌・太平八年・向載言〉，頁 139；《遼史》，卷十五〈聖宗紀六〉，頁 188。

〔註34〕《遼史》，卷十五〈聖宗紀六〉，頁 184；卷百十五〈二國外紀・高麗〉，頁 1672～1673。遼聖宗早在統和十一年（993）八月已首次征伐高麗，據陳俊達及李藝的近期研究，遼聖宗興師動眾，一爲了他親政後建功立威，二爲了與宋爭奪高麗的宗主權。參見陳俊達：〈遼對高麗的第一次征伐新探〉，《邢台學院學報》，第二十九卷第三期（2014 年 9 月），頁 104～107；李藝：〈聖宗時期遼與高麗的戰爭〉，《遼寧教育行政學院學報》，2015 年 4 月，頁 11～15。

總兵再討高麗。五年（大中祥符九年，1016）正月庚戌（初五），遼將耶律世良（？～1016）、蕭屈烈再與高麗戰於郭州西，大破之，斬首數萬級，盡獲其輜重。惟遼主將耶律世良卻在是月乙卯（初十）卒於軍中。遼高麗戰事未休，六年（天禧元年，1017）聖宗再詔國舅詳隱蕭隗洼率本部兵東征高麗。五月戊戌（初一）再命樞密使蕭合卓（？～1025）爲都統，以漢人行宮都部署王繼忠爲副，殿前都點檢蕭屈烈爲都監伐高麗。惟遼軍出師不利，九月乙卯（二十），蕭合卓等攻高麗興化軍（今韓國義州）不克還師。聖宗不罷休，於七年（天禧二年，1018）十月丙辰（廿七），再命東平郡王、北府宰相知西南面招討使蕭排押（？～1023）等統軍伐高麗，至開京，高麗軍奔潰，遼軍縱兵俘掠而還。惟十二月遼軍再度進軍時，大概輕敵，而在茶、陀二河被高麗軍擊敗，遼將阿果達等多人陣亡，天雲、右皮室二軍沒溺者眾。蕭排押棄甲仗遁走，被免官。八年（天禧三年，1019）八月庚寅（初六），遼再命郎君曷不呂率諸部兵大會討高麗。高麗王王詢見遼軍不罷休，是年十二月辛亥（廿九）遣使請和。到九年（天禧四年，1019）五月庚午（二十），高麗請稱藩納貢，聖宗得以體面下台，才結束了前後維時五年的戰爭。〔註35〕

關於聖宗朝三次征高麗之事，韓國學者金渭顯早在 1981 年出版的專著《契丹的東北政策——契丹與高麗女眞關係之研究》，從高麗的角度做了相當詳盡的分析。〔註36〕另一位韓國學者盧啓鉉再在 1994 年於其《高麗外交史》用三章的篇幅分別闡述聖宗三次征高麗的始末。〔註37〕大陸學者魏志江

〔註35〕　遼於開泰二年六月辛酉（初一）遣御史中丞耶律資忠（即耶律行平，？～1031後）使高麗，議取六州舊地。是月己丑（廿九），耶律資忠使還。十月丙寅（初八），聖宗問詳隱張馬留關於進攻高麗之方略。到三年二月甲子（初八），聖宗再遣已擢爲上京留守的耶律資忠使高麗取六州舊地。是年夏，聖宗詔國舅詳隱蕭敵烈、東京留守耶律團石等討高麗，造浮梁於鴨綠江，城保、宣義、定遠等州。參見《遼史》，卷十五〈聖宗紀六〉，189～191。蕭排押，字韓隱，亦名曷寧，伐宋攻高麗屢立戰功，尚衛國公主，《遼史》有傳。其弟蕭恆德（？～996）亦尚主。他的世系及族人的事蹟，可參見史鳳春：《遼朝后族諸問題研究》（北京：人民出版社，2017 年 5 月），第二章第六節〈蕭排押之世系〉，頁 176～184。

〔註36〕　參見金渭顯：《契丹的東北政策——契丹與高麗女眞關係之研究》（臺北：華世出版社，1981 年 5 月），第四章〈聖宗的東北政策〉，第二節〈經略高麗〉，頁 75～114。

〔註37〕　參見盧啓鉉（撰），金榮國（譯）、金龜春（譯審）：《高麗外交史》（延吉：延邊大學出版社，2002 年 7 月），第一章〈契丹的第一次入侵與徐熙的外交〉，頁 42～66；第四章〈第二次麗、遼戰爭〉，頁 67～85；第五章〈第三次麗、遼戰爭〉，頁 86～108。

於 2006 年出版的《中韓關係史研究》也有一章討論。〔註38〕而臺灣的遼史學者王民信（1928～2005）在 2010 年所刊出他的遺作手稿〈高麗與契丹關係研究〉長文，也以頗大篇幅考論遼與高麗這場戰爭。〔註39〕另張國慶教授在 2013 年的專文〈遼與高麗關係演變中的使職差遣〉也析論遼聖宗三度征高麗的始末。另兩位大陸年輕學者陳俊達與李藝，在 2014 及 2015 年也發表過前述的兩篇短文。〔註40〕值得注意的是，李知順的墓誌記載了他曾參與這場遼麗戰爭，稱「時有高麗一路，方萌小醜，大撓洪慈。命公以直抵雞林，遠臨鴨水。斷舡橋而真同拉朽，破車陣而不異摧枯。符陰陽不測之神，助覆載無私之化。尋時納款，依舊輸誠。特加頒給庫使」〔註41〕惟墓誌並沒有具體記載李知順過鴨綠江破高麗軍之年月。考《遼史・聖宗紀六》記遼在開泰三年夏，「詔國舅詳隱蕭敵烈、東京留守耶律團石等討高麗，造浮橋于鴨淥江，城保、宣義、定遠等州」。而金渭顯引《高麗史》卷四〈世家・顯宗一〉的記載，則稱遼軍在顯宗六年（開泰四年）「正月，契丹作橋於鴨綠江東，橋築東西城，遣將校攻不克。」魏志江認為《遼史》及《高麗史》所記其實同為一事，只是《遼史》將此事誤繫於開泰三年。〔註42〕證諸上述《遼史》及《高麗史》所記，李知順墓誌所記遼軍大破高麗軍於鴨綠江當指開泰四年春一事，只是墓誌對遼軍的戰果大概誇大了一點。按李知順當年曾奉使河

〔註38〕 魏志江：《中韓關係史研究》（廣州：中山大學出版社，2006 年 5 月），第一章，〈遼麗關係的展開與遼聖宗對高麗的征伐〉，頁 13～27。

〔註39〕 王民信：《高麗與契丹關係研究》，收入王著：《王民信高麗史研究論文集》（臺北：臺大出版中心，2010 年 12 月），頁 79～190，有關遼聖宗三度伐高麗的考論，見頁 105～132。

〔註40〕 張國慶：〈遼與高麗關係演變中的使職差遣〉，《遼金歷史與考古》第四輯（2013 年），頁 150～163。陳俊達及李藝的相關文章資料參見注 34。

〔註41〕 《全遼文》，卷六〈李知順墓誌・太平八年・向載言〉，頁 139～140；向南（編）：《遼代石刻文編》，〈聖宗編〉，〈李知順墓誌・太平八年〉，頁 190 注 7；蓋之庸（編著）：《內蒙古遼代石刻文研究》上編，〈李知順墓誌・太平八年〉，頁 149～150。按向南及蓋之庸亦認為李知順墓誌所記他從征高麗之時，當在開泰四年至五年時，而考證雞林即朝鮮之別稱。不過，蓋之庸認為李知順也是征高麗統帥，就欠證據，而他誤將王繼忠訛為宦官王繼恩，作為宦官可為征高麗副帥之證則大誤。

〔註42〕 《遼史》，卷十五〈聖宗紀六〉，頁 191；鄭麟祉：《高麗史》，卷四〈世家・顯宗一〉，六年（乙卯）正月條，頁 100；金渭顯：《契丹的東北政策——契丹與高麗女真關係之研究》，第四章〈聖宗的東北政策〉，第二節〈經略高麗〉，頁 94，及 122 注 90；魏志江：《中韓關係史研究》，第一章〈遼麗關係的展開與遼聖宗對高麗的征伐〉，頁 24。

北，而可能任走馬承受之職，他對戎事當有一定認識，聖宗委他予征高麗之任，亦在情理之中。

李知順在高麗立功歸來後，一直隨侍聖宗左右。墓誌說他「優遊帝座，出入宸居。恆親咫赤之顏，不怠夙宵之志」。聖宗對他寵信之餘，在開泰五年，改授他金紫崇祿大夫檢校太保千牛衛大將軍知內承宣事兼御史大夫上柱國隴西縣開國伯食邑七百戶的官職。他以宋降臣而得此高位，墓誌撰寫人就評說他「紀綱二國，羽翼一時。在魏參席上之珍，居晉爲幄中之造。漢皇兩手，不暫捨於斯須。殷相一心，更何分於彼此。」〔註43〕

開泰七年（天禧二年，1018）李知順再獲擢爲中京內省使知宮苑司事，並加食邑九百戶，再加檢校太傅。他在擔任知宮苑司事任內，墓誌又稱許他「吳虎蜀龍，已彰其譽；燕珉趙璧，方顯其才。桑弘羊心計出入，錢世儀精神滿腹」，可見他當有治事理財的能力。稍後，聖宗再晉其爲揚州節度使、金紫崇祿大夫、檢校太傅兼御史大夫、上柱國、隴西縣開國伯、食邑九百戶之官。這是李知順最後的官位。〔註44〕

聖宗與高麗休戰言和後，互派使者來聘。據《高麗史》卷五〈世家・顯宗二〉所載，在太平六年（高麗顯宗十七年，1026），「二月癸亥，契丹遣太傅李知順來聘」。〔註45〕這是墓誌銘沒有記載但是李知順仕歷中一件重要的事。李以檢校太傅的官位出使高麗，敦睦遼高麗的邦交，大概聖宗以他曾參與征高麗之戰役，較熟悉高麗情況而派他出使。〔註46〕

〔註43〕《全遼文》，卷六〈李知順墓誌・太平八年・向載言〉，頁140。按墓誌所云「在魏參席上之珍，居晉爲幄中之造」，蒙丁義珏博士見告，典出於《晉書・王沈傳》史臣之贊語（按：《晉書・王沈傳》所引的第二句原爲「幄中之士」，以王沈（？～266）先仕魏再仕晉，喻李知順先仕宋再仕遼之事實。至於「漢皇兩手」等句，當指宋遼議和後，臣子就不必再分仕宋仕遼，惟出處待考。參見房玄齡（579～648）：《晉書》（北京：中華書局點校本，1974年11月），卷三十九〈王沈傳〉，頁1163。

〔註44〕《全遼文》，卷六〈李知順墓誌・太平八年・向載言〉，頁140。

〔註45〕鄭麟祉：《高麗史》，卷五〈世家・顯宗二〉，十七年（丙寅）二月癸亥條，頁126；張國慶：〈遼與高麗關係演變中的使職差遣〉，頁155。考韓國學者金渭顯所編的《高麗史中中韓關係史料彙編》在「高麗與契丹關係」部份輯錄李知順出使高麗這條資料，但他並不清楚李知順原是宋內臣而降遼的。參見金渭顯：《高麗史中中韓關係史料彙編》（臺北：食貨出版社，1983年3月），上冊，頁127。

〔註46〕陳俊達稱從統和十二年（994）至重熙七年（1038）的遼麗關係是和戰磨合階段，而從開泰九年（1020）以後，遼麗之間即恢復友好往來的關係。遼於太

李知順出使高麗後兩年，在太平八年（1028）五月癸亥（廿九）病逝於中京貴德坊之私第，得年五十四。其妻皇甫氏、養子李希言，媳趙氏、孫男張五、十一等家人百餘口於是年八月甲申（廿二），「地卜高原，躬親葬事」，將他葬於中京東南地約三十里之塋，並請得徵事郎大定府司錄向載言撰寫墓誌銘。〔註47〕

李知順官居要職，故「莊宅田園，奴僕人戶，牛馳車馬等，卒不能知其數。至如黃金白玉，珠犀佩帶，器合衣物，玩好之具，又何復暇算也？」但李知順雖富貴而不奢華，「以榮爲懼，受寵若驚」。墓誌作者稱他「訥言敏行，尚素黜華」，這一概看出李知順行事之謹慎，他以宋之降臣而仕於遼，以一內臣之卑微而擢高位，自然得格外小心。墓誌又記他皈依佛教，「歸仰空門，欽崇佛事。外含淳古，內蘊融明。長者之德，君子之風。」〔註48〕大概這和遼人信佛的風尚相合，這又是李知順能在遼廷立足之另一有利條件。

李知順以小小一個被俘宋內臣，居然能在遼廷獲遼聖宗寵信，除被委以中京內廷事務外，又被委以征高麗及使高麗的任務，最後功名令終，並能有墓誌傳世，他和馮從順一樣，實是宋代及遼代內臣的一個異數。

四、餘論

筆者過去研究宋代內臣，以人物生平作微觀個案爲取向。在舊作〈現存的三篇宋代內臣墓誌銘〉誤以爲現存宋代內臣墓誌僅有三篇，而遼代內臣墓誌僅得李知順一篇。〔註49〕其後蒙北大丁義珏博士在 2014 年 1 月賜告，始知孫覿（1081～1169）的《鴻慶居士集》尚收有第四篇宋代內臣墓誌〈宋故武功大夫李公墓誌銘〉。筆者在 2015 年 11 月參加在杭州舉行的南宋史研究會，即據此墓誌撰寫了〈兩宋之際內臣李中立事蹟考〉一文考論此一內臣的生平。當筆者開始撰寫在景德之役被俘降遼的北宋內臣李知順的事蹟時，因仔細閱

平二年（1022）遣使冊封高麗國王，次年再遣使冊封高麗太子。並於太平三年（1023）至太平九年（1029）的每年七月遣使來賀顯宗生辰。李知順的出使，就是在此一遼麗和好的時期。參見陳俊達：〈試析遼朝遣使高麗前期的階段性特點（公元 922～1038 年）〉，《齊齊哈爾大學學報》（哲學社會科學版），第四期（2015 年 4 月），頁 76～78。

〔註47〕 《全遼文》，卷六〈李知順墓誌・太平八年・向載言〉，頁 140。
〔註48〕 《全遼文》，卷六〈李知順墓誌・太平八年・向載言〉，頁 140。
〔註49〕 參見何冠環：〈現存的三篇宋代內臣墓誌銘〉，《中國文化研究所學報》，卷五十六（2011 年 1 月），頁 33～63。

讀另一降遼宋將馮從順墓誌及相關史料時，即發現馮從順其實亦為內臣，故此，現存遼代內臣墓誌實共有兩篇，筆者前說當修正。

　　馮從順及李知順墓誌的價值，首先讓研究宋遼戰爭的學者知道，在至道三年二月以後消失於宋人史籍的內臣內品馮從順，原來在咸平二年十月，隨大將康保裔與遼軍大戰於瀛州，他與主將其實並非像宋官方所記歿於王事，而是被俘降遼，他還得到遼聖宗的寵信，累官至節度使，至天聖元年（太平三年）才卒於上京。而宋官方在景德二年正月所追贈以為戰歿的內臣入內高班內品李知順，其實一樣未死，被俘降遼後被聖宗及承天蕭太后寵用，亦官至節度使，並且後來參與征高麗之役。值得注意的是，《高麗史》還保存了他出使高麗的記載：他的生平事蹟竟然分別見載於宋、遼及高麗的史籍及出土文獻。這讓我們多一番體會，治宋史的人不宜疏忽遼代的史料，特別新出土的碑銘史料；同樣，治遼史的同道，也不宜楚河漢界地丟開宋人的記載不觀。

　　今日不少遼史學者已參照馮、李二人墓誌銘提供的史料，用以考論遼代的官制，以及相關的人事及地理問題，特別是遼代的宦官制度（雖然仍有不少遼史學者未能確認馮從順是內臣）。筆者認為二人從宋入遼，仕於遼廷的特別經歷，實有不少空間讓我們研究宋遼內臣的遭遇，以及相關的宋遼關係。首先，從二人的墓誌，我們看到他們和現存的四個宋內臣墓誌所見一樣，容許娶妻及收養子孫，馮李二人入遼所娶之妻張氏及皇甫氏，據載都是蕭太后宮中之人及出身名門，而似乎不是其他內臣之家人。另一方面，遼廷上下似乎沒有歧視這些宋俘內臣，一方面遼主擢以顯官要職至節度使、太傅太尉，另一方面遼的儒臣也樂於為他們撰寫墓誌。與宋廷文臣一直反對給予內臣節度使頭銜，以及不肯為內臣撰寫墓誌大為不同。〔註50〕故比例上，出土的遼內臣墓誌其實要比宋內臣多，事實上，目前尚不見有北宋內臣墓誌銘出土。而馮李二人的墓誌均寫於仁宗（1010～1063，1022～1063 在位）之世，遠早於現存的四篇寫於南宋的內臣墓誌銘。

〔註50〕宋真宗朝深受寵信的高級內臣劉承規（950～1013）在病篤時求為節度使，但宰相王旦（957～1017）極力反對而罷。北宋內臣獲授節度使要到徽宗（1082～1135，1100～1125 在位）時，但朝臣均以為非。參見《宋史》，卷二百八十二〈王旦傳〉，頁9549。關於宋代文臣對撰寫內臣墓誌的態度，可參見何冠環：〈現存的三篇宋代內臣墓誌銘〉，《中國文化研究所學報》，卷五十六（2011年1月），頁33～63。該文經修訂後現收入本書第九篇〈曹勛《松隱集》所收的三篇宋代內臣墓誌銘〉，頁297～339。

　　另一個值得思考的問題，為何遼聖宗及蕭太后等如此優寵馮、李兩個俘自戰場的小小內臣？筆者上面曾指出，也許二人確頗有才幹，又知情識趣，通曉世故，所以能取得帝后的信任，委以要職，甚至出使高麗。然筆者以為，聖宗及蕭后等遼當國者，更需要在這些宋朝降人中，探取重要的情報，作為遼對宋是戰抑和的參考。馮從順、李知順和康保裔及王繼忠等一樣，被俘於遼宋大決戰的景德之役及訂立澶淵之盟前，他們所提供有關真宗君臣的個性、才具資料，以及宋軍前線將領統軍的優劣、宋軍的戰鬥防禦能力狀況，均是蕭太后決定南侵以及最終與宋議和的重要情報。當然，馮、李二人的地位身份與康、王兩大將大為懸殊，他們所能提供的情報的層次也無法與康、王相比，特別不能與真宗心腹王繼忠促成宋遼議和之功相比；〔註51〕不過，他們所能提供的情報，無論是關於宋宮中或地方的，對遼人來說卻是多多益善。

　　宋遼議和後，馮、李二人侍候遼帝后之旁，他們是否有王繼忠那種溝通宋遼兩國的作用？他們的墓誌就語焉不詳。他們與同為宋降臣的康保裔、王繼忠的關係如何？〔註52〕也不見記載，也許他們知道利害，不會主動往來而招疑忌；但他們曾否暗中互通消息？宋遼議和後，宋遼雙方每年均遣使報聘，通曉契丹語的馮、李二人，本來最合適擔任招待宋使臣的職務；但現存宋人文集及其他文獻中，不載宋使臣提及他們的事蹟及行蹤。是宋使臣不知他們尚在人間？還是他們避嫌不通音問？這都是值得思考的。宋人文集筆記對王繼忠降遼後的事蹟談得不少，〔註53〕而對馮、李二人卻隻字不提。一

〔註51〕《遼史》，卷十四〈聖宗紀五〉，頁174。王繼忠先仕宋再仕遼的傳奇一生，王瑞來教授的近作最值得參考。參閱王瑞來：《知人論世：宋代人物考述》（太原：山西教育出版社，2015年8月），〈超越：一個「貳臣」的頁獻──索隱歷史塵埃中的細節〉，頁65～105。

〔註52〕考康保裔的事蹟在統和十九年以後就不見載，疑他不久便死於遼邦。王繼忠就一直獲得遼人重用，他先在統和二十二年加左武衛上將軍，開泰二年正月授中京留守檢校太師，六年五月以漢人行宮都部署為副都統，統軍伐高麗，再在開泰八年二月以漢人行宮都部署擢南院樞密使，征高麗師還，拜樞密使，賜國姓累封楚王，於太平三年致仕，尋卒。王繼忠在《遼史》有傳，他入遼後娶妻生子，其子王懷玉仕至防禦使。參見《遼史》，卷十五〈聖宗紀六〉，頁188，196；卷十六〈聖宗紀七〉，頁206；卷四十七〈百官志三〉，頁881；卷八十一〈王繼忠傳〉，頁1416～1417。

〔註53〕參見王瑞來：《知人論世：宋代人物考述》，〈超越：一個「貳臣」的頁獻──索隱歷史塵埃中的細節〉，頁89～105。

方面大概因爲王是宋人認可的忠臣以及促成議和的功臣，另一方面是王的兒孫家人尚多在宋；但馮、李二人卻是刑餘之人，兼多半已無家人在宋，就是宋人知道他們未死，也就不願提起。這可能亦是宋朝臣士大夫對內臣的偏見。

宋遼內臣可資討論的甚多，獨惜史料缺乏，目前我們只能盡力搜尋相關的內臣史料，以管窺宋遼內臣的面貌。

最後順帶一談的是，近年學界流行所謂「問題意識」。倘有問本文考證這兩個前半生仕宋，後半生仕遼至高位的內臣的事蹟的問題意識何在時，筆者以爲歷史考證之價值，一在發現爲人所不知的史實，二在辨明記載有分歧的史事。本文或可讓治宋遼史的同道，增多一點有關宋遼內臣事蹟的認識，特別是《遼史·宦官傳》僅收二傳，而宋遼文獻現存的內臣直接史料墓誌僅得六方，而這六名有墓誌傳世的宋遼內臣，卻沒有被《宋史》及《遼史》的編者爲之立傳。另一方面，本文也許讓年青的朋友分享一點史料搜集的經驗：治遼史的碰上有關人物與宋有淵源的，宜好好尋索宋人文獻；而治宋史的，也不要忽略遼金以至高麗、越南的域外史料。好像李知順與馮從順二人，大概人們從宋人的史料去看，他們不過是地位低微的內臣，與康保裔及王繼忠位高望崇的大將不可同日而語，故不會有興趣深究二人的下落（宋人還以爲李知順早已戰死）；卻不知近代出土的二人墓誌告訴我們，早被宋遼史臣遺忘的二人，原來被俘不死，還在遼邦另創一番事業，這就是治史的趣味所在。

修訂後記：

本文原刊於《新亞學報》第三十四卷（2017 年 8 月），頁 195～226。本文除改用近期出版的《遼史》修訂本外，另補充少量資料，主要觀點不變。

《李知順墓誌》誌文（拓本）

第三篇　宋初內臣名將秦翰事蹟考

一、導言

　　過去研究宋代內臣的學者，最感興趣的課題之一，為宋代內臣參預軍事的角色，以及宋室君臣在任用內臣主兵之餘，如何防範唐代宦禍的重演。大概因宋代內臣史料不足，相關的研究以綜論式或宏觀式的居多，具代表性的宋代內臣個案研究則絕無僅有。[註1]筆者最近幾年開始從內臣個案研究的方向，重新檢視宋代內臣的問題。[註2]本篇即循此方向，繼續探究北宋前期內臣參預軍事的種種問題。

　　北宋前期高級內臣中，論軍功卓著，人品高尚，首推真宗（968～1022，997～1022在位）朝高級內臣昭宣使、入內內侍省都都知秦翰（952～1015）。比他稍晚的僧文瑩（？～1060後）便評說：「若太尉秦翰者，左璫之名將，累立戰功。」[註3]值得注意的是，當代研究北宋內臣參預軍事的幾位學者，均

〔註1〕對宋代內臣作宏觀綜論式的研究，近年最值得參考的是張邦煒《宋代政治文化史論》（北京：人民出版社，2005年10月）一書中的兩篇論文：〈北宋宦官問題辨析〉，頁47～77；〈南宋宦官權勢的削弱〉，頁78～97。

〔註2〕筆者過去幾年發表了三篇相關的著作：〈北宋內臣藍元震事蹟考〉，載張希清（主編）：《鄧廣銘教授百年誕辰紀念論文集》（北京：中華書局，2008年），頁502～512；〈北宋內臣藍繼宗事蹟考〉，《中國文化研究所學報》第50期（2010年1月），頁1～40；〈現存的三篇宋代內臣墓誌銘〉，《中國文化研究所學報》第52期（2011年1月），頁33～63。該三文現收入本書第四篇〈北宋內臣藍繼宗（960～1036）事蹟考〉，頁99～150；第五篇〈北宋內臣藍元震事蹟考〉，頁151～167；第九篇〈曹勛《松隱集》所收的三篇宋代內臣墓誌銘〉，頁297～339。

〔註3〕文瑩（撰），鄭世剛、楊立揚（點校）：《湘山野錄》（與《續湘山野錄》、《玉壺清話》合本）（北京：中華書局，1984年7月），卷下，頁57。

重視秦翰的作用和地位。如柴德賡（1908～1970）的開創之作〈宋宦官參預軍事考〉，在綜述北宋各朝的領兵大璫事蹟時，便特別稱許秦翰爲內臣中「一代之冠冕」；〔註4〕而柳立言也稱秦翰爲「一代閫將」，並引述眞宗與王旦（957～1017）的對話，以及名臣楊億（974～1020）爲他撰寫追贈節度使的碑文一事，肯定秦翰的地位。〔註5〕另羅煜以秦翰的事蹟爲例證，闡述北宋內臣在宋夏關係擔當的重要角色。他同樣稱許「參與宋夏關係之宦官，有如魚龍，如竇神寶、秦翰輩建功立業者有之」。而田杰也注意到秦翰在宋人筆下的十分正面的評價。〔註6〕當然，考諸史實，秦翰的軍旅生涯，還包括他參預多場宋遼浴血大戰及平定內部叛亂的戰鬥。從他不尋常的軍旅生涯，我們可以看到，在北宋前期，宋室君臣授予內臣的各種軍事權力與任務，包括對外征戍、對內平叛等軍事行動的指揮與監控，以及他們對地方駐軍的掌管與監察，包括內外軍事情報的刺探。

筆者〈北宋內臣藍繼宗事蹟考〉一文嘗指出，藍繼宗（960～1036）屬於宋初高級內臣中具有多種治事能力，長期在宮廷辦事的「文宦」。至於與藍繼宗同時、本文的論述對像秦翰，則是典型能征慣戰、一生戎馬沙場的「武宦」。筆者相信透過秦翰這類「武宦」的個案研究，可以更進一步認識宋代內臣參預軍事的角色，和宋室君臣委用他們同時所施行的種種制約手段，以及其成效。〔註7〕

〔註4〕 柴德賡認爲：「宋代宦官領兵，最收成效者，當推眞宗之世，如張崇貴、閻承翰、秦翰之流，皆立邊功。翰尤倜儻有武力，以方略自任，史稱其前後戰鬥，身被四十九創，此則一代之冠冕，然如翰者亦已鮮矣。」參見柴德賡：〈宋宦官參預軍事考〉，原刊《輔仁學志》第十卷第一、二合期（1941年12月）。收入柴德賡：《史學叢考》（北京：中華書局，1982年6月），頁50～93（評述秦翰功業的部份見頁54～55）。

〔註5〕 參見柳立言：〈以閫爲將：宋初君主與士大夫對宦官角色的認定〉，原刊《大陸雜誌》第九十一卷第三期（1995年9月），收入宋史座談會（編）：《宋史研究集》第26輯（臺北：國立編譯館，1997年2月），頁281～284。

〔註6〕 羅煜認爲秦翰在出使西夏，擔任伐夏軍事任務，以及巡察宋夏邊事三方面均有相當貢獻。而田杰在其論述北宋宦官群體的碩士論文中，也注意北宋宦官中亦不乏盡職而有守的人，其中最突出的就是秦翰。參見羅煜：〈北宋與西夏關係史中的宦官群體淺析〉，《湖南第一師範學報》，2007年第3期，頁98～101，154；田杰：《北宋宦官群體研究》（西北大學碩士論文，2009年6月），第三章第三節〈宦官自身原因〉，頁55。

〔註7〕 柳立言在前引文的結論，指出宋室君臣在使用宦官參軍時，一直貫徹「利用」、「控制」和「防範」三種手段，以免重蹈唐代宦官的覆轍。柳氏認爲「太祖留

二、戎馬西北：秦翰在太宗朝的軍旅生涯

　　秦翰字仲文，眞定獲鹿（今河北石家莊市鹿泉市）人，《東都事略》及《宋史》均有傳。他卒於眞宗大中祥符八年（1015）閏六月，得年六十四，上推其生年，當生於後周太祖廣順二年（952）。史稱秦翰十三歲（即太祖乾德二年，964）成爲內臣最低一階的黃門。〔註 8〕他究竟是自小育於宮中，成爲內

給後人的，是一批能征慣戰的宦官，他開啓了『利用』的大門和方向，但沒有在『控制』和『防範』兩方面有較多的答案。柳氏又進一步論説太宗因對遼夏戰爭的逆轉，被迫在西北兩邊長期駐兵，而需要「利用宦官來掌控各種軍事狀況，使他們臨時性的調遣變成了長久性的常規工作。爲方便和劃一管理，乃逐步調任正式的軍職，由業餘變爲正規的軍人，也成爲樞密院的從屬，即由閹官系統的武人變成了將官系統下的閹人」。柳氏所論的宋廷使用內臣三大手段大體無誤，也正確地指出從太宗開始，即以行動和言語表示，閹將只能治兵，不能治民（筆者按：內臣也有治民出任知州軍的例子，好像太宗朝的內臣張崇貴（955～1011）便曾與石霸同守綏州，張繼能也與西京作坊副使張延洲同知清遠軍事），更不能插手廟堂之政。而到眞宗，「加強了樞密院對宦官的整體管理，嚴守內職和外職之分野，而在軍事系統中，也以小其名而重其權和少其兵而久其任的方法裁抑閹將。結果，當代的閹將在西北二邊屢立戰功，既保衛了家園，也贏得士大夫的好評」。值得注意的是，柳氏在該文曾多處引用秦翰的事例，來論證他以上的看法。筆者大致同意柳氏的看法，但他似乎對宋代宦官制度認識不足，不知道宋代宦官的兩省（內侍省和入內內侍省）獨立於樞密院之外，許多帶武階官或武選官而沒授「兵職」的內臣，本職是兩省官，從小黃門、高品至押班、都知。他們遙領的武階官只是加官，不少人一輩子極少參預軍事，好像藍繼宗一樣，其實屬於文宦，完全談不上是「閹將」。另外，柳氏似亦未認識到宋代武臣所授的官職，有「軍職」與「兵職」之別。整個宋代，內臣擔任鈐轄、都監、監押、巡檢到走馬承受一類的兵職頗爲普遍，卻從沒擔任執掌禁軍的任何「軍職」，從最高級的三衙管軍（按：宋人所謂「將」，嚴格的定義是僅指三衙管軍，其他的武階官不能稱爲「將」）到各軍的都指揮使到都虞候。這與唐代內臣執掌神策軍中尉有本質上的不同。可見柳氏的「以閹爲將」説頗有值得商榷之處。參見柳立言：〈以閹爲將：宋初君主與士大夫對宦官角色的認定〉，頁 267～268，276～281，283～285，287～289。

〔註 8〕 秦翰初入仕的內臣職位，應該是「小黃門」。據龔延明引用《宋會要輯稿》的研究，宋代「凡內侍初補曰小黃門」，「隸入內省者，稱入內內侍省小黃門。遇郊祀大赦或節慶，登位恩賜，可遷補爲內侍黃門。屬等外無品宦官」。參見龔延明：《宋代官制辭典》（北京：中華書局，1997 年 4 月），頁 52，「入內內侍省小黃門」條。另見徐松（1781～1848）（輯），劉琳、刁忠民、舒大剛、尹波等（校點）：《宋會要輯稿》（上海：上海古籍出版社，2014 年 6 月），第七冊，〈職官三十六・內侍省〉，頁 3887，3889。宋初幾個與秦翰同時的內臣如竇神寶（949～1019）、張繼能（957～1021）、鄧守恩（974～1021）（鄧以十歲之沖齡以黃門事太宗）在太祖朝初入仕都任「黃門」，相信和秦翰一樣，其實都是「小黃門」。參見脫脫（1314～1355）：《宋史》（北京：中華書局點

臣的養子；還是要在十三歲那年才入宮成為黃門？他的親生父母及養父是甚麼人？因楊億為他所撰的贈官碑文不傳，而迄今也沒有發現他的墓誌銘一類的史料，其身世就暫不可考。〔註9〕

秦翰在太祖（927～976，960～976 在位）一朝的事蹟史籍所記很少，只知他在開寶中遷高品。〔註10〕按「開寶中」當指太祖開寶四年（971）至開寶六年（973）這三年，太祖於開寶四年十二月己巳（初七）舉行南郊大典，內外文武官都得以遞進官爵。〔註11〕相信秦翰正在這時遷官為高品，他要七年才遷官一級，這年他二十歲。

值得一提的是，除了秦翰外，宋初幾員頗有軍功的內臣，包括閻承翰（947～1014）、張崇貴（955～1011）和石知顒（951～1019），都原籍真定。除了閻承翰「雖無武勇，然涖事勤恪」外，秦翰「倜儻有武力」，「以善戰聞」；張崇貴「以善射選為御帶」，石知顒也「形貌甚偉」。似乎秦翰的武勇，與真定的

校本，1977 年 11 月），卷四百六十六〈宦者傳一‧竇神寶、張繼能、鄧守恩〉，頁 13600，13620，13627；王稱（？～1200 後）：《東都事略》（臺北：文海出版社，1967 年 1 月），卷一百二十〈宦者傳‧秦翰〉，葉二上至二下（總頁 1851～1852）。順帶一談，僧文瑩對於秦翰的出身，有一則目前尚無法驗證的說法。他說在真宗大中祥符之前，中貴人盡都帶「將仕郎」階，好像秦翰也是如此，開始時也以將仕郎內侍省內府承局出身。筆者遍閱有關宋代內臣制度的書刊資料，也查考不出文瑩說法的根據。《宋代官制辭典》也沒有收「內侍省內府承局」條，而「將仕郎」是文階官最低一階，不可想像內臣會帶此階。另外文瑩又說秦翰後來建節為彰國軍節度使，然這也並非事實。又文瑩這則說法，又為王之道（1093～1169）的《相山集》所因襲，然王之道全抄文瑩之文而無進一步解釋。參見文瑩：《湘山野錄》，卷下，頁 57～58；欒貴明（輯）：《四庫輯本別集拾遺》（北京：中華書局，1983 年 10 月），上冊，王之道：《相山集》三十卷，〈將仕郎〉，頁 218。按是條輯自《永樂大典》卷七千三百二十四「郎」字韻，頁四上引「王之道相山集」。

〔註 9〕《宋史》，卷四百六十六〈宦者傳一‧秦翰〉，頁 13614。

〔註10〕秦翰在開寶中所遷授的「高品」，應該即是「入內高品」、「內班高品」或「內中高品」。和他同時的竇神寶便是由黃門遷入內高品；張繼能由黃門先遷內品，再遷高品；衛紹欽則由中黃門遷入內高品。王繼恩（？～999）在後周顯德中所任的「內班高品」，李神福在太宗初年所遷授的「入內高品」，張崇貴在太祖時所任的「內中高品」，以及石知顒在建隆中所授的「內中高品」，都是和秦翰所授的「高品」同樣官職。高品位次於入內內侍殿頭，高於入內內侍高班，官正九品。參見《宋史》，卷四百六十六〈宦者傳一‧竇神寶、王繼恩、李神福、秦翰、張崇貴、張繼能、衛紹欽〉，頁 13600，13602，13605，13612，13617，13620，13624～13625；龔延明：《宋代官制辭典》，「入內內侍省內侍高品」條，頁 51。

〔註11〕《宋史》，卷二〈太祖紀二〉，頁 34。

民風頗有關係。〔註12〕值得注意的是他後來的軍旅伙伴名將曹瑋（973～1030），也是他的眞定同鄉。

　　然而秦翰雖有武力，卻要到太宗繼位後才有用武之地。太平興國四年（979），宋遼兩國大動干戈，先後在石嶺關之戰（三月）、高梁河之戰（六月至七月）及滿城之戰（九月至十月）三度交鋒，宋軍兩勝一負。加上宋軍在是年四月至五月平北漢的太原之戰，宋軍一年合共大戰四場。其中太宗御駕親征太原（今山西太原市）和幽州（今北京市），而石嶺關之戰則是由郭進（？～979）指揮，擊退準備援救太原的遼軍。滿城之戰則是高梁河之戰後，由宋將劉延翰（923～992）、崔彥進（922～988）等指揮，抵禦來犯的遼軍。在這四場戰役中，太宗大量任用內臣擔任各種軍務，從傳遞軍情到參預戰鬥。秦翰就是其中被委用的內臣之一。

　　《宋史·秦翰傳》云：「太平興國四年，崔彥進領眾數萬擊契丹，翰爲都監，以善戰聞。太宗因加賞異，謂可屬任。」〔註13〕從上文的記載，參照《宋史》及《續資治通鑑長編》等書的相關記載，這裏所說崔彥進率軍數萬擊遼，而秦翰任其都監，當是指滿城之戰。崔彥進先率部參預攻太原，北漢平定後，移師攻幽州。高梁河戰敗後，奉命率本部屯關南（太平興國七年二月改高陽關，治所瀛州，今河北滄州河間市），最後協同劉延翰軍，在長城口夾擊遼軍。〔註14〕

　　崔彥進的部隊在太平興國四年三度出師，而在滿城之戰擔任崔部都監的秦翰，是否也在前兩次戰鬥中擔任都監之職？因沒有其他史料佐證，筆者以常識判斷，秦翰應該在崔彥進部奉命進攻太原時已獲太宗任爲崔部之都監，而參預是年平太原、征幽州、戰滿城三場大戰。

　　秦翰在太平興國四年己年二十八，擔任宿將河陽三城節度使崔彥進麾下的兵馬都監，官仍爲高品。是年正月，太宗不理遼國的反對，決意親征北漢。是月庚寅（初十），崔彥進被委擔任主攻北漢都城太原城東面。〔註15〕崔的副將是鄆州防禦使尹勳（？～979後），部將除秦翰外，還有尹勳的兒子、後來在端拱二年（989）七月徐河（即徐水，今稱漕河，在河北省。源出河北保定

〔註12〕　《宋史》，卷四百六十六〈宦者傳一·閻承翰、秦翰、張崇貴、石知顯〉，頁13610～13614，13617，13625。

〔註13〕　《宋史》，卷四百六十六〈宦者傳一·秦翰〉，頁13612。

〔註14〕　《宋史》，卷二百五十九〈崔彥進傳〉，頁9006～9007。

〔註15〕　李燾（1115～1184）：《續資治通鑑長編》（北京：中華書局點校本，1979年8月至1995年4月；以下簡稱《長編》），卷二十，太平興國四年正月丁亥至庚寅條，頁442～443。

市易縣五迴嶺，東南流，經河北保定市安新縣注入河北白洋淀）之役擊敗遼國百勝將軍耶律休哥（938？～998）、有「黑面大王」之稱的尹繼倫（947～996），以及在端拱元年（988）十一月唐河（亦名滱河，源出今河北保定市唐縣北，南流經唐縣城東，至今河北保定市定州市北）之役立下奇功的袁繼忠（938～992），〔註16〕崔麾下可說猛將如雲。太宗在四月庚午（廿二）抵太原，翌日（辛未，廿三）抵城下，壬申（廿四）晚上開始攻城。五月甲申（初六），北漢主劉繼元（？～991）以外援斷絕，力不能支而投降。史稱崔彥進在城東督戰甚急，得到太宗的嘉獎。〔註17〕從征北漢的內臣而事蹟可考的計有竇神寶（949～1019）、李神福（947～1010）、李神祐（？～1016）、周紹忠、張崇貴、衛紹欽（952～1007？）、韓守英（？～1033）、藍繼宗及蔡守恩（？～979後）。秦翰在這次攻北漢之役的戰功不載。〔註18〕

太宗平北漢後，隨即進軍幽州。六月壬申（廿五），宋軍部署攻城，崔彥進一軍負責攻幽州城北。崔軍麾下的內臣，除了秦翰外，還有內供奉官江守鈞（？～982 後）。翌日，太宗到城北，親督崔彥進麾下諸將攻城。相信太宗親眼看到秦翰的勇略。〔註19〕因為太宗輕敵，用兵無方，宋軍在七月癸未（初

〔註16〕《宋史》，卷四〈太宗紀一〉，頁 61～62；卷二百五十九〈袁繼忠傳〉、〈崔彥進傳〉，頁 9004，9006；卷二百七十五〈尹繼倫傳〉，頁 9375～9376；《長編》，卷二十，太平興國四年三月庚辰條，頁 446。關於尹繼倫及袁繼忠在唐河、徐河兩役的戰功及表現，可參閱何冠環，〈宋遼唐河、徐河之戰新考〉，原載《中國文化研究所學報》，第 43 期（2003 年），頁 109～116，修訂後現收入何著：《攀龍附鳳：北宋潞州上黨李氏外戚研究》（香港：中華書局，2013 年 5 月），附錄一〈宋遼唐河、徐河之戰新考〉，頁 400～419。

〔註17〕《宋史》，卷四〈太宗紀一〉，頁 61～62；《長編》，卷二十，太平興國四年四月甲子條，頁 448～449。尹勳在是年三月庚辰（初一）以鄆州刺史奉命進攻北漢依險築城的隆州（今山西晉中市祁縣）。四月甲子（十六）袁繼忠等先登破隆州。尹勳相信以功後擢鄆州防禦使。關於太宗平北漢的始末，可參閱曾瑞龍（1960～2003）：《經略幽燕：宋遼戰爭軍事災難的戰略分析》（香港：中文大學出版社，2003 年 6 月），第三章〈以北漢問題為核心的宋遼軍事衝突〉，頁 69～97。

〔註18〕參見本書第四篇〈北宋內臣藍繼宗事蹟考〉，頁 105，註23；《宋史》，卷二百七十五〈孔守正傳〉，頁 9370。內侍蔡守恩與日騎東西班指揮使孔守正（939～1004）負責攻太原城西。孔守正領步兵大呼先登，而蔡守恩等率騎兵力戰，北漢守軍於是兵潰敗北。

〔註19〕《長編》，卷二十，太平興國四年五月丁未至六月癸酉條，頁 453～456；卷二十一，太平興國五年十月甲午條，頁 480；《宋史》，卷二百五十九〈崔彥進傳〉，頁 9006～9007；卷四百六十六〈宦官傳一・秦翰〉，頁 13612；《宋會要輯稿》，第十六冊，〈蕃夷一・遼上〉，頁 9714。江守鈞在太平興國五年十月已遷為儀鸞副使。

六）被遼將耶律休哥等擊敗於高梁河（源於今北京城西直門外紫竹院公園，東流至今德勝門外，折東南流斜穿今北京內外城，至今十里河村東南注入永定河）。〔註20〕崔彥進一軍在高梁河之役戰績如何，沒有詳細的記載，似乎損失不是太嚴重。從征幽州的內臣而事蹟可考的，有閻承翰、李神祐、劉承珪（即劉承規，950～1013）。〔註21〕至於秦翰在這一役的表現，也是史所不載。

七月庚寅（十三），太宗在離開定州（今河北保定市定州市）返回開封（今河南開封市）前，委派諸將率兵屯守各要塞，崔彥進一軍奉命屯關南，許便宜行事。〔註22〕九月丙午（三十），宋軍在滿城（今河北保定市滿城縣）打了一場漂亮的勝仗，重挫遼軍。崔彥進一軍數萬人，與在滿城和遼軍正面交鋒的宋軍主力協同作戰，崔的大軍從關南潛出黑盧隄北，沿著長城口，銜枚疾走，切入遼軍側後。當遼軍在滿城敗績，給宋軍追擊於遂城（今河北保定市徐水縣遂城鎮）時，崔軍即與劉延翰、崔翰（930～992）各軍夾擊，大破遼軍，共斬首一萬三百級，俘虜數萬人。〔註23〕這次從征的還有內臣張繼能，他以高品任高陽關、鎮、定路先鋒都監，從崔彥進戰於長城口，多所俘獲。〔註24〕

〔註20〕　《宋史》，卷四〈太宗紀一〉，頁62～63；《長編》，卷二十，太平興國四年七月庚辰至丙辰條，頁 456～457。 關於宋遼高梁河之役，宋軍慘敗的原因，近期最有深度的研究，厥為曾瑞龍的《經略幽燕：宋遼戰爭軍事災難的戰略分析》，參閱該書第五章〈僵化軍事信念指導下的高梁河戰役（979）〉，頁 141～164。

〔註21〕　閻承翰在是年七月太宗敗還時，向在金臺驛的太宗急奏宋大軍隊伍不整、南向而潰的情況。至於李神祐在幽州之役，太宗命他與劉延翰統領精騎為大陣之援。太宗敗還，同年九月，又令他以南作坊副使與另外一員內臣北作坊副使劉承珪率兵屯定州以備遼軍。參見《宋史》，卷二百八十〈錢守俊傳〉，頁9503；卷四百六十六〈宦者傳一·李神祐、劉承規〉，頁 13607；《長編》，卷二十，太平興國四年七月丙戌條，頁 457；九月乙酉條，頁 461；《宋會要輯稿》，第十六冊，〈蕃夷一·遼上〉，頁 9714。

〔註22〕　《長編》，卷二十，太平興國四年七月庚寅條，頁458；《宋史》，卷四〈太宗紀一〉，頁 63，67；卷二百五十九〈崔彥進傳〉，頁9007。按太宗又命西上閤門副使薛繼興、閤門祗候李守斌率部佐崔彥進守關南。

〔註23〕　《宋史》，卷四〈太宗紀一〉，頁63；卷四百六十六〈宦官傳一·張繼能〉，頁13620；《長編》，卷二十，太平興國四年九月丙午至十月庚午條，頁 462～463。考《宋史·太宗紀一》記太平興國四年十一月辛卯，「關南言破契丹，斬首萬餘級」，應是指崔彥進關南部所奏在滿城之戰的戰果，而不是另一場勝仗。關於滿城之戰的過程，以及宋軍戰勝遼軍的分析，可參閱曾瑞龍：《經略幽燕：宋遼戰爭軍事災難的戰略分析》，第六章〈彈性戰略防禦的構建與滿城會戰（979）〉，頁 165～197。

〔註24〕　《宋史》，卷四百六十六〈宦者傳一·張繼能〉，頁 13620。

太宗在翌年（太平興國五年，980）十一月己酉（初十）下詔巡邊。癸丑（十四），關南上奏稱破契丹萬餘眾，斬首三千餘級。太宗即以崔彥進為關南兵馬都部署。滿城之戰後，秦翰行踪不載，筆者認為他應該仍留在崔彥進關南大軍中。用人之際，崔彥進當不會讓善戰的秦翰離開。〔註25〕太平興國六年（981）十月甲申（二十），太宗再任崔彥進為關南都部署，其時秦翰多半仍在他麾下。〔註26〕翌年（太平興國七年，982）五月辛丑（初十），遼軍三路入寇，進攻高陽關的遼軍，給崔彥進軍敗於唐興口，〔註27〕宋軍斬首二千級，獲兵器羊馬數萬。立功的內臣，清楚記載於史籍的，是同樣能征善戰的張繼能，他後來以功自高品遷殿頭高品。秦翰這次有否參戰，暫不可考。〔註28〕這場戰役發生時，宋廷發生巨變：在太宗及復相的趙普（922～992）主導下，皇弟秦王廷美（947～984）及宰相盧多遜（935～986）被指控謀反。獄成，二人遭重譴。太宗除去威脅其傳子意圖的親弟廷美，趙普也排除了宿敵盧多遜。廷美及盧多遜的親信及被牽連的文武臣僚多人均受到貶黜。〔註29〕當然，秦翰在朝與否，因地位卑微，並沒有受到甚麼影響。

從太平興國七年到雍熙（984～985）初年，秦翰的事蹟均不見載。筆者認為他在太平興國七年以後，多半已奉召回朝。按地位比他高的內臣南作坊副使李神祐在太平興國七年遼軍入寇時，奉命領兵戍守瀛州，很有可能代替秦的職務。另值得一提的是，同在崔彥進麾下的內臣儀鸞副使江守鈞，在太平興國七年八月，被人告發擅自向崔彥進及威塞軍節度使曹翰（924～992）索借金銀。宋廷審查得實，將江決杖並貶降為高品。他與秦翰同為崔麾下的

〔註25〕《長編》，卷二十一，太平興國五年十月戊寅條，頁479；十一月己酉至癸丑條，頁481；《宋史》，卷四〈太宗紀一〉，頁65；卷二百五十九〈崔彥進傳〉，頁9007。是年十月初八，太宗為增強關南的兵力，特命萊州刺史楊重進、沂州刺史毛繼美率部屯關南。

〔註26〕《長編》，卷二十二，太平興國六年十月甲申條，頁503；《宋史》，卷四〈太宗紀一〉，頁66～67。

〔註27〕唐興口在定州與高陽關之間，即今河北保定市安新縣城北14.8公里的趙北口鎮，北鄰保定市雄縣，南界滄州市任丘市。唐及五代為唐興縣所轄，稱唐興口。宋代築堡屯戍於此，稱趙堡口，後稱趙北口。

〔註28〕《宋史》，卷四〈太宗紀一〉，頁68；卷二百五十九〈崔彥進傳〉，頁9007；卷四百五十六〈宦者傳一・張繼能〉，頁13620；《長編》，卷二十三，太平興國七年五月庚申條，頁521。

〔註29〕《長編》，卷二十三，太平興國七年三月癸巳至五月癸丑條，頁514～520。

內臣，賢與不肖具見。〔註 30〕大概秦翰在宮中地位低微，行事又謹慎，宋廷內部的人事變故，包括太平興國八年（983）正月樞密使曹彬（931～999）被誣罷職，以及雍熙二年（985）九月太宗長子楚王元佐（966～1027）縱火焚宮，導致太宗把他廢爲庶人的大事，對秦翰都沒有甚麼影響。〔註 31〕《宋史》本傳記他在「雍熙中出爲瀛州駐泊，仍管先鋒事」。這裏稱他「出」爲瀛州駐泊（都監），當是指他由京師差派出守瀛州。同書同卷〈王繼恩傳〉記地位比秦翰高很多的內臣宮苑使、河州刺史王繼恩，也是「雍熙中，王師克雲、朔，命繼恩率師屯易州，又爲天雄軍駐泊都監。自岐溝關、君子館敗績之後，河朔諸路爲契丹所擾，城壘多圮。四年，詔繼恩與翟守素、田仁朗〔930～989〕、郭延濬分路按行增築之」。〔註 32〕結合兩段文字，秦翰和王繼恩所謂「雍熙中」，應該都是指在雍熙三年分別被任爲瀛州及天雄軍（即大名府，今河北邯鄲市大名縣）駐泊都監。關於二人何時被委爲駐泊都監，將在下文考述。

　　雍熙三年（986）初，太宗已計劃再度攻遼，收復幽燕。正月庚寅（廿一），太宗點將，委任天平軍節度使曹彬、馬軍都指揮使米信（928～994）、步軍都指揮使田重進（929～997）分別爲幽州道行營前軍馬步水陸都部署、幽州西北道行營馬步軍都部署和定州路行營馬步軍都部署。二月壬子（十三），再命忠武軍節度使潘美（925～991）爲雲、應、朔州行營都部署。秦翰以前的主帥河陽節度使崔彥進，則擔任曹彬一路的副帥。至於獲委任爲州級駐泊都監的，除了前述的王繼恩和秦翰外，還有太宗的寵臣西上閤門使王侁（？～994）和右監門衛將軍侯莫陳利用（？～988），二人俱獲任爲并州駐泊都監。王繼恩在是年五月，當曹彬軍潰於岐溝關（今河北保定市涿州市西南）後，「自易州馳騎至」，向太宗稟告兵敗之事。王繼恩本傳記他「率師屯易州，又爲天雄軍駐泊」，顯然他任天雄軍駐泊在是年五月後；不過，他在易州（今河北保定市易縣）的職位，其實也當是駐泊都監，只是《宋史》的編者沒有清楚寫出來。因此筆者認爲秦翰出爲瀛州駐泊都監，相信是在這年的正月至二月間，

〔註 30〕　《長編》，太平興國七年八月癸亥條，頁 525；《宋史》，卷四百五十六〈宦者傳一・李神祐〉，頁 13607。

〔註 31〕　《長編》，卷二十四，太平興國八年正月戊辰至己亥條，頁 537～538；卷二十六，雍熙二年九月庚戌條，頁 597～599。

〔註 32〕　《宋史》，卷四百六十六〈宦者傳・王繼恩、秦翰〉，頁 13602，13612。

太宗決定出師攻遼的前後，而和王繼恩出駐易州，王伓及侯莫陳利用任并州同時。所謂「仍管先鋒事」，當是指秦翰擔任等同曹彬麾下的文思使薛繼昭（？～987後）所任的「前軍先鋒都監」一職。〔註33〕

瀛州在歧溝關之戰並非主戰場，是故秦翰的戰績不顯。瀛州為高陽關路的治所，秦翰在雍熙三年初的上司是誰不詳。在是年底，太宗將原知雄州（今河北保定市雄縣）的宿將劉廷讓（929～987）調為瀛州都部署。十二月，遼軍數萬人在耶律休哥率領下大舉入寇瀛州。宋軍守將瀛州都部署劉廷讓與遼軍大戰於君子館（今河北滄州市河間市北君子館），不幸天大寒，宋軍不能架弓弩防禦，滄州都部署李繼隆（950～1005）所率精兵也失約不來救援，結果宋軍慘敗，劉廷讓僅以身免。劉的部將桑贊（？～1006）力戰而遁，賀令圖（948～986）及楊重進（922～986）則陷沒。〔註34〕時任瀛州駐泊都監的秦翰在這場大戰中擔任甚麼角色？教人不解的是，他的本傳一字不提。一個可能是，早在大戰爆發前，他已調離瀛州。另一個可能是他留守瀛州，沒有參加這場戰鬥。因文獻無徵，故難以確定。

從雍熙三年到淳化四年（993）前，《宋史》秦翰本傳只簡略記載他「遷入內殿頭高品、鎮、定、高陽關三路排陣都監」。與秦翰地位相當的竇神寶也同在「雍熙中」之後，同樣由入內高品，在「淳化中」之前「俄轉殿頭高品」。另一內臣張繼能則在「端拱初，遷入內殿頭」。〔註35〕綜合以上三條資料，很有可能，秦翰、竇神寶和張繼能一樣，因端拱元年正月以南郊兼改元的恩典，文武官員在二月丁未（二十）均獲得晉陞，而從入內高品遷一級為

〔註33〕錢若水（960～1003）（修），范學輝（校注）：《宋太宗皇帝實錄校注》（北京：中華書局，2012年12月），中冊，卷三十五，頁421～436；卷四十一，頁471；《長編》，卷二十七，雍熙三年五月丙子條，頁614。雍熙四年六月戊戌（初七），太宗以太祖長婿彰國軍節度使駙馬都尉王承衍（947～998）充貝、冀州兵馬都部署，宣徽北院使郭守文（935～989）及鄆州團練使田欽祚（？～986）為北面排陣使，王繼恩為為北面排陣都監。王繼恩擔任天雄軍駐泊都監應在此任命之前。

〔註34〕《長編》，卷二十七，雍熙二年六月戊戌條，頁618～619；雍熙三年十二月乙未條，頁625～626；《宋太宗皇帝實錄校注》，卷四十二，頁509～513。關於君子館之戰，曾瑞龍《經略幽燕》有很精闢的論述，可參閱曾瑞龍：《經略幽燕：宋遼戰爭軍事災難的戰略分析》，第八章〈向戰略防禦的過渡：陳家谷與君子館戰役（986～987）〉，頁254～282。

〔註35〕《宋史》，卷四百五十六〈宦者傳一‧竇神寶、秦翰、張繼能〉，頁13600，13612，13620。

入內殿頭高品。〔註36〕附帶一提，宋宮中內臣地位最高、秦翰等人的主管入內都知、洛苑副使王仁睿（？～987）在雍熙四年六月丁巳（廿六）卒，太宗特贈他內侍省內常侍。〔註37〕王死後，宋宮地位最高的是太宗極寵信的皇城使、河州團練使王繼恩。他在端拱初年，擔任鎮、定、高陽關三路排陣鈐轄。〔註38〕秦翰在端拱初年擔任鎮、定、高陽關三路排陣都監，相信就是充當王繼恩的副手。

宋軍在端拱元年十一月及二年七月在唐河及徐河兩番擊敗遼師後，北疆的形勢穩定下來；〔註39〕不過，在西疆的党項李繼捧（962～1004）及其弟李繼遷（963～1004）卻叛服不常。淳化二年（991）七月，李繼遷聞知太宗命翟守素（922～992）率軍來討，假意奉表歸順。同月丙午（初九）太宗授李繼遷銀州（今陝西榆林市橫山縣党岔鄉黨岔村大寨梁，在無定河與榆溪河交匯處的西南岸，城居毛烏素沙漠與黃土高原的分界線上，無定河在其東北 2 公里處接納榆溪河）觀察使，賜名趙保吉。早已歸順的李繼捧（賜名趙保忠）又薦其親弟李繼沖，太宗納之，賜名趙保寧，授綏州（今陝西榆林市綏德縣）團練使。〔註40〕

據真宗後來對王旦所述，秦翰出使李繼遷，與李繼遷親近，常常出入帳中，李繼遷對他毫無防範。秦翰曾對太宗建議：「臣一內官不足惜，願手刺此賊，死無所恨。」太宗深深嘉許他的忠誠，卻不允他當刺客的建議。〔註41〕

〔註36〕　《長編》，卷二十九，端拱元年正月乙亥至丙子條，頁 646；《宋史》，卷五〈太宗紀二〉，頁 81～82；《宋太宗皇帝實錄校注》，卷四十三，頁 531～543，553～562。入內殿頭高品，簡稱入內殿頭，是太平興國四年入內高品班院三等內臣之一，高於入內殿頭小底，次於入內殿頭高班。參見龔延明：《宋代官制辭典》，「入內殿頭高品」條，頁 48。

〔註37〕　《宋太宗皇帝實錄校注》，卷四十一，頁 484。

〔註38〕　《宋史》，卷五〈太宗紀二〉，頁 82～83；卷四百六十六〈宦者傳一‧王繼恩〉，頁 13602；《長編》，卷三十，端拱二年十一月辛丑條，頁 691。端拱元年閏五月至九月，太宗任命洺州防禦使劉福（？～991）為高陽關兵馬都部署，宣徽南院使郭守文為鎮州路都部署，馬軍都指揮使李繼隆為定州都部署。端拱二年十一月辛丑（廿四），郭守文卒於鎮州任上，太宗命殿前都指揮使劉延翰接任。這兩年宋廷並沒有有委任統率三路的都部署。

〔註39〕　參見注 16。

〔註40〕　《長編》，卷三十二，淳化二年七月己亥至丙午條，頁 718。

〔註41〕　《宋史》，卷四百六十八〈宦者傳一‧秦翰〉，頁 13614；《長編》，卷八十五，大中祥符八年閏六月戊戌條，頁 1939；《東都事略》，卷一百二十〈宦者傳‧秦翰〉，葉二下（總頁 1852）。

據此推論，秦翰當在淳化二年七月前後，多次奉命出使夏台，借封賞招撫李繼捧、李繼遷兄弟之名，刺探党項各部的情況。

淳化四年（993），秦翰得到太宗超擢，補入內押班的高職，〔註42〕成爲入內內班院（入內內侍省的前身）的省官（主司官員），位次副都知及都知。他立了甚麼功勳而膺此厚賞，值得琢磨，可惜史所不載。

淳化五年（994）正月，蜀民李順（？～1017）起事，並攻陷成都（今四川成都市）。同時，在西疆的李繼遷又攻略靈州（今寧夏銀川市靈武市西南）及附近的通遠軍（即環州，淳化五年改）。太宗得報大怒，乃在同月癸酉（二十），派寵信的外戚馬軍都指揮使李繼隆任河西兵馬都部署，統領大軍討伐。秦翰及另一內臣、內班右班押班、管勾鄜延屯兵張崇貴從征。秦翰擔任李繼隆大軍的監軍，而張崇貴以延州兵掎角進討。當年隨崔彥進征太原的勇將、徐河之役的英雄尹繼倫擔任都監，首席內臣昭宣使（昭宣使置於淳化四年二月己未初一）王繼恩爲西川招安使，率兵征討（從征的內臣還有內殿崇班石知顒）。是年三月，李繼捧聞知宋軍來討李繼遷，就先將家人及吏卒置於夏州（即定難軍節度，今陝西榆林市靖邊縣以北 55 公里白城子）城外，然後上言宋廷，稱已與李繼遷解仇，並貢馬五十匹，請太宗罷兵。太宗怒李繼捧首鼠兩端，命中使詔李繼隆先移兵往夏州擊李繼捧。李繼隆大軍抵延州（今陝西延安市）後，秦翰向李進言，爲免李繼捧逃走，主張由他先馳往夏州，假傳太宗詔旨，安撫李繼捧一番，以爲緩兵之計。李繼隆聽從此議。秦翰抵夏州前，李繼捧卻給李繼遷偷襲，因損失城外的資財器用，被迫返回城中。他一回城，就給暗中向宋廷輸誠的部下趙光嗣所執，獻給先至的秦翰。同月丁丑（廿五），李繼隆大軍入夏州，將李繼捧拘拿檻送京師，並收取李繼捧的牛羊、鎧甲數十萬。李繼遷見宋軍至，就引眾遁去。四月甲申（初三），太宗收到李繼捧就擒的捷報，除了陞賞趙光嗣等人外，又與宰臣商議夏州今後的存廢問

〔註42〕《宋史》，卷四百六十八〈宦者傳一‧李神福、秦翰、衛紹欽〉，頁 13605，
　　　　13612，13624；《東都事略》，卷一百二十〈宦者傳‧秦翰〉，葉二上至二下
　　　　（總頁 1851～1852）。據龔延明的考證，「入內押班」即「內中高品押班」，
　　　　別稱「入內高品押班」，全稱「內中高品班院押班」，是宋初內中高品班院的
　　　　副總管，位次於都知。淳化五年改名「入內內班押班」，簡稱「入內押班」。
　　　　宋初高級內臣中，李神福便早於太平興國六年獲擢爲入內高品押班。除了秦
　　　　翰外，衛紹欽也在淳化中（可能是淳化三年）以部修皇城之功，授入內押班。
　　　　參見龔延明：《宋代官制辭典》，「入內內班押班」條，頁 47，「內中高品押
　　　　班」條，頁48。

題。宰相呂蒙正（944～1011）主張廢夏州，免給豪強據之以爲患。乙酉（初四），太宗下詔廢夏州故城，遷其民於綏州、銀州等地。從征的張崇貴奉命與石霸留守綏州，徙夏州民以實之。李繼隆得旨後，極力反對，並派親弟洛苑使李繼和（963～1008）與秦翰入奏，力陳夏州乃朔方古鎮，是敵人覬覦之地，保之可以依托禦敵。他又建議在銀州及夏州之間南界山中增置保戍，以扼其要衝，協助防守夏州。這些據點既可爲內屬蕃部的屏障，又可截斷敵軍糧運。李繼隆的主張顯然是秦翰認同的，可惜太宗沒有接受；〔註43〕不過，太宗仍給秦翰賞功，加官爲崇儀副使，位列諸司副使。〔註44〕

因黃門右班押班、內殿崇班張崇貴及勇將田敏（？～1023後）稍後率熟倉族乜遇在靈州橐駝口雙塠西擊破李繼遷軍，殺傷敵二千，狡獪的李繼遷不敢再輕舉妄動，在是年七月乙亥（廿五），又派牙校趙光祚、張浦往綏州見張崇貴，請求納款。張崇貴會見趙、張二人於石堡寨（今陝西延安市志丹縣北

〔註43〕《長編》，卷三十五，淳化五年正月甲寅至癸酉條，頁766～767；三月戊辰至丁丑條，頁775～776；四月甲申至乙酉條，頁777～778；五月己巳條，頁786；《宋史》，卷五〈太宗紀二〉，頁91～93；卷二百五十七〈李處耘傳附李繼隆傳〉，頁8967；卷三百九〈王延德傳〉，頁10153～10154；卷四百六十三〈外戚傳上・杜彥鈞〉，頁13539；卷四百六十六〈宦者傳一・王繼恩、秦翰、張崇貴・石知顒〉，頁13602～13603，13612，13617，13626。《宋史》秦翰本傳及《長編》所引《國史・秦翰傳》均說秦翰到夏州後，諷說李繼捧以地主之禮出夏州郊迎接李繼隆大軍，李繼捧聽從，於是被李繼隆輕易擒獲。李燾已考證此說實誤，蓋李繼捧爲李繼遷所襲，走返夏州城內，即爲趙光嗣所執，沒可能再隨秦翰出城。另《宋史・太宗紀》也說李繼捧爲趙光嗣所執。疑《宋史・秦翰傳》誇大了秦翰的功勞。關於李繼隆取夏州的始末，可參閱何冠環，〈宋太宗朝外戚名將李繼隆（950～1005）〉，《東吳歷史學報》，第20期（2008年12月），頁130～134，修訂後現收入何著：《攀龍附鳳：北宋潞州上黨李氏外戚研究》，第二章〈功比衛霍：宋太宗朝外戚名將李繼隆〉，第六節〈轉戰西疆：李繼隆在淳化到道間的戎馬生涯〉，頁151～157。昭宣使起初除授不限內臣，太宗在淳化四年二月，以當時的皇城使王延德（938～1001）、杜彥鈞及王繼恩當進秩，但使額已滿，於是增置昭宣使一階以授三人。王延德是太宗藩邸心腹，而杜彥鈞（？～1007）是太宗表弟，並非內臣。昭宣使後來成爲內臣班官遷轉之初階。

〔註44〕《東都事略》，卷一百二十〈宦者傳・秦翰〉，葉二下（總頁1852）；《宋史》，卷四百六十六〈宦者傳一・秦翰〉，頁13612。《東都事略》記秦翰加官爲崇儀使，《宋史》則作崇儀副使。按是年八月，竇神寶由崇儀副使內班左都知擢爲莊宅使兼黃門左班都知，李燾據《會要》，稱內官領諸司使臣由竇開始。據此，秦翰以入內押班所領的官位，應該是崇儀副使較爲合理。而且竇神寶的內班左都知也比秦翰的入內押班爲高，秦翰縱立功陞賞，也不應超過竇而逕任諸司正使的崇儀使。參見注46。

境），以牛酒款待，贈予錦袍銀帶。二人獻良馬、橐駝給太宗。〔註45〕太宗得報，倒沒有對西邊的防務弛懈，八月戊戌（十九），太宗將通遠軍改為環州，並增置清遠軍（今甘肅慶陽市環縣甜水堡）。也許有見及此，同月癸卯（廿四），李繼遷又派其弟李廷信奉表請罪，將先前反叛之事歸罪於李繼捧。太宗召見李廷信，慰撫一番，並厚賞以遣，包括力及一石六斗的勁弓三張。當時知延州王顯（932～1007）便上疏提醒太宗，指出：「戎狄之性本無常，所宜謹屯戍，固城壘，積芻糧，然後妙擇才勇，付以邊任，縱有緩急變覆，則禦備有素，又奚能為患哉？」。〔註46〕為太宗看重的秦翰，即在此時受到重用。

《宋史‧秦翰傳》記秦翰在「至道初，為靈、環、慶州、清遠軍四路都監」。究竟秦翰是在何年何月及何種環境任此職？ 據群書所記，在至道二年（996）至三年（997）太宗經略西邊，援救靈州一役中，太宗一如既往，任用內臣為監軍，除秦翰外，還有張崇貴、李神祐和張繼能三人。據《宋史‧張崇貴傳》所載，至道二年，太宗令李繼隆率大軍討李繼遷。當時靈州被圍危急，是守是棄，太宗未能決定，於是命張崇貴與馮訥乘傳往議其事。及後太宗決定增兵固守靈州，張崇貴「就命為靈、環、慶州、清遠路監軍，又為排陣都監」。而據《宋史‧李神祐傳》所載，官居洛苑使的另一內臣李神祐在「至道初，西鄙不寧，命為靈、環排陣都監，率眾至烏、白池而還」。此外，《宋史‧張繼能傳》也記另一內臣內供奉官張繼能，也在相同時間任「靈、環、慶、清遠軍後陣都監」。據載他亦與李繼遷軍戰鬥，將他擊退。參照張崇貴、李神祐及張繼能傳三條相關記載，秦翰很有可能也在約略同時，被太宗委為靈、環、慶州（今甘肅慶陽市慶陽縣）、清遠軍都監。〔註47〕至道二年四月甲戌（初四），太宗命李繼隆統率大軍征討再度叛宋入寇的李繼遷，以解靈州之圍。六月，李繼隆派護軍馮汭（疑即馮訥）入奏，誣告先前在浦洛河一役有功的勇將田紹斌（933～1009）諸事。據此，馮訥與張崇貴出使，當在是年六月前後，而王超（950～1012）與范廷召（927～1001）軍攻烏池（今寧夏吳忠市鹽池縣與陝西榆林市定邊縣交界處鹽場堡）及白池（今內蒙古鄂爾多斯市鄂托克前旗北大池東南

〔註45〕 《宋史》，卷四百六十六〈宦者傳一‧張崇貴〉，頁 13617～13618；《長編》，卷三十六，淳化五年癸卯條，頁 793。

〔註46〕 《長編》，卷三十六，淳化五年七月乙亥條，頁 790；八月丁酉至乙巳條，頁 793～794；卷三十七，至道元年三月己巳條，頁 810；《宋史》，卷五〈太宗紀二〉，頁 95。

〔註47〕 《宋史》，卷四百六十六〈宦者傳一‧李神祐、秦翰、張崇貴、張繼能〉，頁 13607，13612，13618，13620。

隅）在至道二年九月，則張、秦、李被委為靈、環、慶州、清遠軍四路都監及靈、環排陣都監也當在至道二年六月前後。秦翰在第一次靈州之役，因宋軍這次五路伐夏最終無功，故也沒有記載他立下甚麼戰功。〔註48〕

太宗在至道三年三月癸巳（廿九）逝世。除了護送軍糧入靈州的部隊留下外，西征軍相繼班師回朝。秦翰也暫時離開西疆，返回京師。〔註49〕

秦翰在太宗朝大部份時間都在西北兩邊：前期在北邊禦遼，後期兩番在西邊討伐李繼捧及李繼遷兄弟。他鮮有在內廷供職，和竇神寶、張崇貴、李神祐、張繼能等可說是典型的武宦閫將。也為此故，雖然他兩度追隨李繼隆西征，但他並沒有牽涉入李的妹妹明德李皇后（960～1004）與王繼恩等在太宗晚年廢立眞宗的圖謀。〔註50〕眞宗繼位時，秦翰正當盛年的四十六歲，官入內押班、崇儀副使，已位居高級內臣之列。秦翰繼續獲得重用，沒有像王繼恩那樣受到重譴。

順便一談的是，秦翰在太宗晚年，經歷了宋廷內臣機構的改組：太宗在淳化五年八月癸巳（十四），開始重整內臣的管理機構，改內班為黃門，以崇儀副使兼內班左都知竇神興充莊宅使兼黃門左班都知。翌日（甲午，十五），太宗特設宣政使一職，以酬庸平定李順之亂的內臣王繼恩。九月己未（初十），太宗詔改黃門院為內侍省，以黃門班院為內侍省內侍班院，入內黃門班院為內侍省入內侍班院。宋代內臣的兩省制漸次形成。〔註51〕

〔註48〕 關於至道二年第一次靈州之役始末的分析，可參閱何冠環：《攀龍附鳳：北宋潞州上黨李氏外戚研究》，第二章〈功比衛霍：宋太宗朝外戚名將李繼隆〉，第六節〈轉戰西疆：李繼隆在淳化到至道間的戎馬生涯〉，頁160～175。該役惟一立功的內臣，是靈州駐泊都監竇神寶。李繼遷在至道初再入寇靈州時，竇遣人間道至京師告急。敵兵圍困靈州年餘，而靈州地震達二百日，城中糧盡。他暗中命人出河外購買糧食，夜間運入城中。乘間又引兵出擊，擊敗敵軍，以功拜西京作坊副使。竇神寶又奉命於浦洛河和清遠軍轉運軍糧，與楊允恭（944～999）商議仿造諸葛亮（181～234）的木牛小車三千，運糧至環州。至道三年，遷西京左藏庫副使。後再出使靈州，使還奏對稱旨，即擢為供備庫使。參見《宋史》，卷四百六十六〈宦者傳一‧竇神寶〉，頁13600～13601；《長編》，卷四十二，至道三年九月丙子條，頁880。

〔註49〕 《宋太宗皇帝實錄校注》，下冊，卷八十，頁800～803。

〔註50〕 關於李皇后與王繼恩及其一黨圖謀廢立眞宗、擁立太宗長子元佐的分析與討論，可參閱何冠環：《宋初朋黨與太平興國三年進士》（北京：中華書局，1994年10月），第五章〈暗通宮闈：黨爭與繼位之爭〉，頁31～52。

〔註51〕 《長編》，卷三十六，淳化五年八月癸巳至乙巳條，頁791～793；九月癸卯條，頁796；《宋史》，卷五〈太宗紀二〉，頁95。宰相原本建議授王繼恩以宣徽使，

三、馬不停蹄：秦翰在眞宗前期的戰功

眞宗繼位後，在至道三年四月丁未（十三），詔中外群臣均進秩一等。秦翰當在這時加官爲洛苑使，而內職從入內押班晉爲入內副都知。〔註52〕五月甲戌（十一），首席內臣宣政使王繼恩以陰謀廢立眞宗，被重譴爲右監門衛將軍，均州（今湖北十堰市丹江口市）安置。原來位居王之下的內侍省入內內侍都知、宮苑使李神福，遷皇城使並擢領恩州團練使，成爲秦翰的直屬長官。〔註53〕

眞宗對應否放棄靈州沒有定見，廷臣如勾當審官院田錫（940～1003）、參知政事李至（947～1001）、刑部郎中知揚州（今江蘇揚州市）王禹偁（954～1001）均主張放棄，以集中力量對付北邊遼國的威脅。同年十二月，李繼遷又遣使修貢，願臣服稱藩。眞宗於是再賜他姓名爲趙保吉，授他爲定難軍節度使，賜夏州、銀州、宥州（今陝西榆林市靖邊縣東）、綏州及靜州（今寧夏回族自治區永寧縣南望洪鄉）五州，命已擢爲內侍右班都知的張崇貴齎詔前往銀州賜之，並遣還李的心腹張浦。〔註54〕

但太宗認爲宣徽使乃執政之漸，怎可以授內臣而令他們有權干預政事？太宗於是在昭宣使之上，特設宣政使一職以授王繼恩，並加王順州防禦使。宣政使成爲當時內臣的最高官位。昭宣使、宣政使及後來增置的宣慶使、景福殿使及延福宮使成爲專授高級內臣的班官。另當時擔任竇神興副手的內侍（黃門）押班分別是張崇貴和衛紹欽。

〔註52〕《宋史》，卷六〈眞宗紀一〉，頁104；卷四百六十六〈宦者傳一‧秦翰〉，頁13612。秦翰所擔任的「入內副都知」是入內都知司的副長官，是景德三年二月改制後的入內內侍省副都知的前身。至於洛苑使是北宋前期諸司正使西班第四等的第二階，在內園使下，在如京使及崇儀使之上。秦翰在淳化五年四月以平李繼捧功擢諸司副使的崇儀副使，只需三年而得遷洛苑使，可説是官運亨通。

〔註53〕《長編》，卷四十一，至道三年五月甲戌條，頁865～866；《宋史》，卷四百六十六〈宦者傳一‧李神福〉，頁13605。與王繼恩同貶的大臣，還有原參知政事李昌齡（937～1008）和知制誥胡旦（955？～1034？）。二人均涉及王繼恩廢立之謀。至道三年正月，李神福奉委護理太宗長子楚王元佐夫人馮氏（965～996）喪事時，所領的官職全銜是宮苑使、內侍省入內內侍都知、同勾當皇城翰林司、金紫光祿大夫、檢校司空兼御史大夫、上柱國、隴西郡開國侯、食邑一千户。參見本書第一篇〈《全宋文》前十五冊所收碑銘之宋初內臣史料初考〉第一節「李神福」條，頁6～9。

〔註54〕《長編》，卷四十二，至道三年十一月己巳條，頁889～892；十二月辛丑至甲寅條，頁893～900；《宋史》，卷六〈眞宗紀一〉，頁106。李繼遷其實是玩弄兩面手法，他在至道三年十月入寇靈州，被合河都部署楊瓊擊走後，又遣使修貢。

　　眞宗在翌年（998）正月改元咸平。三月辛巳（廿二），眞宗以李繼遷歸順，遣使諭陝西路守臣，讓綏州、銀州流民還鄉，每家給米一斛。四月壬寅（十四），李繼遷遣其弟李繼瑗入謝。〔註55〕秦翰在這期間，似乎留在內廷供職，沒有被派出使西夏。九月己未（初三），眞宗乳母秦國延奉保聖夫人劉氏（？～998）逝世。眞宗即時臨喪，廢朝三日。擔任入內副都知的秦翰被委護理喪事。〔註56〕

　　西疆方才稍寧，北疆很快又傳來烽火，秦翰又有用武之地。咸平二年（999）七月甲申（初四），眞宗點將抵禦遼軍入寇，名位最高的馬步軍都虞候傅潛（939～1017）為鎮、定、高陽關行營都部署，西上閤門使、富州刺史張昭允（？～1008）為都鈐轄，秦翰則以洛苑使、入內內侍副都知為排陣都監。另萊州防禦使田紹斌為先鋒，崇儀使石普（961～1035）同押先鋒，單州防禦使楊瓊（？～1000後）為策先鋒。己丑（初九），眞宗召知鎮州（今河北石家莊市正定縣）、橫海軍節度使王顯入朝接替剛在六月戊午（初七）病逝的曹彬以樞密使職。癸卯（廿三），宋大軍開赴定州。〔註57〕九月初，宋軍在田紹斌、石普及知保州楊嗣（934～1014）併力作戰下，取得廉良河（約在今河北保定市西北新城區）之役的小勝。此役秦翰似乎沒有參預。〔註58〕

　　眞宗在是年十一月乙未（十六），接受以宰相張齊賢（943～1014）為首的群臣建議，決定在十二月御駕北征。他再次點將：宣徽北院使周瑩（951～

〔註55〕　《宋史》，卷六〈眞宗紀一〉，頁107。

〔註56〕　《宋會要輯稿》，第一冊，〈后妃三‧妃嬪‧乳母〉，頁318；《長編》，卷四十一，至道三年八月己酉條，頁876；卷四十三，咸平元年九月己未條，頁915～916。劉氏在至道三年八月己酉（十七），自齊國夫人封為秦國延壽保聖夫人。咸平元年九月己未（初三）卒。

〔註57〕　《長編》，卷四十四，咸平元年六月戊午條，頁946；卷四十五，咸平二年七月壬午至己丑條，頁955～956。

〔註58〕　《長編》，卷四十五，咸平二年九月壬寅至癸卯條，頁963～964；《宋史》，卷六〈眞宗紀一〉，頁109。宋軍在此役報稱斬首二千級，獲馬五百匹及兵仗鎧甲。關於宋遼廉良河之役，據高颺最近期的研究，因遼名將耶律休哥在咸平元年（遼統和十六年）十二月病逝，代其南京留守之任的梁國王耶律隆慶（973～1016）為了立功，改變耶律休哥對宋和平的政策，主動發兵攻宋。此說可取。高氏據《讀史方輿紀要》「河間府河間縣廉良鎮」及天一閣藏明代《保定郡志》的相關記載，考定這裏的廉良河，當是在保州附近舊有廉頗廟，本名「廉梁」的地方，而不是瀛州城北的廉良鎮。據高氏的考證，宋軍在此役的戰績是殺傷敵二千人，斬首五百人，俘虜一百四十餘人，獲戰馬五百餘匹。參見高颺，〈宋遼瀛州莫州之戰研究〉（未刊稿），頁1～5，特別是頁4注5及注6的考證。

1016）為隨駕前軍都部署，外戚邕州觀察使劉知信（943〜1005）副之；內侍都知楊永遵（？〜1003後）為排陣都監，駙馬都尉、保平節度使石保吉（954〜1010）為北面行營先鋒都部署，磁州防禦使康廷翰（？〜1000後）副之，洺州團練使上官正（933〜1007）為鈐轄。同月戊申（廿九），再命駙馬都尉魏咸信（949〜1017）為貝冀行營都部署。〔註59〕

　　十二月甲子（十五），真宗在樞密使王顯、副使宋湜（950〜1000）隨駕下抵達大名府，但北面行營先鋒都部署石保吉抵大名府後，卻遲遲不進軍。真宗遣使催促，他部行至貝州，遼軍已退卻。真宗將石召還，另命濱州防禦使王榮（947〜1016）為貝冀行營副都部署。懦怯不敢進軍的宋將不止石保吉一人，最教人不滿的是宋軍前軍主帥傅潛，統率八萬大軍屯於定州，諸軍均配置各式武備，準備戰鬥；但他不管緣邊城堡飛書告急，仍下令大軍閉門不出。將校有請戰的都以醜言責備，偏偏樞密使王顯與他同出太宗藩邸，處處包庇，甚至壓下河北轉運使裴莊（938〜1018）的告急奏報。傅潛怯戰，使遼軍如入無人之境：遼軍繼攻破狼山諸寨，又引兵攻威虜軍（後改廣信軍，今河北保定市徐水縣西遂城）、寧邊軍（今河北保定市蠡縣），入祁州（今河北石家莊市無極縣，景德四年遷今河北安國市）、趙州（今河北石家莊市趙縣）大肆劫略，遊騎出邢州（今河北邢台市）、洺州（今河北邯鄲市永年縣東南）間，百姓驚恐，扶老攜幼入城郭逃避，鎮、定路不通者踰月。真宗屢次派人間道促傅潛率定州大軍出師，與諸路軍合擊遼軍。身為三路大軍都監的秦翰與定州行營都部署范廷召、大將桑贊等屢次促傅出軍，但他仍不為所動。范廷召忍無可忍，罵傅潛性怯婦人不如。傅潛不能回答。都鈐轄張昭允也進言，但傅反說遼軍勢大，與之角鬥，會挫傷宋軍銳氣云云。秦翰等聽到這番話，無不扼腕。最後傅潛經不起范的催迫，勉強分兵步騎一萬給范廷召，令他於高陽關逆擊遼軍，並允出軍為援。范、秦、桑等與遼軍血戰，而傅軍始終不至。到真宗命石保吉、上官正從大名府領軍赴鎮、定，與傅軍合擊時，傅仍然按兵不動。〔註60〕

　　傅潛如此觸犯眾怒的愚昧行徑，自然引起宋廷文臣的嚴厲指責與彈劾。集賢學士錢若水（960〜1003）、起居舍人李宗諤（965〜1013）、右司諫孫何

〔註59〕　《長編》，卷四十五，咸平二年十一月乙未條，頁969；《宋史》，卷六〈真宗紀一〉，頁110。

〔註60〕　《長編》，卷四十五，咸平二年十二月甲子條至丁卯條，頁971〜972；《宋史》，卷二百七十九〈傅潛傳〉，頁9473〜9474。

（961～1004）、右正言趙安仁（958～1018）、右司諫梁顥（963～1004）相繼痛劾。〔註61〕傅潛的劣跡，相信秦翰以監軍的身份已向眞宗奏報，他被重譴已是指日可待的事。

　　北邊未寧之際，西川又出亂子。是年十二月底，因益州鈐轄符昭壽（？～1000）治軍無方，知益州牛冕（945～1008）寬馳不能治政事，駐益州的神衛軍卒趙延順（？～1000）率眾圖謀作亂。咸平三年（1000）正月己卯（初一），趙延順攻殺符昭壽，驅逐牛冕，推本軍都虞候王均（？～1000）起事。〔註62〕

　　宋軍在咸平三年正月對遼之戰一勝一敗。首先是在癸未（初五），高陽關都部署、馬軍都虞候康保裔（？～1001後）率部應援范廷召於瀛州西南裴村，然范部失約遁走，結果康軍被遼軍包圍而覆師，康與部將內臣馮從順（967～1023）被俘後降遼。然後在丁亥（初九），范廷召率軍追擊遼軍，至莫州（今河北滄州市任丘市北）東三十里，大破遼軍，報稱斬首萬餘，奪所俘老幼數千，以及鞍馬甲仗無數。此役秦翰立下功勳，他與桑贊從定州率軍來援范廷召。當晚夜二鼓，遼軍再至。范廷召麾下勇將荊嗣（？～1014）認爲遼軍不利夜戰，願意乘夜率軍先攻破其寨，以配合范的大軍合擊。范同意，荊部於是與秦翰和桑贊合軍，令所部向敵軍多有炬火之處併力攻擊，至晨旦擊走遼軍至瀛州。眞宗收到范的捷報，作「喜捷詩」題行宮壁，詔褒獎范以下將校：范加檢校太傅，餘將校賞賜不等。按荊嗣加澄州團練使，秦翰加何官不載，惟他不久徙爲定州行營鈐轄。庸將之尤的傅潛及其副手張昭允在是月乙酉（初七）均被重責，宋廷文臣仍以眞宗不將傅處以極刑而扼腕。〔註63〕

　　眞宗在正月甲午（十六）從大名府返京時，收到王均在西川叛亂的消息，即任命在平定李順之亂有功的戶部使、工部侍郎雷有終（947～1005）爲瀘州觀察使知益州兼提舉川峽兩路軍馬招安巡檢捉賊轉運公事，委以全權平定王

〔註61〕《長編》，卷四十五，咸平二年十二月丙子條，頁972～980。
〔註62〕《長編》，丙子至甲子條，頁980；卷四十六，咸平三年正月己卯條，頁983。
〔註63〕按宋廷還以爲康保裔戰死，事後恩恤康家甚厚。其實康與部將馮從順均被俘而降遼，後來還被遼所重用。過中曲折可參閱本書第三篇〈兩個被遺忘的北宋降遼內臣馮從順與李知順事蹟考〉，頁40～41。又據《宋史‧秦翰傳》所載，莫州東之役宋軍斬首「數萬」，疑是宋人誇大之辭。即便此役所謂斬首萬級，也有誇大之嫌。參見《長編》，卷四十六，咸平三年正月甲申至庚寅條，頁984～988；《宋史》，卷六〈眞宗紀一〉，頁111；卷二百七十二〈荊罕儒傳附荊嗣傳〉，頁9313～9314；卷四百六十六〈宦者傳一‧秦翰〉，頁13612。

均之亂。麾下將校包括御廚使李惠（？～1000）、洛苑使石普、供備庫副使李守倫（？～1000），率步騎八千往討之。另再從北疆調派洺州團練使上官正爲東川都鈐轄，西京作坊使李繼宣（950～1013）爲峽路都鈐轄，崇儀副使高繼勳（959～1036）、王阮並爲益州兵馬都監，供奉官閤門祇候孫正辭（？～1013後）爲諸州都巡檢使。〔註64〕秦翰這時大概隨駕返京。雷有終討王均之戰並沒有預期中的順利，二月丁卯（十九），重奪成都的王均設下圈套，詐開成都城門，雷有終不聽李繼宣的勸告率軍入城，卻爲所敗，迫得退保漢州（今四川德陽市廣漢市），副將李惠及李守倫均戰死。〔註65〕雷有終等苦戰半年，到是年八月終於進軍至成都外，率眾軍合圍。叛軍首領趙延順及丁重萬先後被官軍射殺，但官軍遇上連綿大雨，城滑難攀，而叛軍守城有力，加上盛暑天氣，官軍多染疾。眞宗於是派秦翰以入內副都知爲兩路捉賊招安使，率生力軍協助平亂。秦翰抵成都城下，與雷有終計議，於城北魚橋別築土山，居高臨下，控扼成都。八月底，官軍攻克城北的羊馬城，隨即構設雁翅敵棚，覆蓋攻城的洞車，向成都的羅城進逼。但叛軍仍作困獸鬥，特別在王均的謀主張鍇指揮下，竭力守城，多爲藥箭殺傷官軍。九月甲午（二十），雷有終募死士穴城分兩路以進，幾經辛苦，終於攻陷成都。翌日（乙未，廿一）早上，雷有終與秦翰登上門樓，並下令焚殺涉嫌附逆者數百人，史稱「頗爲冤酷」。秦翰沒有制止雷有終近於濫殺的暴行，實爲失德。〔註66〕

〔註64〕《長編》，卷四十六，咸平三年正月甲午條，頁989；《宋史》，卷六〈眞宗紀一〉，頁111。

〔註65〕《長編》，卷四十六，咸平三年二月癸丑至丁卯條，頁991～994；卷四十七，咸平三年四月甲寅條，頁1010～1011；《宋史》，卷六〈眞宗紀一〉，頁112。

〔註66〕《長編》，卷四十六，咸平三年正月甲午條，頁989；卷四十七，咸平三年八月癸酉至九月丁酉條，頁1024～1026；《宋會要輯稿》，第十冊，〈兵十・出師四・王均〉，頁8798～8799；《宋史》，卷六〈眞宗紀一〉，頁113；卷二百七十八〈雷德驤傳附雷有終傳〉，頁9456～9462。考淳化五年李順亂起時，雷有終受命與裴莊爲峽路隨軍轉運使、同知兵馬事，從峽路進軍。曾在廣安軍（今四川廣安市）擊破李軍，以功授右諫議大夫知益州，亂平改知許州（今河南許昌市）。1973年陝西渭南市郃陽縣（現稱合陽縣）楊家莊鄉大冊村出土雷有終墓誌銘，撰墓銘的是寇準（962～1023）女婿著作佐郎王曙（963～1034）。據墓誌銘所記，雷奉命平王均之職銜爲「瀘州觀察使知成都軍府事兼兵馬鈐轄」，與《長編》所載略有不同。不過墓誌銘對平定王均之役所記甚爲簡略，並無記載苦戰的經過，也不載秦翰在此役中的事蹟。雷有終後來出爲并代都部署。景德之役，他奉命率軍至澶州。宋遼議和後，他以功授宣徽北院使檢校太保留京師。景德二年七月壬戌（十六）卒於京師崇仁坊私第，得年五十

　　雷有終收復成都後，隨即派部將楊懷忠（951～1024）及石普領軍追擊突圍奔富順監（今四川自貢市富順縣）的王均，然後全軍往援。十月初，楊懷忠率先攻入富順監，王均自殺，蜀亂平定。同月乙丑（廿二），宋廷賞功，雷有終加保信軍留後，秦翰等九人均遷秩，秦翰遷一階爲內園使，領恩州刺史。秦翰在這次平定王均之亂的戰事，多有功勞，首先是他化解了諸將的紛爭。他率軍到來成都後，碰上上官正與石普不協，擔心生變，即以言辭化解二人之爭。及至上官正以疾返回東川，問題即化解於無形。據王旦後來所說，不只上官正與石普武將間不和，文臣主帥雷有終與這兩員武臣悍將也不協，也是憑秦翰從中調解，才不出亂子。然後是他立下戎馬之功。攻成都之役，秦翰親自督師擊敵，中流矢而不退。高繼勳攻城受傷，戰馬中矢死時，秦翰又及時率兵來援，迫叛軍退保子城。秦部五戰五捷，最終攻克成都。眞宗接到捷報，即手札勞問。秦翰又繼石普後率部追擊王均，從廣都（今四川成都市南岷江東北岸）進至陵州（即仙井監，今四川眉山市仁壽縣），斬首千餘級，獲馬數千匹。他的功勞不少，故後來頗有宋人爲他僅遷一階而不平。〔註 67〕

九。參見王曙：〈大宋故宣徽北院使起復雲麾將軍檢校太保兼御史大夫上柱國夏陽郡開國侯食邑一千八百戶食實封陸百戶贈侍中雷公墓誌銘〉，載中國文物研究所、陝西省古籍整理辦公室（編）：《新中國出土墓誌‧陝西〔壹〕》（北京：文物出版社，2000 年 10 月），頁 143。

〔註 67〕秦翰自洛苑使僅遷一階爲內園使，不算得上是超擢，卻首度領刺史。嘉祐五年（1060）十一月，殿中侍御史呂誨（1014～1071）針對當時內臣王保信等四人竟獲領遙郡團練使及刺史，便引述秦翰在咸平三年平定王均有功，才遷內園使領恩州刺史的例子，痛言他們四人憑甚麼可授此官。呂誨此言似也爲秦翰這次賞薄而不平。另在徽宗政和八年（1118，即重和元年）五月戊申（廿七），布衣安堯臣上書反對出兵燕雲時，談到祖宗不隨便授官內臣，即引述秦翰平定王均有大功，才不過遙領恩州刺史。又擊殺王均之役，楊懷忠功最大，據新在陝西出土的楊懷忠墓誌銘所記，楊宇國臣，原籍廬州。其父楊捷原仕南唐，降宋後授階州刺史。楊懷忠在太宗初年已出仕授三班使臣。平定王均，起初宋廷所賞不厚，只授他供備庫副使，他上言訴功，眞宗召他入朝，他申訴成功，自供備庫副使超擢爲崇儀使領恩州刺史。他後來再充西川兵馬鈐轄四年，代還後，陞任橫班的西上閤門使，經眞宗東封西祀的恩典，他累遷至引進使，後以疾請歸私第，眞宗授他左羽林大將軍致仕，後卒於天聖二年（1024）五月，年七十四。其墓誌除述其出於南唐的家世外，也就特別表揚他追擊王均餘部於富順監並全殲之功。惟墓誌沒有言及雷有終及秦翰在平王均之役的事功。參見《長編》，卷四十七，咸平三年十月甲辰至乙丑條，頁 1027～1029；卷八十五，大中祥符八年閏六月戊戌條，頁 1939；卷一百九十二，嘉祐五年十一月辛卯條，頁 4649～4650；《宋史》，卷二百八十九〈高瓊傳附高繼勳傳〉，頁 9694；卷四百四十六〈宦者傳一‧秦翰〉，頁 13612～13613；《宋會要輯稿》，第十冊，〈兵十‧出師四‧王均〉，頁 8798～8799；曾

最後值得一談的是，眞宗這次派有武幹的文臣雷有終爲平亂主帥，而且初時並沒有委任內臣爲監軍，那比太宗在淳化五年以內臣王繼恩爲主帥平定李順之亂的做法，要明智得多。到秦翰率援軍到來，一則他名位還要比上官正及李繼宣低，二來他守本份，不但沒有與諸將爭功爭權，還協助雷有終調停上官正及石普的紛爭。秦翰參預平定王均之亂，可說是宋初內臣參預軍事的正面例子。附帶一談，除了秦翰外，眞宗還委任另一內臣崇儀使張繼能同爲川、峽兩路招安巡檢使，但戰功不詳。收復成都後，張繼能被委爲利州（今四川廣元市）招安巡檢。不久召歸。〔註68〕

咸平四年正月辛巳（初八），曾與秦翰多次併肩作戰的宿將殿前都指揮使、河西節度使范廷召病卒。〔註69〕因范的墓誌銘沒有傳世，不知道眞宗有否差遣秦翰爲范護喪。三月甲申（十二），并州、代州（今山西忻州市代縣）都部署、步軍都指揮使高瓊來朝，庚寅（十八），眞宗以他代爲殿前都指揮使，留在京中執掌殿前軍。秦翰在平定王均之戰援救過高瓊長子高繼勳，二人現在又同於朝中供職。〔註70〕

七月己卯（初十），邊臣奏報遼軍又將入寇。眞宗又命將迎敵：名位最高的山南東道節度使同平章事王顯爲主帥，任鎭、定、高陽關三路都部署，軍職最高的馬步軍都虞候、天平軍節度使王超爲副帥充三路副都部署。二人之副將計有殿前副都指揮使王漢忠（949～1002）爲都排陣使，殿前都虞候雲州

棗莊、劉琳（編）：《全宋文》（上海：上海辭書出版社，2006年8月），第一百十冊，卷二三八八〈李之純‧宋穆武高楚王繪像記‧元祐三年〉，頁208；王珪（1019～1085）：《華陽集》，文淵閣《四庫全書》本，卷四十九〈贈太師兼中書令穆武高康王（高繼勳）神道碑銘〉，葉十一下；徐夢莘（1126～1207）：《三朝北盟會編》（上海：上海古籍出版社，1987年10月），卷二〈安堯臣‧乞寢燕雲兵事書‧政和八年五月二十七日〉，葉六下至七上；王明清（？～1203後）（撰），汪新森、朱菊如（校點）：《玉照新志》（上海：上海古籍出版社，1991年2月；與《投轄錄》合本），卷一，頁16。按楊懷忠的墓誌銘由職方員外郎監永興軍鹽稅呼延邈（？～1024後）撰寫，僧惠□書，沙門賜紫德攜篆蓋。參見郭茂育、劉繼保（編著）：《宋代墓誌輯釋》（鄭州：中州古籍出版社，2016年2月），第五一篇，〈皇宋故金紫光祿大夫檢校刑部尚書左羽林大將軍致仕兼御史大夫輕車都尉洪□□□□□□□□户楊府君（懷忠）墓誌銘并序〉，頁124～125。亦載《大宋金石錄》http://blog.sina.com.cn/s/blog_de5296c70101pabk.html。

〔註68〕《宋史》，卷四百六十六〈宦者傳一‧張繼能〉，頁13620。
〔註69〕《長編》，卷四十八，咸平四年正月辛巳條，頁1043。
〔註70〕《長編》，卷四十八，咸平四年三月甲申條，頁1053；《宋史》，卷六〈眞宗紀一〉，頁114。

觀察使王繼忠（？～1023 後）為都鈐轄。稍後真宗又命步軍都指揮使、河西軍節度使桑贊為莫州駐泊都部署。真宗這次委任七員內臣從征，秦翰又榜上有名，以入內副都知與四員勇將保州團練使楊嗣（94～1014）、莫州團練使楊延朗（即楊延昭，958～1014）、西上閤門使李繼宣、趙州刺史張凝（944～1005）並為前鋒（《宋史》作「前陣」）鈐轄，後徙後陣鈐轄。另六名從征的內臣是入內都知宮苑使韓守英、入內副都知閻承翰、供備庫使楊永遵、西京作坊使帶御器械石知顯、內殿崇班張繼勳（？～1010）及內殿崇班岑保正（？～1027後）。韓守英任排陣鈐轄兼高陽關後陣鈐轄，石知顯任高陽關駐泊行營鈐轄，岑保正任押先鋒，楊永遵與張繼勳同任莫州路都監，而閻承翰則負責傳報軍情。〔註71〕

　　宋廷方才全力應付北邊威脅，西疆仍是不寧，表面歸順的李繼遷卻繼續抄劫緣邊部落。為此，真宗在同年八月辛丑（初二）命前任宰相有武幹的兵部尚書張齊賢為涇原等十三州軍的安撫經略使，佐以知制誥梁顥，即日馳騎往西邊，統籌西邊防務。是月丙寅（廿七），當張齊賢尚在路上，李繼遷已開始攻擊清遠軍。九月乙亥（初七），清遠軍失陷。十月，為了應付西邊的戰事，真宗將在北邊的鎮定高陽關前陣鈐轄張凝徙為邠、寧、環、靈、慶等州副都部署，取代被召入朝待罪的楊瓊等。值得注意的是，身為內臣監軍的靈、環、

〔註71〕　按咸平二年十一月，楊永遵以內侍都知隨真宗北征，出任駕前都監。《宋會要輯稿》不記他內侍都知的職位，不知是否已罷內職。這次隨王顯、王超從征的將領，包括出任鈐轄的西上閤門使韓崇訓（952～1007）、擔任押先鋒的如京副使高素，擔任押策先鋒的冀州團練使石普及他的副手六宅副使王德鈞（？～1003 後）。至於莫州一路從征的將領，除了內臣楊永遵及張繼勳外，還有並為北平寨（今河北保定市滿城縣北漕河上）駐泊的馬步軍都軍頭荊嗣、供備庫副使趙彬（？～1005 後）、步軍都軍頭劉光世。真宗又命憲州刺史滄州駐泊副部署陳興兼雄霸路緣界河海口都巡檢使，內殿崇班閤門祇候王汀同之，而以供奉官閤門祇候馮若拙、侍禁閤門祇候劉知訓並為都監。又以霸州防禦使李福（？～1003 後）為鎮州副都部署，作為兼任鎮州都部署王超的副手，以祁州團練使劉用（？～1004 後）為高陽關副都部署，作為兼任高陽關都部署王漢忠的副手；以德州團練使張斌為定州副都部署，作為兼定州都部署王顯的副手。另外，再以南作坊使昭州刺史張旻（後改名張耆，974～1048）為鎮州鈐轄，順州刺史蔚昭敏及供備庫使帶御器械白守素（？～1012）並為定州鈐轄，西京左藏庫使劉廷偉為高陽關鈐轄。參見《長編》，卷四十九，咸平四年七月己卯條，頁 1066～1067；《宋會要輯稿》，第十四冊，〈兵八：出師二・契丹邊〉，頁 8759～8760；《宋史》，卷六〈真宗紀一〉，頁 115；卷四百六十六〈宦者傳一・秦翰、石知顯〉，頁 13613，13626；卷四百六十七〈宦者傳二・韓守英〉，頁 13632。

清遠十州軍都監崇儀使張繼能，因勸止主帥楊瓊全力應援，而留軍慶州，當清遠軍失守，他即負有不可推卸的責任，而被眞宗重譴長流儋州（今海南儋州市西北），至景德二年（1005）才遇赦還。〔註72〕

這年十月底，宋軍在威虜軍附近的羊山，在楊嗣、楊延朗、李繼宣及秦翰的協同作戰下，擊敗遼軍。報稱斬首二萬人，獲其大王、統軍、鐵林、相公等十五人首級并甲馬甚眾。此役秦翰與李繼宣打後陣，接應前陣的二楊。秦翰與李繼宣分爲左右二隊，先壁於齊羅（《宋史・李繼宣傳》作「赤虜」）。待二楊與遼軍大戰於羊山，秦翰就與李繼宣合軍向遼軍發動攻擊，從羊山一直追擊遼軍至牟山谷。眞宗收到捷報，與宰臣商議行賞時，宰相呂蒙正卻說宋軍主力仍在定州，秦翰等前陣先鋒已至威虜軍，說「秦翰等聞寇在西山，勇於先登，率兵而出，遇戎首偕來，殺戮雖多，然違陛下本旨」，奏請暫緩賞典。觀乎呂蒙正之言，秦翰等似乎傷亡不少，所以呂蒙正怪責他們輕進。不過難得打勝，眞宗表示「見寇不俟大陣，前驅陷敵，亦可賞也」。眞宗並且詔北面陣亡將士，官府爲收瘞，並厚恤其家。秦翰等獲得甚麼陞賞，史所未載。該役李繼宣戰功最大，激戰中曾易戰馬三次。又《宋史・秦翰傳》記他生平戰鬥曾負傷四十九創，這次羊山血戰，從上面宋軍傷亡不少的記載來看，恐怕他也有負創。〔註73〕

是年十二月戊戌（初一），眞宗召鎮定高陽關三路副都部署兼鎮州都部署王超回朝，準備派他西征並援救靈州，其遺缺由莫州都部署桑贊替代。秦翰也跟著回朝，卻又馬不停蹄，趕赴西邊。閏十二月甲午（廿七），眞宗命王超爲西面行營都部署，以環慶路駐泊部署張凝副之，而秦翰則任鈐轄，統步騎六萬以援靈州。〔註74〕

〔註72〕《長編》，卷四十九，咸平四年八月庚子至辛丑條，頁1068；八月丙寅條，頁1071；九月庚午至己丑條，頁1072～1073；十月丙午條，頁1075；卷五十，閏十二月戊辰至丁丑條，頁1100～1101；《宋史》，卷四百六十六〈宦者傳一・張繼能〉，頁13620～13621。

〔註73〕《長編》，卷四十九，咸平四年十月甲寅、辛酉條，頁1078～1079；卷五十，咸平四年十一月丙子條至戊寅條，頁1082～1084；《宋史》，卷六〈眞宗紀一〉，頁116；卷三百八〈李繼宣傳〉，頁10146～10147；卷四百六十六〈宦者傳一・秦翰〉，頁13613。這次戰役發生於十月哪一天，記載不詳，李燾曾有所考辨，但仍無法確定。此戰與北面前陣鈐轄張斌在十月甲寅（十六）所奏的長城口之捷是否同一事，亦未能確定。

〔註74〕《長編》，卷五十，咸平四年閏十二月戊辰條，頁1100；甲午條，頁1102～1103；《宋會要輯稿》，第十四冊，〈兵八・出師二・契丹邊〉，頁8760；曾公亮（998～1078）（編）：《武經總要》（北京：解放軍出版社據明金陵書林唐富

　　咸平五年（1002）三月丁酉（初一），王超、秦翰援軍才抵達環州時，李繼遷大軍已攻陷靈州，苦守危城兩年的知州、客省使裴濟（？～1002）戰死。眞宗爲了防範李繼遷入寇，將西征軍派駐緣邊各地，並調動一批守臣：王超及石普徙爲永興軍（即長安，今陝西西安市）駐泊都部署及副都部署；原永興軍駐泊鈐轄康繼英（？～1030 後）徙爲慶州駐泊鈐轄，秦翰任爲環慶、涇原兩路鈐轄兼安撫都監，與早在二月己丑（廿三）徙爲邠寧環慶儀渭州鎮戎軍兩路都部署的王漢忠及鈐轄李允正（960～1011）共事。秦翰到任後，在往後的兩年，率所部按行山外，並召集戎落的酋帥，諭以宋廷恩信。秦翰曾與知鎮戎軍（今寧夏固原市）許均（？～1007）領兵入蕃界，除斬敵外，又獲生口，並招降部眾甚多，據稱共有三千餘帳相率內附。〔註75〕

　　咸平六年（1003）四月丙子（十七），宋軍在北邊又兵敗於望都（今河北保定市望都縣），定州行營副都部署王繼忠力戰被俘，統領鎮、定、高陽關三路兵馬的王超救援不及。〔註76〕六月，眞宗與宰臣李沆（947～1004）商議北邊防務，眞宗認爲時任三路排陣都鈐轄的內臣入內都知韓守英素無執守，主張由「雖無武幹，然亦勤於奉公」的內侍右班副都知閻承翰取代。秦翰若非遠在西邊，眞宗也許會考慮由他出任此職的。

　　眞宗在翌年（1004）改元景德。就在這年正月底，西疆傳來好消息，歸順宋廷的六谷部主潘羅支（？～1004）在西涼府（今甘肅武威市）襲殺眞宗君臣的心腹大患李繼遷。眞宗隨即命熟習西邊軍情的內臣鄜延鈐轄張崇貴招

春刻本影印，1994 年 6 月），〈後集〉，卷三〈方略〉，葉七上（總頁 1269）；《宋史》，卷三百八〈張煦傳〉，頁 10149。眞宗出兵援靈州，又派邠寧環慶路鈐轄兼巡檢安撫都監張煦（948～1020）爲西路行營都監。然而張煦率兵至鎮戎軍時，靈州已陷落，於是復還本任。

〔註75〕　與秦翰在西邊共事的王漢忠與李允正都很快離開：王漢忠在咸平五年七月己亥（初六），被眞宗的藩邸舊人殿直安守忠等奏劾他於西征違詔，以致無功而還，宋廷罷他軍職及兵職，責爲左屯衛上將軍，王不久病卒；李允正則在咸平六年四月前已改任并州兵馬鈐轄，當在咸平五年底前離開西邊。參見《長編》，卷六十一，咸平五年二月丁亥至己丑條，頁 1116～1117；三月甲辰至己酉條，頁 1118；卷五十二，咸平五年七月己亥條，頁 1141～1142；卷五十四，咸平六年四月己丑至五月庚寅條，頁 1191；卷五十六，景德元年四月甲寅條，頁 1233；《宋史》，卷六〈眞宗紀一〉，頁 117；卷四百六十六〈宦者傳一·秦翰〉，頁 13613；《宋會要輯稿》，第十五冊，〈兵二十七·備邊一〉，頁 9184。

〔註76〕　《長編》，卷五十四，咸平六年四月丙子至丁酉條，頁 1190～1193。

降李繼遷子李德明（981～1031）。〔註77〕至於戍守西邊的秦翰，在這年的前半年兩度在西邊立功，雖然擊敗的只是不馴服宋廷的蕃部。二月己巳（十五），秦翰與涇原部署陳興（？～1011後）、知鎮戎軍許均率軍攻擊盤據蕭關（今寧夏中衛市海原縣高崖鄉草場古城），與大蟲、嵬諸族相為唇齒，常抄略宋軍儲的康奴族。宋軍深入其巢穴，斬級數千，焚其廬帳，俘其老幼，獲器畜甚眾。真宗得到捷報，賜詔書褒獎。〔註78〕八月乙卯（初三），秦翰又與涇原部署陳興及秦的真定同鄉、知鎮戎軍的曹瑋，率兵與熟戶折密桑等族，掩擊萬子軍主族帳於鎮戎軍西北的武延鹹泊川，擒俘三百餘人，斬首二百五十三級，虜獲牛馬、器仗三萬一千。敵軍敗走，秦翰等盡焚其廬帳。回軍時又俘斬敵軍殘部，再獲其甚多資畜。真宗詔書嘉獎，賜錦袍、金帶、白金五百兩、帛五百疋予秦翰等人。〔註79〕

就在秦翰再次立功之時，因宰相李沆於七月丙戌（初四）病逝，真宗於八月己未（初七）就擢用藩邸舊臣畢士安（938～1005）為首相，具有文武材能任大事的寇準（962～1023）為次相，王繼英（946～1006）為樞密使，積極備戰，應付遼軍的可能大舉入侵。寇準就任不久，已提出真宗御駕親征至澶州（今河南濮陽市）的構思。〔註80〕

真宗一如以往，委派心腹內臣參預這次軍事行動。閏九月丁卯（十六），真宗命內侍左班副都知閻承翰同制置河北東、西路緣邊事，與莫州部署石普合軍。〔註81〕能征慣戰的秦翰自然是真宗所倚重的，十月癸未（初三），真宗

〔註77〕 《長編》，卷五十六，景德元年正月丙戌條，頁1224；正月壬子至二月戊午條，頁1228～1229；《宋史》，卷七〈真宗紀二〉，頁123～124。附帶一談，當年與李繼遷狼狽為奸的李繼捧也在同年六月庚午（十七）卒。

〔註78〕 《長編》，卷五十六，景德元年二月己巳條，頁1230；四月甲寅條，頁1233；《宋史》，卷四百六十六〈宦者傳一‧秦翰〉，頁13613。

〔註79〕 《長編》，卷五十六，景德元年四月乙卯條，頁1233；卷五十七，景德元年八月乙卯條，頁1251；《宋史》，卷七〈真宗紀二〉，頁124；卷二百五十八〈曹彬傳附曹瑋傳〉，頁8985；卷二百七十九〈陳興傳〉，頁9484；卷四百六十六〈宦者傳一‧秦翰〉，頁13613。考《宋史》秦翰本傳及陳興本傳所記的蕃部名稱為「章埋」，而非「萬子」；曹瑋本傳所記又沒有提及與陳興同時出軍，對此李燾已提出疑問，待考。又曹瑋在二月辛巳（廿七）已調知鎮戎軍。

〔註80〕 《宋史》，卷七〈真宗紀二〉，頁124；《長編》，卷五十六，景德元年七月丙戌至庚寅條，頁1243～1245；卷五十七，景德元年八月己未條，頁1251～1252；八月丁酉條，頁1256～1257。

〔註81〕 《長編》，卷五十七，景德元年閏九月丁卯條，頁1262；癸酉條，頁1266；《宋史》，卷四百六十六〈宦者傳一‧閻承翰〉，頁13611。

召他回朝，其涇原路鈐轄的職位就由環慶路鈐轄張煦（948～1020）代替。秦翰抵京後，同月壬寅（廿二），眞宗又命他乘傳往澶州、天雄軍等處裁制兵要，許他便宜行事；再命他充任駕前西面邢洺路鈐轄，隸邢洺路都部署葛霸（934～1008）麾下，與邢州路部署劉用等統本部與王超的大軍會合於德清軍（今河南濮陽市清豐縣），以張掎角之勢。〔註 82〕早在十月丙戌（初六），遼軍已入寇，在遼聖宗（971～1031，982～1031 在位）及承天蕭太后（953～1009，982～1009 攝政）親自督戰下，大舉進攻瀛州。幸而守將李延渥（？～1017）併力拒守，擊退遼軍，宋軍初戰得勝。〔註 83〕

十一月戊辰（十八），眞宗御駕親征，以外戚山南東道節度使李繼隆爲駕前東面排陣使，馬軍都指揮使葛霸爲副使，西上閤門使孫全照（952～1011）爲都鈐轄，南作坊使張旻爲鈐轄。另以外戚武寧節度使同平章事石保吉爲駕前西面排陣使，步軍都虞候王隱（？～1008 後）爲副使，而秦翰就以入內副都知調爲駕前西面排陣鈐轄並管勾大陣。秦翰受命後，在澶州督促守軍將環城的溝洫疏浚以阻拒遼軍戰馬輕易越過。防禦工事剛竣工，遼騎即出現。據稱秦翰在此役不解甲凡七十餘日，可謂克盡厥職。〔註 84〕

眞宗北征，隨駕的高級內臣除秦翰外，還有內園使李神祐擔任隨駕壕寨使，皇城使入內副都知衛紹欽擔任車駕前後行宮四面都巡檢，抵澶州後，領扈駕兵守河橋。〔註 85〕眾內臣中以秦翰表現最爲突出，他一直在澶州的最前

〔註 82〕《長編》，卷五十七，景德元年閏九月庚申條，頁 1261；閏九月丙子，頁 1269；卷五十八，景德元年十月癸未條，頁 1274；壬寅條，頁 1278；《宋史》，卷四百六十六〈宦者傳一・秦翰〉，頁 13613。

〔註 83〕《長編》，卷五十八，景德元年十月丙戌至十一月辛亥條，頁 1279～1280。

〔註 84〕《長編》，景德元年十一月戊辰條，頁 1282～1283；《宋史》，卷四百六十六〈宦者傳一・秦翰〉，頁 13613。據《續湘山野錄》所載，秦翰與曹瑋受命爲澶州駐泊都監，眞宗詔許他們便宜行事，不用中覆。據說二人商議，認爲眞宗除非不過河，若渡河過橋，澶州北城素不設備，會很危險。於是二人督促士卒，將護城河渠開深開闊，又用枯草覆蓋渠面，不讓遼軍知道護城河渠的深淺。史載曹瑋並未參預澶州之役。不過，這裏記秦翰令軍士開深開闊澶州北城護城河的細節，應該可信。參見文瑩（撰），鄭世剛、楊立揚（點校）：《續湘山野錄》（與《湘山野錄》、《玉壺清話》合本）（北京：中華書局，1984 年 7 月），頁 70。

〔註 85〕《宋史》，卷四百六十六〈宦者傳一・李神祐、閻承翰、衛紹欽、鄧守恩〉，頁 13607，13611，13625，13627。李神祐等無甚戰功，其中閻承翰先在澶州北城，秦遼軍在近，請眞宗不要渡河。在寇準的堅持下，眞宗還是過河到北城去，並命閻馬上架設浮橋。閻給人怯懦無能的感覺。至於從征的低級內臣，除了立下大功的高品周文質外（見下文），還有入內高班鄧守恩，被任爲澶濮都巡檢，在秦翰的麾下。

線統率部隊抵禦遼軍，最值得一提的是，是年十一月甲戌（廿四），宋澶州北城守軍、由內臣高品周文質（？～1026 後）及威虎軍頭張瓌所率領的小部隊，以床子弩伏弩射殺出陣巡視的遼帥蕭撻覽（？～1004），大挫遼軍的銳氣。據宋人所記，周文質守北寨的西面，宋使張皓（？～1008 後）從遼回來，密報遼軍第二天會來襲澶州北城。周文質馬上稟告秦翰和李繼隆作好準備。在李、秦二人的許可及謀劃下，周文質與張瓌率本部佈置伏弩，結果一舉立下奇功。〔註86〕射殺蕭撻覽，功勞最大自然是執行任務的張瓌和周文質，而張皓提供機密情報，也有功勞。作爲主帥的李繼隆和秦翰能果斷地作出獵殺遼軍主帥的行動，自然是功不可沒。仁宗（1010～1063，1022～1063 在位）時大臣胡宿（996～1067）上奏談河北防務，回顧了景德之役，當談到內臣參預其事，就只提到「內臣則秦翰，皆數經戰陣」。這當是對秦翰功勞的肯定。〔註87〕

宋遼雙方在景德元年十二月庚辰（初一）議和，訂立澶淵之盟後，眞宗在同月戊戌（十九）返抵京師。景德二年正月己巳（二十），眞宗繼封賞李繼隆、石保吉、葛霸及王隱等主將之後，再給次一級的孫全照、張旻及秦翰等以戰守之功，加檢校官及封邑。秦翰超擢爲宮苑使，並陞任入內都知，成爲省職最高的內臣之一。秦翰奉命率本部留駐澶州，以防有變。二月戊戌（二十），眞宗詔秦翰在澶州所領之兵，除留下步軍三指揮外，都隨秦翰還朝。秦翰還朝後，於四月底，又向眞宗舉薦貝州驍捷軍都指揮使王贊，稱他壯勇可用。眞宗召見王贊後，陞授他御前忠佐馬步軍副都軍頭。〔註88〕

〔註86〕《宋史》，卷七〈眞宗紀二〉，頁 126；《長編》，卷五十九，景德元年十一月甲戌條，頁 1286～1287；十二月壬午條，頁 1290；卷五十九，景德二年正月甲戌條，頁 1313～1314；沈括（1031～1095）：《長興集》，文淵閣《四庫全書》本，卷十三〈張中允墓誌銘〉，葉三上至三下。究竟張皓的情報來自何處？ 據孟憲玉的研究，很有可能是被俘而降遼的眞宗心腹王繼忠，秘密向張皓透露蕭撻覽的行蹤，讓宋軍射殺蕭，以報家仇國恨。此說雖無有力的佐證，但也不無可能。參見孟憲玉：〈蕭撻覽之死深探〉，《樂山師範學院學報》，第 19 卷第 9 期（2004 年 9 月），頁 90～92。

〔註87〕胡宿：《文恭集》，文淵閣《四庫全書》本，卷八〈論河北邊備事宜奏〉，葉六上至六下。又周文質以功爲眞宗特別召見，並加殿頭高品。

〔註88〕《長編》，卷五十八，景德元年十二月庚辰至戊子條，頁 1288～1293；十二月戊戌條，頁 1297；卷五十九，景德二年正月丙寅、己巳條，頁 1312～1313；二月戊戌條，頁 1318；四月乙巳條，頁 1330；《宋史》，卷四百六十六〈宦者傳一‧秦翰〉，頁 13613。宮苑使是諸司正使西班之首，地位僅次於東班之首的皇城使。秦翰自內園使遷宮苑使，連跳十階，算得上是超擢。又入內都知同時可有數人。當時秦翰在內臣的地位仍在李神福、張崇貴、衛紹欽、韓守英及劉承珪等之下。

景德之役後，宋遼再沒有交鋒，北疆寧靖。秦翰在後一段戎馬生涯再轉到西疆，最後被召入朝，供奉內廷至壽終。

四、老當益壯：秦翰在眞宗朝後期的戎馬及宮中生涯

秦翰在景德二年擢陞入內都知時已年五十四，仍然奔馳疆場，轉往西疆效命。大概在景德二年五月前後，他又出爲涇原儀渭都鈐轄，與長期戍守西邊擔任鄜延都鈐轄的張崇貴，同隸前宰相、鄜延都部署向敏中（949～1020）麾下，爲西疆戰區的最高兵職的內臣武將。秦到任後，以西邊藩籬不固，規度各地要害，開鑿巨塹，計工三十萬。他動用役卒而沒有使用民力，數年功成。〔註89〕

景德三年（1006）二月丁酉（廿四），眞宗重整內臣的機構，正式建立入內內侍省和內侍省。秦翰的內職自此確定爲入內內侍省都知。〔註90〕然而在翌日（戊戌，廿五），景德之役有大功的宰相寇準卻被眞宗罷相，連同在景德二年十月乙酉（初十）、景德三年二月丁亥（十四）先後病逝的首相畢士安和樞密使王繼英，宋廷中樞大換班。〔註91〕眞宗隨即以參政王旦繼任宰相，並擢陞寇準的政敵王欽若（962～1025）及陳堯叟（961～1017）爲知樞密院事。秦翰一方面長期出戍西北，與朝中文臣的權爭無涉，另一方面他是眞宗信任的人，這次中樞人事變故，對他似乎並無影響。

五月辛亥（初十），知府州（今陝西榆林市府谷縣）折惟昌（978～1014）向宋廷上奏，兀泥族大首領得到其從父的密報，稱李德明外托修貢之名，暗中點閱兵馬，準備劫掠邊界。這時秦翰和知鎭戎軍曹瑋也請求出兵討伐李德明。曹瑋更指出趁李德明國危子弱，出兵將他擒捕，收復河外失土，實機不可失。可惜眞宗沒有聽從。曹瑋得到秦翰的支持，爲了防止李德明坐大，同

〔註89〕《長編》，卷六十，景德二年五月癸丑條，頁1338；卷六十一，景德二年九月丁未條，頁1360～1361；《宋史》，卷四百六十六〈宦者傳一·秦翰、張崇貴〉，頁13613，13618～13619；卷四百六十七〈宦者傳二·韓守英〉，頁13632。秦翰出守涇原儀渭都鈐轄年月不詳，據《長編》卷六十，景德二年五月癸丑條，當在景德二年五月前後。又鄜延路都鈐轄原爲昭宣使韓守英，他徙并代路後，其缺由張崇貴補上。

〔註90〕《長編》，卷六十二，景德三年二月丁酉條，頁1388～1389。據景德三年二月丁酉（廿四）詔，內東門都知司、內侍省入內內侍班院併爲入內內侍省，內侍班院改爲內侍省。

〔註91〕《長編》，卷六十一，景德二年十月乙酉條，頁1369～1370；卷六十二，景德三年二月丁亥、戊戌條，頁1387～1390。

月己巳（廿八），親自率領騎兵，從鎮戎軍出石門堡（即塔子嘴，今寧夏固原市黃鐸堡鄉西寺口子），直登天都山（今寧夏回族自治區中衛市海原縣境內），駐宿數天，將擬歸附宋廷的妙娥、延家、熟嵬等三族三千餘帳、共萬七餘人及牛馬數萬盡行內徙。秦翰以曹瑋的上司身份上奏論其功，眞宗即頒詔嘉獎曹瑋，並遣使慰勞來投的蕃部，賜以袍帶茶綵，又授折平族首領撒通格爲順州刺史，充本族都軍主。六月戊戌（廿八），又有葉市、潘、保、薛四族來投鎮戎軍。秦翰即出兵應援曹瑋，接收這批蕃部。李德明再次失掉這批蕃部，於是上書向宋廷投訴。秦翰覆奏眞宗，稱這四族原本是歸附宋朝的熟戶，今次只是返回故居，並非新近招納，李德明投訴的並無理據。眞宗接受秦翰的解釋，且命秦翰與張崇貴移牒回覆李德明，指其申訴無理，並且警誡他不要再侵擾境外。這兩次宋廷在蕃部爭奪戰中取得勝利，曹瑋自然功勞最大，秦翰也功不可沒。〔註92〕

李德明自然心有不甘。七月初，宋廷收到情報，李德明集結諸族兵馬，打算攻略在府州及麟州（今陝西榆林市神木縣）的內屬蕃部。鄜延都部署向敏中向朝廷報告此事。眞宗以秦翰等所轄的涇原路最爲重要，屯兵又多，以往只有鈐轄和都監二員，實在不足應付，於是在七月壬戌（廿二），增置駐泊鈐轄一員，命六宅使、封州刺史李重誨爲之。因向敏中和鄜延副都部署石普的連番上奏，指李德明有所圖謀，眞宗即命秦翰、李重誨和曹瑋一同商議軍情，防範李德明入寇。眞宗特命轉運使一員，專責供應涇原路的軍需；另一方面，又命秦翰負責向西涼府首領、潘羅支弟廝鐸督（？～1015後）諭旨，命他申戒所屬蕃部認眞派遣斥候以防備李德明入寇。〔註93〕

李德明大概知道暫時無法得逞，透過向敏中和張崇貴，多次上表請歸順。張崇貴與秦翰對李德明的態度似乎不同，張主招撫，秦主防範。九月癸卯（初四），眞宗最後仍是採納向、張二人的意見，接受李德明的納款。庚戌（十一），曹瑋再次上言，請出兵接應來投的蕃部伊普才迭三族時，眞宗只肯接受秦翰當日的條件：如係舊熟戶，則依例安置，其餘概不發兵接受。〔註94〕

〔註92〕《長編》，卷六十三，景德三年五月辛亥、己巳條，頁1401～1402，1404；六月戊戌條，頁1409。

〔註93〕《長編》，景德三年七月壬戌條，頁1413；《宋會要輯稿》，第十六冊，〈方域二十一·邊州·西涼府〉，頁9708。

〔註94〕《長編》，卷六十四，景德三年九月癸卯至癸丑條，頁1424～1425。

十月庚午（初一），眞宗授李德明爲定難軍節度使封西平王，給俸如內地。辛未（初二），眞宗以張崇貴招降李德明有功，將他自六宅使、獎州刺史、內侍省右班都知超擢爲皇城使、誠州團練使、內侍省左右班都知。丁丑（初八），再命他爲李德明的旌節官告使，封賞李德明。十一月庚戌（十一），眞宗以西事告一段落，將知永興軍、永清節度使周瑩徙爲邠寧環慶都部署，將鎮守鎮戎軍有功的曹瑋召回京師，加以晉用。眞宗沒有忘記久在西邊，「宣力勤藎」的秦翰，五天後（乙卯，十六），特加秦翰皇城使、入內內侍省都都知。「入內內侍省都都知」一職是爲他特置的。秦翰上表辭讓，但眞宗不許。〔註95〕值得注意的是，眞宗給他所信任的兩員內臣張崇貴及秦翰，授以內臣兩省的最高職位「內侍省左右班都知」和「入內內侍省內侍都都知」，以充任位僅次於都部署的鄜延路都鈐轄及涇原環慶路都鈐轄的兵職高位，其寵任之重可見。

秦翰不以李德明請和而有半點鬆懈，繼續在招納蕃部的事上用力。十二月丙戌（十八），他上奏宋廷，稱當宗族的蕃部葉額實客通來投，請依龐谷、懶家族首領便囑等先例，月賜俸錢。但眞宗認爲他無功不當受祿，而命秦翰自今條具有立功的蕃部以聞，然後給予俸錢。〔註96〕

景德四年（1007）正月甲子（廿六），眞宗往鞏縣（今河南鞏義市）祭陵，二月戊辰（初一），抵西京洛陽（今河南洛陽市）。壬申（初五），大概因內侍史崇貴（？～1012 後）從嘉州（今四川樂山市）使還，奏劾知縣王氏貪濁，而盛稱佐官昭度廉幹，請擢爲知縣。眞宗有感而發，對王旦表示，內臣出使，

〔註95〕　《長編》，卷六十四，景德三年九月丁卯至十月丁丑條，頁 1427～1429；十一月庚戌條、乙卯條，頁 1433～1434；《宋史》，卷四百六十六〈宦者傳一・李神福、李神祐、秦翰、張崇貴〉，頁 13605～13607，13613，13619；卷四百六十七〈宦者傳二・韓守英〉，頁 13632；李攸（？～1134 後）：《宋朝事實》，《國學基本叢書》本（上海：商務印書館，1935 年 4 月），卷九，頁 154。據《宋朝事實》所記，眞宗爲秦翰特置的職位是入內內侍省都都知。《長編》訛作「都知」，脫「都」字。事實上秦翰之前，早有內臣如李神福、李神祐及韓守英等擔任「內侍省入內內侍都知」、「入內都知」、「入內內侍都知」的職位。秦翰所擔任的，就是新置的「都都知」。至於他所加的皇城使，則是諸司正使之首，再遷官便是昭宣使。又秦翰擔任入內都都知的記載，可參見註107。又《事物紀原》卷五〈都知〉條引《宋朝會要》的說法，稱「國初有內中高品都知、押班，今置都都知、副都知，並在景德三年五月云爾。然則其官自宋始也。」按《事物紀原》將都都知之置繫於景德三年五月，疑有誤。當從《長編》及《宋朝事實》。參見高承（？～1085 後）（撰），金圓、許沛藻（點校）：《事物紀原》（北京：中華書局，1989 年 4 月），卷五，頁 283；卷六，頁 342。

〔註96〕　《長編》，卷六十四，景德三年十二月丙戌條，頁 1437。

能訪查善惡，固然可獎；但內臣始終服侍宮禁，不宜議論賞罰。然後又鄭重地指出：「前代內臣恃恩恣橫，蠹政害物，朕常深以爲戒。至於班秩賜與，不使過分，有罪未嘗矜貸，此輩常亦畏懼。」從眞宗這番話可以看出，他雖然委用眾多內臣，包括李神福、劉承珪、張崇貴以及秦翰等擔任要職，但他還是很有分寸，好像太宗一樣常常警惕內臣權位不能過高。〔註97〕三月壬寅（初五），眞宗便讓秦翰碰釘子，教他懂得內臣的權力須受約制。事緣秦翰請眞宗准許他麾下涇原路的內臣走馬承受、入內高班王克讓，前往鎮戎軍後可以同預兵事。眞宗收到奏章後，即批示不准，指出走馬承受只當擔任奏事，不應預聞兵政，並下詔緣邊的走馬承受使臣，不許受部署及鈐轄差領軍馬，以圖功賞。〔註98〕此詔顯然針對秦翰推薦王克讓而下。秦翰大概以爲王克讓才堪任用，卻未想到眞宗不希望主要由內臣充任的走馬承受有過大的權力。

秦翰對李德明始終心懷疑慮，不因他不斷入貢而止。三月癸丑（十六），秦翰又命人將六谷部的蕃書翻譯後呈上眞宗，奏告六谷部不斷爲李德明所侵，略無寧日，現時只好集兵警備。眞宗也明白六谷部潘羅支當日射殺李繼遷，李德明當然志切復仇，阻絕六谷部與緣邊屬戶往來，最終加以併吞。眞宗體會秦的苦心，即命知樞密院事王欽若，將六谷部蕃書抄送一直主管夏人事務的鄜延張崇貴，令他曉諭李德明。〔註99〕

曹瑋在三月乙丑（廿八）以捍邊之功，從西上閤門副使逕陞西上閤門使。六月辛亥（十七），眞宗即以曹瑋出任邠寧環慶都鈐轄，取代庸懦不曉事理的周瑩。因爲向敏中和石普調離鄜延，秦、曹二人加上張崇貴，便又再成爲西邊的最高軍政長官。〔註100〕

據《群書考索》和《玉海》的記載，秦翰在景德四年四月至十一月期間一度返京述職。眞宗在十月曾命他查閱軍器庫，點算各樣武備的數目，以決定要否繼續打造。〔註101〕

〔註97〕 《長編》，卷六十五，景德四年正月甲子至二月壬申條，頁 1443～1445。

〔註98〕 《長編》，卷六十五，景德四年三月壬寅條，頁 1447。

〔註99〕 《長編》，卷六十五，景德四年三月癸丑條，頁 1448～1449。

〔註100〕 《長編》，卷六十五，景德四年三月乙丑條，頁 1449～1450；六月辛亥至癸丑、庚申條，頁 1463～1465。除了周瑩調職外，鄜延路副都部署石普也在六月癸丑（十九）徙爲并代副都部署，稍後鄜延路都部署知延州向敏中也調知河南府（即洛陽）。

〔註101〕 曾鞏（1019～1083）（撰），陳杏珍、晁繼周（點校）：《曾鞏集》（北京：中華書局，1984 年 11 月），卷四十九〈本朝政要策・兵器〉，頁 656；章如愚（？～1205

　　秦翰重返西疆後，又再積極處理蕃部歸順的問題。他雖然一直主張招納蕃部以控扼李德明；不過，他也清楚蕃部中不少人首鼠兩端。十二月丙申（初四），他上奏眞宗，指出鎮戎軍納質院以前有姦猾蕃部以族屬爲人質的，因依照眞宗前詔都已釋放，但有人質名伊特古者，族望最大而兇狠多謀，釋放他只怕後患無窮。秦翰請求將伊特古及其親屬部送京師，並將他們安置遠處軍籍。眞宗考慮需要取信於蕃部，就取折衷的辦法，同意將伊特古安置內地的溫州（今浙江溫州市）。爲了安撫他，賜行裝錢二萬，到溫州後就月給糧錢。至於其家屬，就許回到鎮戎軍，授給田地與糧食，不用同往溫州。〔註102〕

　　眞宗翌年（1008）改元大中祥符，在王欽若、丁謂（966～1037）等主導下，開始了長達十五年的東封西祀的天書鬧劇。眞宗決定這年十月往泰山封禪。四月乙未（初五），眞宗命知樞密院事王欽若、參知政事趙安仁並爲封禪經度制置使，首席內臣宣政使李神福相度行營道路，籌備東封事宜。戊戌（初八），又委親信內臣皇城使劉承珪與龍圖閣待制戚綸（954～1021）、崇儀副使謝德權（？～1010後）計度封禪發運事。丙午（十六），再命劉承珪及入內副都知藍繼宗在皇城西北天波門外建造昭應宮以奉天書。〔註103〕擾攘多月，到九月己巳（十二），眞宗在出發前，又特委殿頭高品周文質提舉陝西賊盜事，並諭他便宜控制關右或乘機起事的惰民，還准許他有警急時，可以調用鄜延及鳳翔守兵。這時秦翰請求扈從眞宗東封泰山，但眞宗不許，並下手詔諭以西邊委任之重。十月庚戌（廿三），眞宗登泰山封禪。隨駕的高級內臣計有李神福、李神祐和藍繼宗等。十二月癸卯（十七），東封事畢，群臣覃恩陞遷。甲辰（十八），眞宗又特增宣慶使一職以酬獎隨駕有功的宣政使李神福。其他有功的內臣，劉承珪、張崇貴及秦翰均自皇城使遷昭宣使，稍次一級的張繼

後）：《山堂先生群書考索》，文淵閣《四庫全書》本，〈後集〉，卷四十三〈兵器〉葉十五下至十六上；王應麟（1223～1296）：《玉海》，（上海：上海書店據清光緒九年浙江書本刊本影印，1988年3月），卷一百五十一〈兵制・開寶弓弩院〉，葉四十二上至四十三上（頁2780～2781）。秦翰查察軍器庫的年月，據曾鞏所記，是在「景德中」，章若愚則記在「景德四年」，而王應麟則明確記在「景德四年十月」。秦翰在是年三月前及十二月後均在西疆上奏，他應不在京師。

〔註102〕《長編》，卷六十七，景德四年十二月丙申條，頁1510。關於北宋西北邊疆納質院的研究，以及宋政府對蕃部徵人質的原因，可參閱任樹民：〈北宋西北邊疆質院、御書院略考〉，《西北民族研究》第21期（1997年），頁114～118；及陳金生：〈北宋向吐蕃徵質及其原因探析〉，《西藏民族學院學報》（哲學社會科學版），第29卷第2期（2008年3月），頁26～29。

〔註103〕《長編》，卷六十八，大中祥符元年四月辛卯至戊戌條，頁1530～1532；四月丙午條，頁1534。

能加東染院使，藍繼宗加供備庫使。〔註104〕總之，眞宗這次東封，動用大小內臣多人，不論隨駕與否，均霑恩受賞，人人陞官，比起秦翰等當年血戰沙場，功勞要來得容易多了。

大中祥符二年（1009）二月己丑（初三），眞宗進一步確定中下級內臣的職稱：入內內侍省內供奉官爲內東、西頭供奉官，殿頭高品爲內侍殿頭，高品爲內侍高品，高班內品爲內侍高班，黃門爲內侍黃門，共六等，並冠上本省之號。初補職的稱小黃門，經恩遷補的爲黃門。內侍省的供奉官、殿頭、高品、高班、黃門都依照入內內侍省的制度。就在內臣制度確定的翌日（庚寅，初四），宋宮的內臣管理層卻來一次大換班：入內內侍省都知李神祐和石知顒，入內副都知張景宗及藍繼宗四人罷職。肇因東封霑恩，內臣不論扈從登山或不登山及不在從祀之列的，眞宗都命李神祐等按其勞績而遷敍。入內供奉官范守遜、史崇貴、皇甫文、張廷訓初時並遷內常侍，但他們卻多次向眞宗泣訴李神祐等論功不公。眞宗大怒，將四人停官，也盡罷李神祐等四人都知、副都知職，改任先前佐曹利用（971～1029）平定宜州（今廣西河池市宜州市）之亂有功的張繼能爲入內內侍省副都知，代掌省事。〔註105〕眼見內臣的管理層出現人事問題，眞宗大概這時已開始考慮召還在外的兩省都知包括秦翰及張崇貴等回朝掌管省務。本來張崇貴在是年上言，以離鄉日久，請歸葬父母。眞宗於是將他自鄜延召還。張崇貴返京師後，表示願意留在京師供職；但眞宗權衡利害得失，覺得繼續由熟悉邊事要的張崇貴鎮守鄜延較好。十二月丙申（十六），張以昭宣使、誠州團練使、內侍左右班都知擔任鄜延路都鈐轄並提舉榷場。眞宗又許他每年來京師奏事，別賜公用錢二百萬以寵之。〔註106〕

〔註104〕《長編》，卷七十，大中祥符元年九月己巳條，頁 1562；十二月癸卯至甲辰條，頁 1581；卷七十一，大中祥符二年正月己卯條，頁 1590；《宋史》，卷四百六十六〈宦者傳一・李神福、李神祐、劉承規、秦翰、張崇貴、張繼能〉，頁 13606～13608，13613，13622；卷四百六十七〈宦者傳二・藍繼宗〉，頁 13633；《宋會要輯稿》，第二冊，〈禮二十二・封禪〉，頁 1124～1128。

〔註105〕《長編》，卷七十一，大中祥符二年二月己丑至庚寅條，頁 1593；《宋史》，卷四百六十六〈宦者傳一・李神祐、張繼能、石知顒〉，頁 13607，13621～13623，13626。張繼能在王均之亂被重譴流儋州，景德二年遇赦還京。景德四年，宜州軍校陳進作亂，眞宗命曹利用率兵平亂，張繼能從征立功。

〔註106〕《長編》，卷七十二，大中祥符二年十二月丙申條，頁 1644～1645；卷七十四，大中祥符三年七月乙未條，頁 1681；《宋史》，卷四百六十六〈宦者傳一・張崇貴〉，頁 13619。據《長編》所載，大中祥符三年七月擔任鄜延路都鈐轄的還有宿將李繼昌（948～1019）。

　　真宗留張崇貴在西疆，就召秦翰回朝執掌入內內侍省。大概真宗考慮有曹瑋在環慶一路，就放心調回秦翰。秦翰回朝的年月不詳。首席內臣宣慶使李神福在大中祥符三年（1010）四月逝世，真宗很有可能就在此時召還秦翰，執掌宮中事務，兼任群牧副使。四月辛亥（初二），駙馬都尉石保吉卒於京師豐義坊私第，真宗派遣秦翰半夜出宮，護理石的喪事。〔註107〕

　　這年八月戊申（初二），真宗繼東封後，又準備西祀汾陰（后土所在，今山西運城市萬榮縣榮河鎮西南廟前村北古城）。他命知樞密院事陳堯叟主其事，參預其事的內臣有昭宣使劉承珪、西京左藏庫使張景宗（？～1022 後）及供備庫使藍繼宗：劉任計度轉運事，張景宗與藍繼宗負責修建行宮及道路。有鑑於李德明又率部出大里河築柵，而蒼耳、平興、永平界蕃部又相劫殺。恐怕西邊不寧，真宗在戊午（十二），將之前徙往鎮定路的曹瑋調回涇原路。再因張崇貴的上奏，真宗同意在鄜延、環慶及涇原路增加兵馬，確保西祀汾陰時西疆不出亂子。真宗仍然放心不下，因夏州屬戶擾亂邊境，他在八月乙丑（十九）再派秦翰齎詔書及茶藥往汾陰慰勞陳堯叟等後，順道前往西邊巡察。秦翰獲得調兵全權，真宗詔命鄜延、環慶、涇原路部署司配合，得到秦翰移文便立即發兵接應。戊辰（廿二），真宗命秦翰爲河西兵馬鈐轄，前往河西視察。秦翰抵達後，見蕃落安堵如舊，乃令各路宋軍不必出師。任務完成後，秦翰隨即馳驛趕返汾陰行在，以迎接真宗到來。十二月戊辰（廿四），真宗命簽署樞密院事馬知節（955～1019）爲行宮都部署，客省使曹利用及秦翰以及入內都知鄧永遷（？～1014）等並爲行宮使。〔註108〕

　　大中祥符四年（1011）正月癸巳（十九），秦翰從西邊抵行在，真宗即命他都大提舉行在御廚、翰林、儀鸞司。凡行在諸司細務，真宗悉令秦翰裁決，不須覆奏。丁酉（廿三），真宗從京師出發赴汾陰。二月癸丑（初九）抵河中

〔註107〕《長編》，卷七十三，大中祥符三年三月癸卯條，頁 1660；四月壬子條，頁 1662；《宋史》，卷四百六十六〈宦者傳一‧李神福、秦翰〉，頁 13613；《宋會要輯稿》，第四冊，〈儀制十三‧內侍追贈‧贈觀察使〉，頁 2570；《全宋文》，第十冊，卷一九九〈李宗諤二‧石保吉神道碑〉，頁 72～73。秦翰當時的全銜爲昭宣使、入內內侍省內侍都都知、恩州刺史。又曹瑋擔任環慶路鈐轄，直至大中祥符三年三月才徙往鎮定路。

〔註108〕《長編》，卷七十四，大中祥符三年八月戊申條，頁 1682；八月戊午、癸亥條，頁 1684；八月己丑條，頁 1686；《宋會要輯稿》，第三冊，〈禮二十八‧祀汾陰北郊〉，頁 1289，1291；第五冊，〈職官四‧尚書省‧行在諸司〉，頁 3115。秦翰任行宮使所帶職銜仍爲入內都都知，位在鄧永遷之上。

府（今山西運城市永濟市西），辛酉（十七）抵汾陰祀后土。壬戌（十八）以大禮成，大赦天下，文武百官俱獲陞遷。四月甲辰（初一），眞宗一行返抵京師。壬申（廿三），眞宗行正月壬戌（十二）赦書之賞，秦翰加領平州團練使。〔註109〕

五月戊戌（二十），眞宗命內客省使曹利用爲鄜延部署，取代老病的李允正。八月，久守西邊的內臣張崇貴卒於鄜延路都鈐轄任上。〔註110〕這次眞宗大概以曹瑋及曹利用均在西邊，就沒有再調動年已花甲的秦翰出守西邊，代替張崇貴。

大中祥符五年（1012）宋宮最大的兩宗盛事，首先是眞宗最寵愛的劉修儀（即章獻劉太后，970～1033，1022～1033攝政）在五月戊寅（十一）被冊爲德妃。九月，眞宗諮詢宰執大臣的意見後，於十二月丁亥（廿四）正式冊劉德妃爲皇后。〔註111〕另一件大事爲十月壬寅（初八），眞宗君臣又稱夢見神人傳玉皇之旨。同月戊午（廿四），所謂趙氏始祖的聖祖九天司命上卿保生天尊降於延恩殿，並授眞宗天書。己未（廿五），眞宗大赦天下。閏十月丁卯（初三），眞宗命王旦等五名宰執大臣往太廟躬謝祖宗，展開第二輪東封西祀的序幕。〔註112〕在這兩宗宮廷大典中，身爲入內內侍省主管的秦翰，沒有記載他有何特別的表現，大概只是依眞宗之意辦事，沒有得到特別的嘉獎。相較之下，最得眞宗寵信的首席內臣宣政使、應州觀察使劉承珪，在這年十二月甲

〔註109〕《宋史》，卷八〈眞宗紀三〉，頁147～148；《宋史》，卷四百六十六〈宦者傳一・秦翰〉，頁13613；《長編》，卷七十五，大中祥符四年四月甲子至丙寅條，頁1720；《宋會要輯稿》，第三冊，〈禮二十八・祀汾陰北郊〉，頁1292；第五冊，〈職官四・尚書省・行在諸司〉，頁3116。按《宋會要・職官四・尚書省・行在諸司》記秦翰在正月己丑（十五）都大提舉各行在諸司。

〔註110〕《長編》，卷七十五，大中祥符四年正月甲午條，頁1708；五月癸巳條，頁1722；卷七十六，大中祥符四年六月甲子條，頁1727；《宋會要輯稿》，第四冊，〈儀制十三・內侍追贈・贈觀察使〉，頁2570；《宋史》，卷四百六十六〈宦者傳一・張崇貴〉，頁13619。考《宋史・張崇貴傳》、《宋會要・儀制十三》及《長編》卷七十五大中祥符四年正月甲午條注均以張崇貴歿於大中祥符四年八月。但不知爲何，《長編》卷七十五，大中祥符四年六月甲子條，卻記張崇貴子張承素向眞宗請求爲其亡父立碑，似乎將張崇貴逝世繫於是年六月。

〔註111〕《長編》，卷七十七，大中祥符五年五月戊寅條，頁1765；卷七十八，大中祥符五年九月戊子條，頁1786～1787；卷七十九，大中祥符五年十二月丁亥條，頁1810。

〔註112〕《長編》，卷七十九，大中祥符五年十月戊午、閏十月丁卯、己巳條，頁1797～1800。

子（初一），因修玉清昭應宮有功，獲眞宗恩授特置的景福殿使，並加官爲新州觀察使。〔註113〕

　　這裡值得一談的，是秦翰擔任入內內侍省都都知的管理成績。從下面幾件事情看來，他馭下似乎恩多而威少。好像在大中祥符五年二月，他便爲手下求恩轉官職。以他爲首的入內內侍省上言，請將前行費遜依從陳瑩的前例轉職。眞宗表示陳瑩是太宗任開封府尹時的日宅庫前行，故此特補爲殿直，費遜不應援引此例。眞宗並且申誠，入內內侍省只有前後行曹司名目，以後不得別置勾押官。秦翰這次爲手下求陞遷，沒想到會遭到拒絕。〔註114〕秦翰馭下不嚴，這一年後半年他的手下連續發生幾宗違法被責事件：首先是九月壬申（初七），高班朱咸因違制與富民飲食，被杖責並發配爲西京內品。十一月辛丑（初八），內侍楊懷恩被指妄言家婢搬弄讒言，弄至父母有意分居。眞宗以他生事，將他責配唐州（今河南南陽市唐河縣）。稍後，又有人投訴入內內侍省遣親事卒伺察倉廩，乘機向管事者索取財物。眞宗得報即下令開封府捕劾，予以嚴懲。〔註115〕

　　秦翰作爲入內內侍省最高的主管，手下內臣犯法，他實難辭管治不嚴的責任。大概有見他治軍較治省事稱職，眞宗在大中祥符六年（1013）三月甲辰（十三），親撰〈內侍箴〉一篇賜兩省長官閻承翰及秦翰等。閻承翰上表請刻石本省，相信秦翰也會在入內內侍省內照辦。〔註116〕

　　這年七月，眞宗寵信的首席內臣景福殿使劉承珪病卒，〔註117〕秦翰依次成爲名位最高的內臣。同月丁巳（廿七），眞宗接受群臣請求，同意不日駕幸亳州（今安徽亳州市）謁太清宮。八月庚申（初一），眞宗下詔來春親謁亳州太清宮，祭祀老子以下道教諸仙。辛酉（初二），眞宗以參政丁謂爲奉祀經度制置使，翰林學士陳彭年（961～1017）副之；另仿效祭汾陰之制，

〔註113〕《長編》，卷七十九，大中祥符五年十二月甲子條，頁1806～1807。

〔註114〕《長編》，卷七十七，大中祥符五年二月丙寅條，頁1758。

〔註115〕《長編》，卷七十八，大中祥符五年九月壬申條，頁1784；卷七十九，大中祥符五年十一月辛丑至癸卯條，頁1804。

〔註116〕《長編》，卷八十，大中祥符六年三月甲辰條，頁1820。

〔註117〕《長編》，卷八十一，大中祥符六年七月丙申條，頁1839；《宋史》，卷四百六十六〈宦者傳一‧劉承規〉，頁13609；《宋會要輯稿》，第四冊，〈儀制十三‧內侍追贈‧內侍贈兩官〉，頁2569。按七月丙申（初六）劉承珪以病求罷，同月卒，惟辛日不詳。眞宗贈劉鎮江軍節度使，諡忠肅。

差派各使負責各種準備工作。〔註118〕劉承珪故世，由內臣負責的祭祀太清宮的工作，就落在秦翰的肩上。《宋史‧秦翰傳》輕輕一句「奉祀亳州，掌如汾陰」，〔註119〕容易教人忽視這其實是一件不易爲的苦差。

十月甲戌（十六），龍圖閣待制孫奭（962～1033）上疏反對眞宗再祠太清宮，但改變不了眞宗的決定。十二月丙寅（初九），眞宗任命出巡後京師及大內的留守職務：兵部尚書寇準權東京留守，位次於秦翰的內侍都知閤承翰爲都大管句大內公事。己巳（十二），眞宗再委出扈從的官員名單，內臣扈駕的除秦翰外，還有入內都知鄧永遷，二人並爲行宮使。此外，洛苑使張景宗、內侍右班副都知竇神寶負責整肅行在禁衛，另外入內副都知張繼能也命爲天書扶侍都監。眞宗又特命秦翰與昭宣使趙承煦與樞密院諸房副承旨尹德潤（？～1017 後）提舉往來頓遞事。〔註120〕

大中祥符七年（1014）正月壬寅（十五），眞宗與以宰相王旦爲首的群臣從京師出發，庚戌（廿三）抵亳州，甲寅（廿七）從亳州啓程返京，二月丙寅（初十）返抵京師，歷時前後近兩個月。三月戊戌（十三），眞宗以奉祀之勞給丁謂以下進秩，但未載秦翰等陞遷的情況。〔註121〕

六月乙亥（廿一），樞密使王欽若、陳堯叟因在平蠻有功的內臣王懷信（？～1025 後）賞功事上與樞密副使馬知節在眞宗前爭執，三人全被罷免。眞宗

〔註118〕《長編》，卷八十一，大中祥符六年七月丁巳條，頁 1843；八月庚申至辛酉條，頁 1844。

〔註119〕《宋史》，卷四百六十六〈宦者傳一‧秦翰〉，頁 13613。

〔註120〕《長編》，卷八十一，大中祥符六年十月甲戌條，頁 1850～1851；十二月丙寅條，頁 1854；卷八十三，大中祥符八年七月丁丑條，頁 1893；《宋會要輯稿》，第三冊，〈禮五十一‧徽號‧朝謁太清宮〉，頁 1882；第五冊，〈職官四‧尚書省‧行在諸司〉，頁 3116；《宋史》，卷四百六十六〈宦者傳一‧閤承翰、張繼能〉，頁 13611～13612，13623；卷四百六十七〈宦者傳二‧藍繼宗〉，頁 13633。考《宋會要‧禮五十一‧徽號‧朝謁太清宮》條詳細記錄寇準以下文武官員留守的名單，又記閤承翰的官職爲內侍都知，而非《長編》祥符六年十二月甲寅條所記的入內都知。（《長編》大中祥符八月丁丑條仍以閤承翰爲內侍都知）。按《宋史‧閤承翰傳》記閤授入內都知在大中祥符七年以後，而《宋會要輯稿》記他在七年十一月辛時官入內都知，可知閤在七年八月後曾遷入內都知，並非《長編》卷八十一所記在六年十二月已遷官。另眞宗還委任內臣崇儀使藍繼宗、入內押班周懷政、內殿崇班周文質同管句大內公事，爲閤承翰之佐。

〔註121〕《長編》，卷八十二，大中祥符七年正月壬寅至二月辛酉條，頁 1862～1865；三月戊戌條，頁 1867。

復用寇準爲樞密使，並召回知鎮州王嗣宗（942～1019）、鄜延都部署曹利用回朝擔任樞密副使，徙涇原儀渭鎮戎軍路鈐轄張繼能爲鄜延都鈐轄，代替曹利用。當張崇貴卒，秦翰召入，張繼能成爲眞宗信任守西邊的內臣。〔註122〕

這年十一月，秦翰手下兩員入內都知閻承翰和鄧永遷先後逝世。〔註123〕秦在入內內侍省最得力的助手是眞宗日漸寵信的入內押班周懷政（979？～1020），許多與天書奉祀有關的差使，眞宗都委他辦理。〔註124〕

大中祥符八年（1015）正月壬午（初一），眞宗率群臣往復修的玉清昭應宮拜祀，並大赦天下，詔內外文武官任職滿三年者，有司考課以聞。〔註125〕這次是秦翰參預的最後一次大典。

四月壬戌（十三），寇準再被罷樞密使，而寇的政敵王欽若及陳堯叟隨即復任樞密使。〔註126〕這裡值得一談的是，文臣之間的鬥爭，秦翰都能置身事外，不像劉承珪那樣與王欽若及丁謂等狼狽爲奸，被時人稱爲「五鬼」。〔註127〕是月壬申（廿三），眞宗幼弟榮王元儼（985～1044）宮失火，延燒至大內多處。眞宗即命丁謂爲大內修葺使，而以殿前都指揮使曹璨（950～1019）、馬軍副都揮使張旻及秦翰，並爲同管勾修葺公事。秦翰在忙於修葺大內工作之餘，仍不忘本省的事務，特別是爲手下爭取恩典。五月庚辰（初一），他又上奏請權賜內臣端午節的時服，請求得到眞宗批准。〔註128〕辛勤工作一月多，至六月壬子（初四），丁謂奏上眞宗，大內諸殿修葺畢功。眞宗還未賞

〔註122〕　《長編》，卷八十二，大中祥符七年六月乙亥條，頁1882～1883；卷八十三，大中祥符七年十一月乙未條，頁1902；《宋史》，卷四百六十六〈宦者傳一・張繼能〉，頁13623。

〔註123〕　《宋會要輯稿》，第四冊，〈儀制十三・內侍追贈・贈觀察使・贈防禦使〉，頁2570～2571。考鄧永遷在七年十一月以皇城使入內內侍省內侍都知、恩州團練使卒，宋廷追贈宣州觀察使。閻承翰亦在同月以南作坊使獎州團練使入內內侍省內侍都知上卒，追贈懷州防禦使。

〔註124〕　《宋史》，卷四百六十六〈宦者傳一・周懷政〉，頁13615；《長編》，卷八十三，大中祥符七年十二月壬戌條，頁1906；卷八十四，大中祥符八年正月丁酉條，頁1914。

〔註125〕　《長編》，卷八十四，大中祥符八年正月壬午條，頁1911。

〔註126〕　《長編》，卷八十四，大中祥符八年四月壬戌條，頁1922～1925。

〔註127〕　《長編》，卷七十八，大中祥符五年九月戊子條，頁1788。

〔註128〕　《長編》，卷八十四，大中祥符八年四月壬申條，頁1927；五月辛巳條，頁1928；《宋會要輯稿》，第五冊，〈瑞異二・火災〉，頁2640～2641；第十五冊，〈方域一・東京雜錄〉，頁9273；《宋史》，卷四百六十六〈宦者傳一・秦翰〉，頁13613～13614。

功，秦翰卻在閏六月戊戌（二十），在內庭之廨所暴卒，似乎是中風，得年六十四。秦翰卒時最高的官位是昭宣使、平州團練使、入內內侍省內侍都都知。〔註129〕

眞宗聞知其死訊，甚爲悼惜，爲之泣下，特贈他貝州觀察使，賻襚加等。大內修竣完全畢功，眞宗又賜秦翰家人襲衣和金帶。大中祥符九年（1016）正月己未（十四），再加贈他彰國軍節度使。眞宗又命翰林學士楊億爲秦翰撰寫碑文，可惜碑文未有傳世。〔註130〕

秦翰有內臣養子一人，名秦懷志（？～1023後），官至內殿崇班。懷志生平事蹟不詳，《宋會要輯稿》錄有他兩條事蹟，其一是記在乾興元年（1022）十一月，宗正寺上言當時官入內供奉官的秦懷志自陳，先前奉差勾當后廟兼充本廟宮闈令。秩滿，就請酬獎。詔特與遷一資。大概秦懷志這時遷官內殿崇班。其二是記在天聖元年（1023）七月丙戌（廿四），秦懷志以內殿崇班，與白仲達奉命修築京師的新舊城牆。〔註131〕

五、結論

被視爲宋初內臣楷模的秦翰，從太平興國四年參預對遼滿城之戰，到大中祥符三年召回京師執掌禁省，除了數次短暫奉召回朝外，前後在西北兩邊三十多年。他身經百戰，屢立戰功，不愧爲宋初的內臣名將。秦翰自入宋廷以來，即得到太宗，特別是眞宗的賞識，死時眞宗且爲之泣下。眞宗對宰相王旦公開表揚秦翰，稱許他許多優點，包括「盡忠國家，不害人，亦不妄譽人」，所以秦翰每有陳奏，都得眞宗重視。眞宗又對王旦言及秦翰在太宗朝，曾自薦捨命前往刺殺李繼遷，故太宗已甚欣賞其忠。眞宗又提到秦翰守邊，

〔註129〕《長編》，卷八十四，大中祥符八年六月壬子條，頁 1931；卷八十五，大中祥符八年閏六月戊戌條，頁 1939；卷一百三十二，慶曆元年五月壬戌條，頁 3124；《宋史》，卷四百六十六〈宦者傳一·秦翰〉，頁 13614。宋廷在仁宗慶曆元年五月壬戌（十四），將入內內侍省內侍都都知的班次比景福殿使。秦翰在世時，他仍位在帶景福殿使如劉承珪之下。

〔註130〕《長編》，卷八十五，大中祥符八年閏六月戊戌條，頁 1939；《宋會要輯稿》，第四冊，〈儀制十二·再贈官〉，頁 2564；〈儀制十三·內侍追贈·贈觀察使〉，頁 2570。

〔註131〕《宋史》，卷四百六十六〈宦者傳一·秦翰傳〉，頁 13614；《宋會要輯稿》，第六冊，〈職官二十·宗正寺〉，頁 3565；第十五冊，〈方域一·東京雜錄〉，頁 9273。

邊臣有驕傲自任，難與人謀事的，秦翰都能馴服，因他對人推誠坦直，言無枝葉，所以眾人都願意聽從他的意見。眞宗尤其欣賞他的爲人，當劉承珪死時，秦翰爲劉說話，指出因爲劉做事不避眾怨，故此與他不和的人，就會在他死後加以謗言，他請眞宗不要聽信這些不實言詞。本來眞宗就深深寵信劉承珪，聽了秦翰爲劉辨解的話，就更加嘉許秦是不可及的長者。〔註132〕

　　王旦也對秦翰有很高的評價，卻不是爲了附和討好眞宗。王旦的看法大概可以代表當時士大夫對秦翰的評價。王旦稱許秦翰「廉謹謙下，人多推其長者」，又指當年雷有終在西川平定王均之亂時，與上官正和石普不和，全賴秦翰爲之調解，不然就會出事。王旦的至交楊億對秦的態度，也反映當時文臣對秦翰的敬佩。當楊奉命爲秦翰撰寫碑文，就以秦翰廉潔，不蓄家財，而不收取應得的筆金，以表尊敬。〔註133〕仁宗慶曆元年（1041）五月，秦翰死後二十六年，左正言孫沔（996～1066）因論內侍別立主司的問題，而談到眞宗當年立「內臣箴」的意義。孫特別引述「是以先朝秦翰等數人履行端謹，節義深厚，心皆好善，意不害人，出則總邊方之寄，歸則守內庭之職，俾之兼領，亦不侵官，止守使名，終無殊命」。在孫沔的眼中，秦翰無疑就是文臣心目中的內臣典範。〔註134〕

　　秦翰在武人當中也享有很高的評價。一方面秦翰倜儻有武功，有方略。他一生戰鬥勇猛，負創四十九處，群帥都推崇他勇敢。另一方面，如上面所引眞宗和王旦對他的看法，他個性溫良謙謹，待人以誠，從來不以欽差中使監軍的身份欺壓諸將，故此群帥有剛狠不和如上官正、石普等，秦翰都得到他們的信任及歡心，而聽取他的調解。更重要的是，秦翰善待部下，輕財好施，所得俸賜多均給將士外，又能與將士同甘苦，故此能得眾心，樂爲所用。據稱他逝世時，禁旅有泣下的。〔註135〕

〔註132〕　《長編》，卷八十五，大中祥符八年閏六月戊戌條，頁1939。

〔註133〕　《長編》，卷八十五，大中祥符八年閏六月戊戌條，頁 1939。楊億擬辭卻秦翰家所贈筆金時，眞宗不許，仍要楊億接受，時論都稱美楊億。

〔註134〕　《長編》，卷一百三十二，慶曆元年五月壬戌條，頁3125～3126；趙汝愚（1140～1196）（編），北京大學中國中古史研究中心（校點整理）：《宋朝諸臣奏議》（上海：上海古籍出版社，1999年12月），卷六十一〈百官門・內侍上〉〈孫沔・上仁宗論都知押班不可升於閤門引進之上・慶曆元年上〉，頁668。

〔註135〕　《長編》，卷八十五，大中祥符八年閏六月戊戌條，頁 1939；《宋史》，卷四百六十六〈宦者傳一・秦翰傳〉，頁13614；《東都事略》，卷一百二十〈宦者傳・秦翰〉，葉二下（總頁1852）。本文初刊時的一位匿名審稿人提出，好像

秦翰與內臣關係也很好，除了上文提到他爲劉承珪辨謗外，他長期擔任入內內侍省的長官，一直都爲屬下謀求恩典。當然，他的管理不無寬鬆之嫌。

從君相、文臣、武臣以至內臣眼中去看，秦翰無疑是教人敬佩的模範內臣，他能文能武，在沙場奮勇殺敵，負傷累累；在內廷辦事，克盡厥職，而本人輕財好施，廉謹奉公，並保護同僚，照顧下屬。更重要的是，他雖然身居高位，卻像比他資歷稍次的內臣藍繼宗一樣，明智地從不介入文臣間的權爭。當然，這也由於他長期鎮守邊疆，可以置身事外。

宋元以後，士大夫對秦翰的評價基本是沿襲《宋史》的意見。明末毛一公（？～1620後）撰《歷代內侍考》，即云：

> 論曰：宋沿唐制，以內侍監軍督戰，以其勇略自雄者，特亦有之。若夫和輯群帥，恩結眾心，而家不蓄財，惟秦翰獨爾。翰其內侍中之曹武穆哉！一時將士，生而樂爲之用，歿而泣下，以足以知翰也。〔註136〕

明人能對秦翰有如此正面的評價，將之比作內臣中的曹瑋，是十分難得的。其他統兵作戰的宋代內臣，就沒有獲得像秦翰的評價。

過去學術界討論宋代內臣參預軍事的問題時，已提出宋室君臣殷鑑唐代的教訓，而對內臣採既使用又防範的策略。秦翰的個案讓我們看到眞宗君臣的具體做法：內臣可以帶兵，甚至出任都鈐轄的高級兵職，但絕不委以禁軍任何軍職。正如孫沔所說，他們「出則總邊方之寄，歸則守內庭之職」。另外眞宗也不會讓內臣獨攬一方兵權，不像乃父一樣，委任王繼恩作爲平叛的主帥。在眞宗一朝，秦翰、張崇貴、韓守英、閻承翰、張繼能等都被任爲西北各路的都鈐轄；但眞宗同時委任其他武將爲本路的都部署、副都部署、部署以分其權。這在制度上保證內臣統兵不會尾大不掉。南宋人林駉（？～1232）在評論本朝宦官制度時，便說：「國朝懲五季閹宦橫肆之弊，不典兵，不預政，子孫守之永爲家法。舊制內臣于外不預公事，此不使預政也。舊制宦官專任

秦翰這樣的內臣之成爲名將，當有其特殊性，例如他可以調和將領之間的矛盾等，也許出於他這樣特別的身份的作用。審稿人建議筆者應進一步探究。筆者同意審稿人之意見，事實上秦翰以內臣而從征，無論他帶都監或鈐轄的職銜，實在都有欽差、監軍的身份，這都是諸將所認識的，只是秦翰從沒有擺出欽差或監軍的架子而已。

〔註136〕毛一公：《歷代內侍考》，載《續修四庫全書》（上海：上海古籍出版社據浙江圖書館藏清抄本影印，2002年），第517冊，《史部·傳記類》，卷十一，頁111～112。

本職，不得典衛，此不使之典兵也。」〔註137〕而在人事上，眞宗君臣所用的統兵內臣，除有武幹外，還多是安份守法的人，即孫沔所謂「履行端謹，節義深厚，心皆好善，意不害人」的人。爲此，眞宗也就用人不疑，好像秦翰和張崇貴等，便被長期委任鎮守西疆，擁有處理對西夏李德明及蕃部的剿撫事宜的大權。從內臣參預軍事的效果來說，眞宗一朝大體上是成功的，秦翰、張崇貴、周文質等人在對遼夏戰爭屢建功業的事例即爲明證。

　　制度與人事是我們評估宋代內臣參預軍事成效的兩大要素。值得注意的是，宋代內臣兩省制度在眞宗一朝正式確立，眞宗本人並親撰「內臣箴」，加強內臣的管理。在良好的內臣管理制度之下，加上眞宗君臣謹愼選任兩省主管人選，宋初就不乏秦翰這些德才兼備的良闇。宋初沒有重蹈唐代覆轍，一方面與宋初君臣任用內臣帶兵時，能清醒地加以控制與防範有莫大的關係；另一方面，宋初君臣有意識地樹立以秦翰等爲代表的內臣模範，也產生良好的作用。宋初建功立業的闇將頗不乏人，宜乎多作個案研究以發明之。〔註138〕

　　最後，筆者也擬就秦翰的個案，對宋代內臣的「文宦」與「武宦」的界定作一點補充。誠如上文所引孫沔的說法，像秦翰這類「武宦」是「出則總邊方之寄，歸則守內庭之職」。即是說，他們在外時，會被委以一方的兵職；返回朝廷時，就會重掌原本所帶兩省的職責如都知、押班一類。前者只是是臨時差遣，後者才是本職。至於「文宦」，他們的本職一樣是「守內庭之職」。他們有別於「武宦」的地方，則是在宮廷外的臨時差遣，多是修建陵墓、監修書刊、營造殿堂以至監臨地方酒稅這一類些非軍事任務。另外，這些「文宦」多半較有文才而少有武幹。

修訂後記：

　　本文原載《中國文化研究所學報》，第五十五期（2012 年 7 月），頁 23～57。除了改用新版的《全宋文》、新校點本的《宋會要輯稿》及新校注本的《宋太宗皇帝實錄》，以及增補一兩條注釋，特別增補了秦翰平王均之亂的部將楊懷忠新近出土的墓誌銘外，論文觀點未有更改。

〔註137〕林駉：《古今源流至論續集》，文淵閣《四庫全書》本，卷八〈宦官下〉，葉六下。
〔註138〕關於筆者所提出在眞宗一朝，建立了良好的內臣管理制度，從而選拔了好像秦翰這樣的「內臣模楷」的論點，本文初刊時的一位匿名審稿人建議筆者「略增加一些關於反面例證的說明」。筆者完全同意，未來當會選擇與秦翰不同的「反面例證」加以論述。

第四篇　北宋內臣藍繼宗事蹟考

一、前言

　　名列《宋史・宦者傳》的宋初內臣藍繼宗（960～1036）是值得注意的人物，一方面他與而兩個養子藍元用（？～1055）和藍元震（？～1077），從太祖開寶四年（971）至神宗熙寧九年（1076），父子兄弟相繼服侍內廷逾百年，官至內臣最高職位的入內內侍省都知及副都知，從而參預了許多宋廷大大小小的政事，發揮著或明或暗的影響力。〔註1〕另一方面，透過藍元震的轉述，司馬光（1019～1086）的筆錄，藍繼宗又是宋代最重要筆記小說《涑水記聞》的重要史源提供者。〔註2〕雖然，還有其他內臣曾向司馬光提供宮廷掌故，但

〔註 1〕 脫脫（1314～1355）（編纂）：《宋史》（北京：中華書局點校本，1977 年 11 月），卷四百六十七〈宦者傳二・藍繼宗附藍元震〉，頁 13633～13644。又清人梁廷枏（1796～1861）所撰的《南漢書》，將藍繼宗列於該書的〈宦官傳二〉。梁氏所撰的〈藍繼宗傳〉本於《宋史・藍繼宗傳》，沒有增加甚麼內容，卻將藍繼宗入宋廷的年齡，從原本的十二歲誤寫爲二十歲。參見梁廷枏（著），林梓宗（校點）：《南漢書》（廣州：廣東人民出版社，1981 年 5 月），卷十六〈宦官傳二・藍繼宗〉，頁 89。

〔註 2〕 考《涑水記聞》卷一，「符彥卿不可復委以兵柄」（44 條）、卷六，「朱能得天書」（167 條）、「孫奭諫西祀」（168 條）、「駁幸金陵與蜀」（169 條）、「高瓊請幸北城」（170 條）、「寇準在澶淵」（171 條）、「王欽若譖寇準」（172 條）、「王旦舉代」（173 條）、「出李迪而留丁謂」（174 條）等九條，據司馬光所述，乃「藍元震云」、「皆藍元震云」、「元震及李子儀云」、「直省吏親爲元震言之」。至於藍元震從何得知這些掌故，司馬光即補充說明「前數事皆元震聞其先人所言也，元震先人爲內侍省都知」。藍元震的先人，據鄧廣銘教授（1907～1998）的考證，就是仁宗朝官至景福殿使、入內內侍省都知的藍繼宗。參見司馬光（撰），鄧廣銘、張希清（校注）：《涑水記聞》（北京：中華書局點校本，1989

及不上藍繼宗數量之多。〔註3〕

筆者在 2007 年 3 月，嘗試以個案研究的取向，考述藍繼宗父子三人的事蹟。其後拙稿屢有修訂，期間雖然能增添補充的史料有限，但筆者在網上及書店，卻發現大陸宋史學者李之亮近期所撰的歷史小說《趙宋王朝》與《烽戎底定》，其中頗多章節都有藍繼宗的角色。在《趙宋王朝・宋仁宗》裡，開首第一回第二頁便點上「大內都總管」藍繼宗的名字，而在這回裡頻頻出場，雖然在小說裡，他不過是一個小配角，事蹟又都幾乎出於杜撰，但他能受宋史研究同道的青睞，也是值得欣慰的事。〔註4〕

藍繼宗的生平事蹟主要見於《宋史・宦者傳》以及《續資治通鑑長編》、《宋會要輯稿》有關章節，在宋人文集所收的碑記、墓誌銘也有零星的記載，

年 9 月），卷一，第 44 條，「符彥卿不可復委以兵柄」，頁 20；卷六，第 167
條，「朱能得天書」，頁 113～118。司馬光這幾則得自藍元震的傳聞，均為李
燾（1115～1184）《續資治通鑑長編》所採用，其長短李燾亦有所辨正。李裕
民懷疑《涑水記聞》第 167 條及 168 條，即記孫奭上疏兩條，很有可能因傳
抄時掉落了本來傳述者的名字，故給人錯覺，以為這兩條和後面六條都是藍
元震所傳述的。不過，筆者以為孫奭上疏之事與天書封祀關係密切，而藍繼
宗一直參預天書封祀，他將反對天書最力的孫奭的言行記下，也在情理之中。
在沒有確實的版本證據前，筆者暫仍將此兩則傳聞視為藍元震所述。參見李
燾：《續資治通鑑長編》（以下簡稱《長編》）（北京：中華書局點校本，1979
年 8 月至 1995 年 4 月），卷四，乾德元年二月丙戌條，頁 83～84；卷五十七，
景德元年閏九月乙亥條，頁 1267～1268；卷五十八，景德元年十月丙子條，
頁 1287；十二月丁亥條，頁 1292～1293；十二月戊戌條，頁 1298；卷六十二，
景德三年二月丁酉條，頁 1398；卷七十四，大中祥符三年十二月癸酉條，頁
1698～1702；卷八十四，大中祥符八年四月壬戌條，頁 1922～1925；卷九十
三，天禧三年三月乙酉條，頁 2141～2143。卷九十六，天禧四年八月辛巳條，
頁 2211；十一月乙丑至己巳條，頁 2223～2226。
〔註3〕源出於內臣口述的傳聞，《涑水記聞》除收錄藍元震所傳的九則掌故外，還收
有仁宗朝內臣鄧保吉（？～1067）及閻士良（？～1072 後）所傳的兩則掌故。
鄧保吉在仁宗晚年已位至內侍省都知，至神宗朝官至延福宮使、入內內侍省
都都知、武康軍節度觀察留後，諡僖溫，治平四年（1067）十月贈鎮寧軍節
度使守太尉，位尚在藍繼宗之上。參見司馬光：《涑水記聞》，卷八，第 214
條，「鄧保吉云・馬知節為人質直」，頁 144；卷十，第 284 條，「閻士良云・
仁宗欲納陳子城女成后」，頁 183；徐松（1781～1848）（輯），劉琳、刁忠民、
舒大剛、尹波等（校點）：《宋會要輯稿》（上海：上海古籍出版社，2014 年 6
月），第四冊，〈禮五十八・諡・群臣諡〉，頁 2062；〈儀制十三・內侍追贈・
內侍贈二官〉，頁 2569。
〔註4〕李之亮：《趙宋王朝》（南京：江蘇文藝出版社，2007 年），〈仁宗皇帝〉，頁 2，
11～12。

最可惜的是迄今未見他們父子的墓誌銘出土。〔註5〕這對重建他的生平事蹟有文獻不足徵之嘆。然而，本文仍嘗試在有限的史料下，從藍繼宗服役內廷經年，旁觀暗看宋宮的角度切入，以探究宋初，尤其眞宗（968～1022，997～1022 在位）及仁宗（1010～1063，1022～1063 在位）朝政海波濤的側面。另一方面，本文亦試以藍繼宗的個案，探索北宋內臣的不同類型，以補充過去對內臣所作的宏觀研究所可能漏略的觀點。而通過考索藍繼宗的生平經歷，即可以幫助我們進一步了解注 2 提及《涑水記聞》那幾則掌故之背景，以及藍繼宗對有關政治人物的愛憎態度。

　　比起藍繼宗，藍元用的事蹟著錄於史籍的更少，只附載在《宋史·藍繼宗傳》之後。本文亦據宋人文集碑銘等記載，附考其生平事蹟於藍繼宗之後。

　　藍繼宗父子兄弟相繼出任內臣高職的事實，也讓我們看到宋代內臣的官僚系統內出現「內臣世家」的現象，與主流官僚系內的文臣武將情況並無不同。〔註6〕簡而言之，從藍氏父子兄弟的一生經歷中，我們可以從一個側面窺見北宋內臣在政治上的角色。

　　有關北宋內臣的研究，過去以通論性的著作較多，十多年前張邦煒教授撰有專文〈北宋宦官問題辨析〉。〔註7〕另外游彪教授與劉春悅女士在 2001 年

〔註 5〕宋代內臣墓誌銘極少傳世，整個北宋尚未見有內臣的墓誌銘著錄，在兩宋之際的內臣墓誌銘僅有曹勛的《松隱集》所收的三道內臣墓誌銘，以及孫覿《鴻慶居士集》所收的一篇內臣墓誌銘。另外，上世紀在內蒙古及東北出土了兩通原爲宋內臣後降遼的內臣墓誌銘。有關研究可參閱本書第二篇〈兩個被遺忘的北宋降遼內臣馮從順與李知順事蹟考〉，頁 35～54；第九篇〈曹勛《松隱集》所收的三篇宋代內臣墓誌銘〉，頁 297～339；第十篇〈兩宋之際內臣李中立事蹟考〉，頁 341～371。

〔註 6〕北宋內臣父子兄弟繼任高職的例子很多，除藍繼宗父子外，竇神興（？～980後）、竇神寶（949～1019）兄弟，李神福（947～1010）、李神祐（？～1016）、李舜舉（？～1082）兄弟祖孫，劉承珪（950～1013）、劉從愿（？～1048）父子，石知顥（951～1019）、石全彬（？～1070）祖孫，張惟吉（？～1054）、張若水（？～1077）父子，王承勛（？～1035 後）、王守忠（？～1054）、王守規（1011～1077）父子兄弟皆是。參見《宋史》，卷四百六十六〈宦者傳一·竇神寶、李神福、李神祐、劉承珪、石知顥、石全彬〉，頁 13600～13601，13605～13610，13625～13627；卷四百六十七〈宦者傳二·張惟吉、張若水、王守規、李舜舉〉，頁 13634～13636，13638，13644～13645。

〔註 7〕參見張邦煒：《宋代政治文化史論》（北京：人民出版社，2005 年 10 月），〈北宋宦官問題辨析〉頁 47～77。張氏另撰有〈南宋宦官權勢的削弱〉一文，見同書，頁 78～97。

也合撰一篇專題研究〈宋代宦官養子及蔭補制度〉，也值得參考。〔註 8〕至於
研究宋代內臣制度的就甚多。〔註 9〕王曾瑜教授及汪聖鐸教授近兩年以徽宗
（1082～1135，1100～1125 在位）朝的內臣作整體研究，是宋代內臣研究的
新方向。最近即有碩士論文，整體地初探神宗與哲宗朝的內臣。〔註 10〕不過，
北宋個別內臣的個案研究，似乎尚不多見，有國內學者寫過一篇劉承珪傳記
的短文，惟深度不足。〔註 11〕而北宋中後期最重要的內臣如李憲（1042～
1092）、童貫（1054～1126）及梁師成（？～1126），目前尚未見有份量的相關
研究面世。〔註 12〕若論對北宋政治及軍事的影響力，平情而論，本文及下一

〔註 8〕 參見游彪、劉春悅：〈宋代宦官養子及蔭補制度〉，《中國史研究》，2001 年第
2 期，頁 107～118。又游彪的專著，其中一章內容與該文大致相同。 參見游
彪：《宋代蔭補制度研究》（北京：中國社會科學出版社，2001 年 9 月），第九
章〈宋代宦官及蔭補制度〉，頁 248～268。

〔註 9〕 好像程民生教授近年便研究御藥院，丁義珏博士的論文便研究北宋前期內臣
制度。丁氏近期也進一步研究御藥院，成果即將發表。參見丁義珏：《北宋前
期的宦官：立足於制度史的考察》，北京大學博士論文，2013 年 6 月；程民生：
〈宋代御藥院探秘〉，《文史哲》，2014 年第 6 期（總 346 期），頁 80～96。

〔註 10〕 參見王曾瑜：〈宋徽宗時的宦官群〉，《隋唐遼宋金元史論叢》，2015 年，頁 141
～186；汪聖鐸：〈北宋滅亡與宦官──駁北宋無「閹禍」論〉，《銅仁學院學報》，
第 18 卷第 1 期（2016 年 1 月），頁 115～126；許玲：《宦官與宋神宗哲宗兩朝
政治研究》，山東大學歷史文化學院中國古代史碩士論文，2016 年 5 月。

〔註 11〕 參見李鴻淵：〈宋初宦官劉承規傳論〉，《西安電子科技大學學報》（社會科學
版），第 19 卷第 4 期（2009 年 7 月），頁 100～104。

〔註 12〕 多年前陳守忠教授曾寫過一篇有關李憲取蘭會的專文，香港大學一位本科生
聶麗娜也寫過一篇短文，但水平不高。筆者正在撰寫李憲的傳記，不日將會
發表。而較近期的童貫研究，除了全建平一篇學術札記外，還有張雲等一篇
短文。另外美國學者 Don J. Wyatt 在一篇討論宋代尚武精神的體現時，除以柳
開（948～1001）及范仲淹為例外，也以十五頁（包括注釋）的篇幅論析童貫
的軍旅生涯。不過，該文以議論以主，並沒有（也不能）詳考童貫的生平事
蹟。參見陳守忠：〈李憲取蘭會及相關城寨遺址考〉，《西北史地》，1986 年第
1 期，頁 85～90。該文後收入陳著：《河隴史地考述》（蘭州：甘肅人民出版
社，2007 年 1 月），頁 129～136；聶麗娜：〈北宋中期宦官官僚化一例：論李
憲的拓邊禦夏〉，載蔡崇禧等編：《研宋三集》（香港：香港研宋學會，2016
年 6 月），頁 25～45；全建平：〈童貫曾任宣撫使而非宣徽使〉，載《晉陽學刊》，
2005 年 3 期，頁 121；張雲等：〈童貫──北宋末年對外政策的思想者與執行
者〉，《北京教育學院學報》，第 25 卷第 5 期（2011 年 10 月），頁 65～68；Nicola
Di Cosmo（ed.）, *Military Culture in Imperial China,*（Cambridge, Massachusetts:
Harvard University Press, 2009）, Chapter 8, "Unsung Men of War: Acculturated
Embodiments of the Martial Ethos in the Song Dynasty", "Compromised
Embodiments: Tong Guan"（by Don J. Wyatt）, pp. 207～218, 364～366.

章所論述的藍繼宗父子，也許比不上李憲與童貫等；不過，以藍氏父子的個案作爲研究宋代內臣世家的起點，或許能起拋磚引玉的效果。

二、掖庭卅載：宋太祖及宋太宗朝的藍繼宗

　　據《宋史‧藍繼宗傳》及《長編》所載，藍繼宗字承祖，廣州南海（今廣東廣州市）人。〔註13〕他自幼即爲南漢後主劉鋹（943～980）朝廷的小黃門，開寶四年（971）二月，宋太祖（927～976，960～976在位）滅南漢，藍繼宗在同年四月即隨劉鋹入宋廷，送入宋宮當差，當時他只得十二歲。〔註14〕藍繼宗入宋廷後三個月即七月，太祖下詔，重申只有年滿三十無養父的內臣，才許養子。藍繼宗可能在這時給人收爲養子。他名「繼宗」，字「承祖」，似乎有養父扶持，可惜其生父及養父之姓名均失載。〔註15〕

〔註13〕《宋史》，卷四百六十七〈宦者傳二‧藍繼宗〉，頁13633；《長編》，卷六十八，大中祥符元年四月丙午條，頁1534。又梁廷枏的《南漢書》將藍繼宗的籍貫作咸寧。據梁氏所撰的《南漢書考異》，並參照《太平寰宇記》及《元豐九域志》所記，南漢時曾將南海縣析分爲咸寧及常康二縣，到太祖開寶五年（972）（按：《太平寰宇記》作開寶六年），又將咸寧、常康、番禺及四會四縣併入南海縣。故藍繼宗的籍貫在南漢時屬咸寧，入宋後則繫南海。又南海本來一直是廣州的屬縣，1992年陞爲南海市，但2002年又成爲佛山市轄的南海區。爲免造成混亂，故本文以藍繼宗的原籍爲今日的廣州市。參見《南漢書》附《南漢書考異》，卷十六〈潘崇徹傳考異〉，頁182；樂史（930～1007）撰，王文楚等（點校）：《太平寰宇記》（北京：中華書局，2007年11月），第七冊，卷一百五十七〈嶺南道一‧廣州‧南海縣〉，頁3012；王存（1023～1101）（撰），王文楚、魏嵩山（點校）：《元豐九域志》（北京：中華書局，1984年12月），卷九〈廣南東路‧廣州〉，頁408。

〔註14〕宋太祖將劉鋹幾個作惡多端又地位最高的內臣龔澄樞、李托、薛崇譽斬於千秋門，而留下其他歸降的南漢內臣。除了藍繼宗外，出身南漢的內臣可考的有蘇利涉（1019～1082）的祖父蘇保遷。另仁宗朝之內臣高居簡（？～1081），史稱其「世本番禺人，以父任爲入內黃門」，其父亦可能是出身南漢的內臣。參見《宋史》，卷四百六十七〈宦者傳二‧藍繼宗〉，頁13633；卷四百六十八〈宦者傳三‧高居簡、蘇利涉〉，頁13652，13654；《長編》，卷十二，開寶四年二月辛未條，頁260～261；五月乙未朔條，頁264。

〔註15〕《宋會要輯稿》，第四冊，〈儀制十‧陳請封贈〉，頁2507；第七冊，〈職官三十六‧內侍省〉，頁3887～3888；《長編》，卷七，乾德四年六月丙午條，頁172；卷十二，開寶四年七月癸丑條，頁269；卷三十六，淳化五年十一月丁巳，頁801；《宋史》，卷四百六十六〈宦者傳一‧王仁睿〉，頁13602。太祖在乾德四年（966）六月丙午（十三）原規定：內侍到三十歲以上才許養一子，以充繼嗣，士庶不得以童男養爲宦者。但許多內臣卻濫收小兒爲養子，而且常爲爭財而起訟。故此，太祖在開寶四年七月癸丑（二十），下詔自今年滿三

　　藍繼宗來自宦官勢力薰天的南漢，南漢權閹龔澄樞（？～971）正是他的
南海同鄉。史稱龔澄樞未得勢時「性廉謹，不妄交游」。但當權後就變得凶暴
殘民，最後國亡身誅。〔註16〕藍繼宗即使沒有目睹龔澄樞、李托（？～971）
及薛崇譽（？～971）幾個南漢權閹入宋廷後被太祖下令押出都門斬殺的一
幕，大概也會從鄉里或其他內臣知曉這事。龔澄樞等人的下場對年輕的藍繼
宗當有深刻的警惕：任龔澄樞在南漢權傾一時，一旦失勢，就落得身首異處
的下場。藍繼宗一生謙謹的性情，很可能從小就養成。禁宮險惡，一下子不
慎，隨時會橫死。當然，有專長而能做事，討得主子歡喜的內臣就有生存的
空間。據載太祖曾挑選數十個來自南漢的聰慧內臣，命他們在教坊習樂，名
曰「簫韶部」，後改名為「雲韶部」，當宮廷內宴時就命他們演奏以娛。藍繼
宗有否被選入教坊，就未可考。〔註17〕

　　《涑水記聞》卷一「符彥卿不可復委以兵柄」的一則傳聞，據司馬光所
記，是藍繼宗告訴其子藍元震的一則年代最早的宋代史事。〔註18〕此事發生
於乾德元年（963）二月，那時藍繼宗尚未入宋宮。他在甚麼情況下，以及從
何渠道聽聞此事，值得注意。開寶六年八月甲辰（廿三），獨相十年，深受太
祖信任的趙普忽被罷相，導致他失寵的背後政治力量，正是符彥卿的女婿、

　　　十無養父的，始可養子，並令將其名字申報宣徽院，違者準前詔判死罪。關
　　　於藍繼宗的養父姓名，考太宗朝有一個頗有文采，曾為南唐陪臣，後拜參政
　　　的張洎（934～997）所極力奉承的內供奉官藍敏貞（？～994後）（《長編》作
　　　藍敏正，當係避仁宗諱改），未知他與藍繼宗可有關係？宋廷在景祐二年
　　　（1035）正月庚寅（初五），特詔封贈藍繼宗的父母，惟不載他們的姓名，不
　　　知受封贈的藍氏父母是親生父母，抑是養父母。參見錢若水（960～1003）
　　　（修），范學輝（校注）：《宋太宗皇帝實錄校注》（北京：中華書局，2012年
　　　12月），卷八十，頁786；《長編》，卷三十六，淳化五年十一月丁巳條，頁801。
　　　至於宋代宦官養子的制度，可參閱游彪、劉春悅：〈宋代宦官養子及蔭補制
　　　度〉，《中國史研究》，2001年第2期，頁107～118。

〔註16〕龔澄樞等在南漢的官位崇高，據潘美（925～991）向太祖的報告，他們是「玉
　　　清宮使、左龍虎軍觀軍容使、內太師龔澄樞，列聖宮使、六親觀軍容使、內
　　　太師李托，內門使、驃騎大將軍、內侍郎薛崇譽等，朋助劉鋹，旅拒王師，
　　　既就生擒，合同俘獻」。參見《宋史》，卷四百八十一〈世家傳四·南漢劉氏·
　　　龔澄樞傳〉，頁13929～13930；曾棗莊、劉琳（編）：《全宋文》（上海：上海
　　　辭書出版社，2006年8月），第三冊，卷四十二，〈潘美·嶺南道行營擒劉鋹
　　　露布·開寶四年〉，頁56～57。

〔註17〕王闢之（1031～1097後）（撰），呂友仁（點校）：《澠水燕談錄》（與《歸田錄》
　　　合本）（北京：中華書局，1981年3月），卷八，頁96。

〔註18〕司馬光：《涑水記聞》，卷一，第44條，「符彥卿不可復委以兵柄」，頁20。

皇弟太宗（939～997，976～997）。〔註19〕此一政局巨變，禁中內臣難免暗中議論紛紛。藍繼宗很可能在這時從他的養父或其他內臣，聽到有關趙普與太宗的權爭。另一個可能，就是在開寶八年（974）六月符彥卿在洛陽（今河南洛陽市）病逝，引起藍繼宗的注意，從而打探到符彥卿當年不獲委兵柄的舊事。〔註20〕藍繼宗在太祖一朝尚未成年，沒有甚麼可記的事蹟。

太宗在開寶九年（975）十月癸丑（二十）繼位，藍繼宗時年十七。他大概在這時遷爲中黃門。〔註21〕太平興國四年（979）四月，太宗親征北漢，藍繼宗從征，時年二十。他的故主劉鋹在太宗出征前的宴會上討好太宗，無非是求保命。〔註22〕不曉得藍繼宗有否目睹故主委曲求全的一幕？藍繼宗在太原城（今山西太原市）下，奉命傳詔於營陣之間，史稱他「多稱旨」。《宋史》本傳說他射術高明。不過，在太原之戰及續後之幽州（今北京市）之役，卻未載他參與作戰。〔註23〕

劉鋹卒於太平興國五年（980）三月戊子（十五），年三十九。〔註24〕藍繼宗對這位得年不永的故主，似乎沒有甚麼感情，大概他在南漢宮中既年幼，

〔註19〕　《長編》，卷十四，開寶六年八月甲辰至九月壬申條，頁306～308。

〔註20〕　《長編》，卷十六，開寶八年六月辛酉條，頁342。

〔註21〕　中黃門是宋初低級的內臣，與藍繼宗同時的內臣衛紹欽（？～1010後）也「始以中黃門給事晉邸」。參見龔延明：《宋代官制辭典》（北京：中華書局，1997年4月），「中黃門」條，頁48；《宋史》，卷四百六十六〈宦者傳一・衛紹欽傳〉，頁13624。

〔註22〕　《長編》，卷二十，太平興國四年正月乙未條，頁443～444。

〔註23〕　除藍繼宗外，從征太原的內臣，可考的計有竇神寶、李神福、李神祐、周紹忠、張崇貴（951～1001）、衛紹欽及韓守英。其中李神福和藍繼宗一樣，「從征太原，攻城之際，往來梯衝間宣傳詔命」。他後以功，「即在行在所遷殿頭」。至於戰功最高的是李神祐和衛紹欽，史稱李神祐「再征太原，領工徒千人隨駕，以備繕完甲兵。劉繼元表納降款，太宗陳儀衛城北臺以受之，繼元移時未至，神祐馳單騎入城。俄項，引繼元至。及北伐燕薊，命與劉延翰統精騎爲大陣之援。車駕還，又令率兵屯定州以備契丹。」而衛紹欽則「從征太原，命督諸將攻城，劉繼元降，命領驍卒先入城，燒其營柵，遷殿頭高品」。另竇神寶也「從征太原，擐甲登城，中流矢」。故此稍後得以遷入內高品。韓守英「從征河東，數奉詔至石嶺關督戰，取隆州，遷殿頭」。張崇貴則「從崔彥進、李漢瓊先路視水草」。周紹忠「從征河東，得懷政于亂屍間」，相信也曾參與戰鬥。參見《宋史》，卷四百六十六〈宦者傳一・竇神寶、李神福、李神祐、周懷政、張崇貴、衛紹欽〉，頁13600，13605～13607，13614；《長編》，卷二十，太平興國四年四月己酉至五月丁酉條，頁448～453。

〔註24〕　《長編》，卷二十一，太平興國五年三月戊子條，頁473；《宋史》，卷四百八十一〈世家傳四・南漢劉氏〉，頁13928～13929。

地位又太卑微。從太平興國五年至淳化五年（994）前後十五年，即藍繼宗從二十一歲到三十五歲這段期間，史書沒有他事蹟的記載，而這段日子卻是藍繼宗的成長時期。《宋史》本傳所記載他的下一件事蹟，已是太宗晚年。史稱他大概在至道元年（995）到至道二年（996）間，曾奉命出使秦州（今甘肅天水市），按視應否悉徙原居渭河之南，特別是盛產良木的大洛門（今甘肅天水市武山縣鴛鴦鎮）、小洛門寨（今甘肅天水市武山縣洛門鎮）的羌人往渭北。他回奏秦州在前任知州溫仲舒（944～1010）管治下，「得地甚利」，而「二寨據要害，產良木，不可棄」。太宗本來對溫仲舒以恩威並濟的手段，教蕃部「獻地內屬，既而悉徙其部落於渭北，立堡寨以限之」的做法很有保留，覺得他生事，擔心蕃部離開原居地渭南，徙到渭北後，長吏若有閃失，就會做成騷動，而加添關右的不安（按太宗當時已因西夏李繼遷（963～1004）侵擾西邊頭疼不已）。因此，太宗在淳化五年十月將溫仲舒調離秦州，改知鳳翔府（今陝西寶雞市鳳翔縣）。當他聽到藍繼宗對溫有利的報告後，就對溫的印象大為改觀，即派遣藍繼宗到江陵府（今湖北荊州市）慰勞賞賜溫仲舒一番。太宗很快便將溫召回朝，在至道二年十月乙卯（十八），先將他自給事中擢拜戶部侍郎，到至道三年（997）正月丙子（十一）更擢陞他為參知政事，甚至打算稍後命他為相，代替年邁的呂端（935～1000）。因為藍繼宗的報告，太宗決定恢復溫的政策，大小洛門寨後來成為宋朝的內地，帶給宋廷每年巨木之利。二十多年後，秦州的蕃部上言，也證明藍繼宗當年所奏屬實，沒有偏袒溫仲舒。〔註25〕

〔註25〕藍繼宗出使秦州的年月不詳。《宋史·藍繼宗傳》記溫仲舒在「雍熙中」出守秦州時勸諭羌人獻原居之大洛門、小洛門寨地，而徙居渭北，但《宋史·太宗紀二》、《宋史·溫仲舒傳》和《長編》則記溫在淳化四年十月辛未（十七）罷同知樞密院事，然後出知秦州。據李之亮考證，溫仲舒知秦州在淳化四年底至五年十月，並非在雍熙中。而據《宋史·溫仲舒傳》及《宋太宗實錄》所記，他後來迭知鳳翔府、興元府（今陝西漢中市東）及江陵府（今湖北荊州市），然後召還。至道二年十月擢戶部侍郎，至道三年正月以戶部侍郎拜參政。藍繼宗出使秦州還，溫仲舒即從江陵府召還陞官，以此推之，藍繼宗出使秦州，最早當在至道元年底，而最有可能在至道二年中。藍繼宗出使秦州後二十年，在大中祥符八年（1015）七月，秦州伏羌城（今甘肅天水市甘谷縣）寨戶文禹來到開封，擊登聞鼓，上言當年溫仲舒拓疆界於隴路口大洛口，置城守把的做法，使當地安寧，證明溫的做法正確，而藍的回奏也沒有隱瞞真相。按溫仲舒是太平興國二年（977）呂蒙正（944～1011）榜的第二人，他在端拱二年（989）正月，應太宗詔，首先奏上備邊禦戎之策，得到太宗的賞識。淳化二年四月辛巳（十二），溫仲舒與交好的寇準（962～1023）同被擢為樞密副使。淳化四年（993）六月，寇準被知樞密院事張遜（940～995）

　　藍繼宗出使秦州，爲溫仲舒說了好話，使他重新得到太宗的寵信，回到權力中樞，這事看似尋常，所帶來的影響卻不可忽視。溫仲舒在太宗晚年的宮廷權力鬥爭中，處於微妙的位置。當他的好友、支持眞宗（當時爲太子）最力的參政寇準（962～1023）在至道二年（996）七月丙寅（廿八）被罷政後，溫的政治取向對當時的權力天秤有舉足輕重的影響，他沒有加入以明德李皇后（960～1004）、參政李昌齡（937～1008）、內臣宣政使王繼恩（？～999）及知制誥胡旦（955～1034）爲首的后黨，陰謀廢立眞宗。他顯然站在呂端的一方，支持太子眞宗。至道三年三月癸巳（廿九）太宗逝世，呂端即安排他宣讀遺制，奉眞宗在樞前繼位 。〔註26〕溫仲舒在淳化四年失寵被貶，在短短一兩年間再得到太宗之寵信，復入中樞，無非得力於藍繼宗進言。這番影響深遠的結果，也許是藍繼宗當時所料不到的。究竟藍繼宗的進言，背後有否黨爭的玄機？暫時我們沒有足夠證據作出推論。

挾嫌誣告，説有人「迎準馬首呼萬歲」。寇準引溫仲舒作證，說他與溫仲舒同行，一齊給人呼萬歲。張遜與寇準在太宗前互發其私，結果兩敗俱傷。寇被罷樞副，而張被降職。溫仲舒從出任正言到擢任樞密副使、同知樞密院事，都與寇準同進，時人稱爲爲「溫寇」，二人關係親密，人所共知。他似乎也因被狂人呼萬歲的事失歡於太宗，於同年十月被罷樞副之職。溫仲舒出知秦州後，政敵可能揣摩到太宗對他仍有意見，就上言劾奏溫生事，太宗因此將溫調離秦州。見《宋史》，卷五〈太宗紀二〉，頁92；卷二百六十四〈薛居正傳附薛惟吉〉，頁9112；卷二百六十六〈溫仲舒傳〉，頁9182～9183；卷四百六十七〈宦者傳二·藍繼宗〉，頁13633；《長編》，卷三十，端拱二年正月癸巳條，頁666；卷三十二，淳化二年四月辛巳條，頁714；卷三十四，淳化四年六月壬申條，頁750；十月辛未條，頁754；卷四十一，至道三年正月丙子條，頁860；錢若水（960～1003）（修），范學輝（校注）：《宋太宗皇帝實錄校注》（北京：中華書局，2012年12月），下冊，卷七十九，頁777；卷八十，頁783；李之亮：《宋川陝大郡守臣易替考》（成都：巴蜀書社，2001年5月），〈秦州〉，頁454；李之亮：《宋兩湖大郡守臣易替考》（成都：巴蜀書社，2001年6月），〈荊南府 江陵府〉，頁5。又有關秦州的開發，大小洛門寨盛產木材及宋人之經營的狀況，可參閱陳守忠：〈北宋時期分布于秦隴地區的吐蕃各部族及其居地考〉，載所著：《宋史論略》（蘭州：甘肅文化出版社，2002年2月），頁134～137；前田正名（1921～1984）（著），陳俊謀（譯）：《河西歷史地理學研究》（北京：中國藏學出版社，1993年11月），〈三、作爲堪稱富庶的西部邊地之秦州〉，頁361～367。

〔註26〕《長編》，卷四十，至道二年七月丙寅條，頁846～848；卷四十一，至道三年三月癸酉條，頁862；五月甲戌條，頁865～866。關於太宗晚年繼位之爭，可參閱何冠環：《宋初朋黨與太平興國三年進士》（北京：中華書局，1994年10月），第五章〈暗通宮闈：黨爭與繼位之爭〉，頁31～52。

　　在太宗一朝，藍繼宗官位從低微的中黃門，一直擢陞至位列諸司副使的西京作坊副使，而他在內廷的差遣，則為勾當內東門。〔註 27〕按西京作坊副使是北宋前期西班諸司副使的第五階，在諸司副使中位次較低。至於勾當內東門，據龔延明的詮釋，「是內東門司的主管官，并掌管監察宮內人與物是否按法式出入，周知其人之名分，其物之數目」，品位次於勾當御藥院。〔註 28〕太宗晚年內臣官職與地位最高的，是宣政使、順州防禦使王繼恩。其次是宮苑使、內侍省入內內侍都知、同勾當皇城、翰林司李神福。再次是六宅使、同簽書提點樞密、宣徽諸房公事的劉承珪（950～1013）。然後是李神福弟、洛苑使靈州（今寧夏靈武市西南，一說在寧夏吳忠市南金積鄉附近）、環州（今甘肅慶陽地區環縣）排陣都監李神祐。再次是西京作坊使、勾當三班院韓守英（？～1033），以及供備庫使竇神寶。〔註 29〕地位略比藍繼宗高的，計為崇儀副使、靈州、環州、慶州（今甘肅慶陽地區慶陽縣）、清遠軍（今甘肅慶陽地區環縣甜水堡）四路都監的秦翰（952～1015），以及崇儀副使、內侍右班副都知、靈環慶州、清遠軍路都監的張崇貴（951～1007），以及崇儀副使、同領招安捉賊事衛紹欽（952～1007？）和皇城使鄧永遷（？～1014）。〔註 30〕和他地位相當的，則同為西京作坊副使、右金吾都監兼街仗司事的閻承翰（947～1014）和西京作坊副使石知顯（951～1019）。〔註 31〕藍繼宗在太宗朝，論名位論權勢，大概在第十人或以外，並不算是前列高級的內臣。他要到真宗朝才進一步獲得擢陞，以及擔任更重要的差遣。值得注意的是，《涑水記聞》中源出藍繼宗的其他八則傳聞，並未有涉及太宗朝的政事，包括太宗朝牽涉到趙普的多番政爭和他死亡的種種傳聞，以及太宗晚年與王繼恩有關的繼位

〔註 27〕　《宋史》，卷四百六十七，頁 13633。

〔註 28〕　參見龔延明：《宋代官制辭典》，「勾當內東門司」條，頁 65～66；「諸司副使」條，頁 584；「西京作坊副使」條，頁 587。此書以勾當內東門司置於真宗景德三年二月，不過從藍繼宗的事例來看，似乎早在太宗朝已置。

〔註 29〕　雍熙四年六月前，內臣中地位最高的除了王繼恩外，還有原為太宗晉邸舊人入內都知、洛苑副使王仁睿（945～987）。王仁睿卒於雍熙四年六月丁巳（廿六），太宗特贈他內侍省內常侍。他在《宋史·宦者傳》列名第二，可見其地位之高。參見《宋史》，卷四百六十六〈宦者傳一·竇神寶、王仁睿、王繼恩、李神福、李神祐、劉承規〉，頁 13600～13610；卷四百六十七〈宦者傳二·韓守英傳〉，頁 13632～13633；本書第一篇《《全宋文》前十五冊所收碑銘之宋初內臣史料初考〉，「李神福」條，頁 6～9。

〔註 30〕　《宋史》，卷四百六十六〈宦者傳一·秦翰、張崇貴、衛紹欽〉，頁 13612，13618，13624。

〔註 31〕　《宋史》，卷四百六十六〈宦者傳一·閻承翰、石知顯〉，頁 13610，13626。

之爭。本來以藍繼宗身居禁宮的地位，應該耳聞目睹不少有關的傳聞，他最後沒有透過兒子藍元震留下甚麼紀錄，原因值得深思。一個可能的解釋，是一生謹慎自持的藍繼宗，對極爲敏感的宮闈隱事諱莫如深，以免惹來自身或後人不測之禍。

三、任勞任怨：宋眞宗前期的藍繼宗

眞宗在至道三年三月繼位，五月，在太宗朝權傾一時的內臣王繼恩，因被指控謀廢立眞宗，而被重譴遠貶，兩年後即死於貶所。〔註32〕對藍繼宗來說，這應當是另一次深刻的教訓：介入宮廷之爭，多無好下場。眞宗在位的前期，從至道三年到景德四年（1007）前後十載，藍繼宗雖不算投閒置散，但並未如同輩內臣一樣，被委以軍旅重任，從而建功立業。教人惋惜的是，他雖身負上乘的射術，當宋廷面對西北二敵交侵，亟需用人之際，他卻得不到眞宗的賞識，效命沙場。當劉承珪、秦翰、張崇貴、李神祐、閻承翰、張繼能（957～1021）、衛紹欽、石知顒及韓守英等與他資歷相當的內臣，紛紛在疆場以戰功獲得陞遷時，藍繼宗卻默默在山野做修建陵園的苦差。他除了在咸平初年出使鎮江（今江蘇鎮江市）外，〔註33〕在這十年當中，較重要的差遣，是擔任修建眞宗兩位母親元德李太后（944～977）和明德李太后，以及眞宗的章穆郭皇后（976～1007）的陵園，兼任宋室祖陵營建及維修的工作。修陵是責任非輕又吃力不討好的工作，稍有差池，必遭嚴譴。藍繼宗素性謹愼，事後證明他是勝任這項工作的。另外，置身陵區山野，也許不違他不愛與同列交往的性情，也得以避開人事的紛擾。〔註34〕

藍繼宗首先在咸平二年（999）四月乙亥（廿三），奉詔擔任眞宗生母、被追尊爲元德李太后的按行園陵使，負責修建祔葬於太宗永熙陵的李太后陵墓。〔註35〕然後在五年後，即景德元年（1004）三月己亥（十五），當明德李太后病逝時，眞宗在同月丙午（廿二），除了命宮苑使劉承珪（規）爲園陵按

〔註32〕《長編》，卷四十一，至道三年三月壬辰條，頁862；五月甲戌條，頁865～866。
〔註33〕據元人《至順鎮江志》的記載，在咸平初年，潤州丹徒縣（今江蘇鎮江市丹徒縣）的金山澤心寺僧幼聰獻山圖，眞宗命藍繼宗賜他《大藏經》。藍可能奉命出使過鎮江。見俞希魯（？～1334後）（編纂），楊積慶等（點校）：《至順鎮江志》（鎮江：江蘇古籍出版社，1990年6月），卷九〈僧寺·丹徒縣·龍游寺〉，頁368。
〔註34〕《宋史》，卷四百六十七〈宦者傳二·藍繼宗〉，頁13634。
〔註35〕《宋會要輯稿》，第三冊，〈禮三十一·后喪一·元德皇后〉，頁1432～1433。

行使、入內副都知鄧永遷爲副使外，又命藍繼宗與劉、鄧兩人同議。到景德二年（1005）正月丙寅（十七），眞宗乾脆任命藍繼宗修奉園陵。翌日（丁卯，十八），又命他將從保州（今河北保定市）迎到的順祖、翼祖神柩，以一品禮葬於河南府河南縣（今河南洛陽市），而罷修康陵與定陵。他雖然擔任這等閒職，但也做得認眞。六月乙酉（初九），他上奏眞宗，報告永熙陵的神御物，素來沒有登錄冊籍，請月具帳上於三司。眞宗即命令他以後神御物歲終具帳上報宗正司。〔註36〕

景德四年正月己未（廿一），眞宗離開京師（今河南開封市），往朝謁在鞏縣（今河南鞏義市）的宋諸陵。接近陵園的地方一向缺水，熟悉陵區環境的藍繼宗，命人在陵下汲取泉水，供隨駕的百司從官使用。〔註37〕眞宗在三月己亥（初二）從西京（即洛陽，今河南洛陽市）返抵京師。四月辛巳（十五），章穆郭皇后病逝。藍繼宗以入內副都知之職，再一次出任園陵按行副使，擔任內侍左班副都知閻承翰的副手。甲午（廿八），眞宗任命藍繼宗與內臣內殿崇班張繼能等四人同監修園陵，六月竣工，郭皇后下葬於太宗永熙陵之西北。〔註38〕

〔註36〕《長編》，卷五十六，景德元年三月己亥條，頁 1232；《宋會要輯稿》，第三冊，〈禮三十一・后喪・明德皇后〉，頁 1436～1437，1443；〈禮三十七・帝陵・宋宣祖安陵〉，頁 1556；〈禮三十七・緣陵裁製上〉，頁 1572；〈禮三十八・修陵〉，頁 1605；〈禮三十九・改卜陵之二十〉，頁 1617～1618。咸平三年六月開始，眞宗議修太祖曾祖父（順祖）趙朓及祖父（翼祖）趙敬的康陵和定陵，並將其神柩從保州移葬皇陵。景德元年七月，眞宗徵問臣下之意見，中書門下覆奏反對建陵。眞宗考慮再三後，在景德二年正月丁卯（十八），命藍繼宗罷修康定二陵。關於眞宗修建祖陵問題，可參閱王暢：〈趙匡胤祖籍與上世陵寢問題辨證〉，《河南教育學院學報》（哲學社會科學版），2003 年第 4 期（第22 卷，總 86 期），頁 86～90。

〔註37〕《長編》，卷六十五，景德四年正月己未至丁卯條，頁 1443～1444；《宋史》，卷四百六十七〈宦者傳二・藍繼宗〉，頁 13633。眞宗往朝陵時，命親信內臣劉承珪勾當皇城大內公事，劉當時的官職已是皇城使、勝州刺史，遠高於在陵園給事的藍繼宗。

〔註38〕《宋會要輯稿》，第三冊，〈禮三十一・后喪・章穆皇后〉，頁 1445～1447；〈禮三十七・后陵・章穆皇后陵〉，頁 1588；《長編》，卷六十五，景德四年三月己亥條，頁 1447；四月己卯條，頁 1452；六月乙卯條，頁 1464。一同監修郭皇后陵的，還有三陵都監康仁遇（？～1007 後）和高品閻文慶（後改名閻文應？～1039）。至於出任園陵使的，就是宰相王旦（957～1017）。是年六月乙卯（廿一），郭皇后下葬於太宗永熙陵之西北。藍繼宗擢入內副都知的年月不詳，最早載於史籍是景德四年四月丁亥（廿一）。至於他的官階是否已擢爲供備庫使，未能確定。

藍繼宗在這期間另一重要差遣，就是當遼軍大舉南侵，眞宗於景德元年十一月親征澶州（今河南濮陽市）時，奉命勾當留司皇城司。當時除首相畢士安（938～1005）以疾留在京師外，擔任東京留守的是眞宗弟雍王元份（969～1005），而鹽鐵副使林特（？～1026）、戶部副使崔端則同判留司三司，衛州防禦使李重貴則擔任大內都部署。後來元份得疾，景德元年十二月甲辰（廿五），眞宗改派隨駕的參政王旦（957～1017）權東京留守。〔註39〕當時地位比藍繼宗高的內臣，除了地位最高的入內都知、昭宣使李神福及內侍右班副都知竇神寶總領內省沒有隨駕外，入內副都知皇城使衛紹欽、宮苑使勾當皇城司劉承珪、內園使李神祐均隨駕，而其他高級內臣如內侍省右班都知、六宅使張崇貴正在西邊與知永興軍（今陝西西安市）向敏中（949～1020）招撫西夏李德明（982～10342），內侍左班副都知閻承翰奉命同制置河北東、西路緣邊事，昭宣使韓守英擔任麟府路都鈐轄，扼守西邊，防備遼軍從岢嵐軍（今山西忻州市岢嵐縣）、寧化軍（今山西忻州市靜樂縣東北）入寇，而奮戰北邊多年，多有戰功的入內副都知秦翰則往來北邊前線各要地處置兵機，後來更在澶州率軍護駕，擔任駕前西面鈐轄。〔註40〕雖然擔任勾當留司皇城司，屬於重要差遣，但相信藍繼宗寧願扈從眞宗親征，親自見證本朝這一大事。

值得一提的是，源出於藍繼宗，由藍元震轉述，收錄於《涑水記聞》的三則有關景德元年澶州之役傳聞，即卷六「駁幸金陵與蜀」（169 條）、「高瓊請幸北城」（170 條）、「寇準在澶淵」（171 條），以藍繼宗當時不在澶州的事

〔註39〕　《宋史》，卷四百六十七〈宦者傳二・藍繼宗〉，頁 13633；《長編》，卷五十八，景德元年十月丁末、己酉條，頁 1279；十二月癸巳條，頁 1295。

〔註40〕　《長編》，卷五十六，景德元年五月甲申朔條，頁 1236；卷五十七，景德元年閏九月丁卯條，頁 1262；卷五十八，景德元年十月甲申、戊子、壬寅條，頁 1274，1278，1278；十一月戊辰條，頁 1282～1283；卷五十九，景德二年正月丁巳、己巳、甲戌條，頁 1310，1313～1314；卷六十，景德二年六月辛卯、甲午條，頁 1346～1347；卷六十四，景德三年十月庚午條，頁 1428；卷六十五，景德四年五月癸丑條，頁 1457；《宋史》，卷四百六十六〈宦者傳一・竇神寶、李神福、李神祐、閻承翰、秦翰、張崇貴、衛紹欽〉，頁 13601，13605，13607，13611，13613，13618～13619，13625；卷四百六十七〈宦者傳二・韓守英〉，頁 13632。《宋史・秦翰傳》稱秦翰是年十一月受命為駕前西面鈐轄後，立刻督眾將兵環澶州城浚溝洫以拒遼軍馬。工事剛完畢，遼軍便突至。據稱他不解甲冑凡七十餘日。宋澶州守軍伏弩射殺遼大將蕭撻覽（？～1004）一役，他有功焉。他後來以戰守之功加爵邑。韓守英後調任并代都鈐轄，一直留在西邊。至於衛紹欽在眞宗親征時，受命為車駕前後行宮四面都巡檢，到達澶州，又奉命領扈駕兵守河橋。

實而論，都只是藍繼宗事後從宮外宮內不同渠道聽聞回來的。至於景德三年的「王欽若譖寇準」（172條）一事，因王欽若（962～1025）進言的地點在宮中，藍繼宗就較有可能親聞目睹。這四則傳聞給人一個鮮明的印象：寇準與高瓊（935～1006）是有擔當，勇於任事的忠臣良將；而王欽若、陳堯叟（961～1017）及馮拯（958～1023）之流，卻是貪生怕死又險詐的小人懦夫。藍繼宗這四則帶有強烈褒貶色彩的傳述，與發生於大中祥符與天禧年間的另外四則傳述，即卷六「朱能得天書」（167條）、「孫奭諫西祀」（168條）、「王旦舉代」（173條），愛憎立場是前後一致的。

四、旁觀者清：天書封禪鬧劇中的藍繼宗

　　真宗統治的後半期，即大中祥符元年（1008）至乾興元年（1022）的十五年間，真宗君臣均自欺欺人地陷入所謂東封西祀的天書鬧劇活動。被宋人視為奸惡小人的「五鬼」王欽若、丁謂（966～1037）、陳彭年（961～1017）、林特（？～1026）及內臣劉承珪固然大力推動天書鬧劇；〔註41〕就是宋人視為正人君子的寇準、王旦也只能附和真宗胡鬧。藍繼宗等一眾內臣，在天書封禪的各樣典禮中，除了奉詔當差外，也將群臣各式各樣的投機咀臉看在眼裡。

　　大中祥符元年正月乙丑（初三），所謂天書降於內廷，即展開真宗十多年天書封禪鬧劇的序幕。四月辛卯（初一），真宗君臣作態一番後，即決定往泰山封禪。總領內臣的宣政使李神福，即負責相度行營道路。丙午（十六），真宗為了供奉天書，下令在皇城西北的天波門外建造昭應宮，親信皇城使劉承珪負責監督這樁差役，而藍繼宗以入內副都知之職做劉的副手。〔註42〕真宗往泰山封禪，神聖的天書當然要伴隨，拍馬逢迎的臣下於是上言「天書出京日，創新几褥置玉輅中，備儀仗導從，七百五十人前後部鼓吹，中使二員夾侍，仍命官充使」。結果，五月戊子（廿九），真宗又命宰相王旦為天書儀仗

〔註41〕「五鬼」的說法，始於王曾回奏仁宗在天聖七年三月之詢問。仁宗對輔臣說：「王欽若久在政府，察其所為，真姦邪也！」王曾回奏說：「欽若與丁謂、林特、陳彭年、劉承珪時號五鬼，其姦邪險詖之跡，誠如聖諭。」仁宗金口所批，從此宋人都稱他們五人為「五鬼」。參見《長編》，卷一百七，天聖七年三月戊寅條，頁2503。

〔註42〕《長編》，卷六十八，大中祥符元年正月乙丑條，頁1518～1519；四月辛卯、丙午、戊午條，頁1530～1534，1536～1537。

使，知樞密院事王欽若、參政趙安仁（958～1018）爲副使，三司使丁謂爲扶侍使，藍繼宗爲扶侍都監。至於扶侍天書的兩員內臣，就選上了入內高品周懷政（979？～1020）和入內高班內品皇甫繼明（？～1047）。〔註43〕

這回泰山封禪，於同年十一月丁丑（二十）以眞宗返回京師告終，十二月辛丑（十五）開始，眞宗給群臣加官晉爵，特別將內臣之首的李神福自宣政使、恩州團練使擢宣慶使領昭州防禦使。本來宣政使是內臣領使之極，眞宗特別設宣慶使一職來酬庸封禪有功的李神福。藍繼宗大概也是在這時遷供備庫使，進入諸司正使的行列。不過，翌年（大中祥符二年，1009）二月庚寅（初四），因內臣范守遜（？～1009後）四人申訴入內都知李神祐等賞罰不公，眞宗大怒，將入內都知李神祐、石知顒及副都知張景宗（？～1022後）、藍繼宗等四員入內內侍省最高職位的內臣罷職。壬寅（十六），入內副都知鄧永遷補授入內都知，另平宜州（今廣西宜州市）叛軍有功的東染院使張繼能擢入內副都知。〔註44〕

不過在四月己亥（十四），藍繼宗便被起用修建耗費多，規模宏大的昭應宮。一力促成其事的三司使丁謂爲修昭應宮使，翰林學士李宗諤（965～1013）爲同修宮使，皇城使劉承珪爲副使，至於藍繼宗仍以供備庫使任都監之職。〔註45〕

〔註43〕《長編》，卷六十九，大中祥符元年五月癸未條，頁1546；《宋會要輯稿》，第二冊，〈禮二十二・封禪〉，頁1119～1120；第五冊，〈瑞異一・天書〉，頁2613。

〔註44〕《長編》，卷七十，大中祥符元年十一月丁丑條，頁1577；十二月辛丑、癸卯、甲辰條，頁1580～1581；卷七十一，大中祥符二年二月庚寅條，頁1593；《宋會要輯稿》，第七冊，〈職官三十六・內侍省〉，頁3889；《宋史》，卷四百六十六〈宦者傳一・李神祐傳、張繼能傳〉，頁13607，13623。當時李神祐官南作坊使，石知顒官內園使，張景宗官西京左藏庫使，藍繼宗官供備庫使。他們都勒令守本官罷都知職。眾人中以藍繼宗官位最低。張景宗是眞宗藩邸舊人，故陞遷高於藍繼宗。李神祐被解職後，後來掌御廚七年，大概在大中祥符六年（1013）卒，再沒有復內侍省及入內內侍省的都知。關於大中祥符元年宋廷高級內臣之位序，《宋史・宦者傳一・李神福傳》有一節記述：「大中祥符初，天書降夕，（李）神福與劉承珪、鄧永遷、李神祐、石知顒、張景宗、藍繼宗同直禁中，賜以器幣、緡錢。京師酺會，又令神福與白文肇、閻承翰典之。」可證藍繼宗在內臣的地位，大概在第十一位。除了這一節所述京中比他高的六人外，在外的內臣地位在他之上的尚有衛紹欽、秦翰、韓守英和張崇貴四人。參見《宋史》，卷四百六十六〈宦者傳一・李神福傳〉，頁13606。

〔註45〕《長編》，卷七十一，大中祥符二年四月己亥條，頁1602。《長編》這條將藍繼宗訛寫爲藍繼「忠」。

十二月辛卯（十一），遼國母承天蕭太后（953～1009）病逝。翌年（大中祥符三年，1010）正月丁巳（初七），邊臣奏報遼國相韓德讓（941～1011）離世。（按：韓德讓其實要到大中祥符四年（1011）三月己卯（初六）才逝世）。〔註46〕眞宗君臣以遼聖宗（971～1031，982～1031在位）懦弱，不足爲患，就展開另一回的祀汾陰（后土所在，今山西運城市萬榮縣榮河鎭西南廟前村北古城）的活動。參與其事的官員中，藍繼宗再榜上有名。八月戊申（初二），眞宗以知樞密院事陳堯叟爲祀汾陰經度制置使，翰林學士李宗諤副之。陳權判汾陰所在的河中府（今山西運城市永濟市西），李權同知府事。樞密直學士戚綸（954～1021）與昭宣使劉承珪爲計度轉運使。後來戚出知杭州（今浙江杭州市），由龍圖閣待制王曙（963～1034）代其職。藍繼宗仍以供備庫使，與在澶淵之盟後備受眞宗寵信的客省使曹利用（971～1029），以及眞宗親信、位在藍繼宗之上的西京左藏庫使張景宗一同負責修建行宮和道路。這趟差使只有劉承珪和藍繼宗是留用的舊人。順帶一提，地位最高的內臣宣慶使、昭州防禦使勾當皇城司李神福在是年四月病逝，入內都都知昭宣使秦翰、昭宣使領誠州團練使內侍省左右班都都知張崇貴、昭宣使、鄜延路都鈐轄韓守英，以及昭宣使劉承珪成爲內臣之首。〔註47〕

〔註46〕 脱脱（1314～1355），劉浦江（1961～2015）等（修訂）：《遼史》（北京：中華書局點校修訂本，2016年4月），卷十四〈聖宗紀五〉，頁178～179；卷十五〈聖宗紀六〉，頁185；《長編》，卷七十二，大中祥符二年十二月癸卯條，頁1645～1646；卷七十三，大中祥符三年正月丁巳條，頁1650。考《長編》將承天蕭太后之死繫於十二月癸卯（廿三），當是指收到消息的日子。

〔註47〕 《長編》，卷七十四，大中祥符三年七月丙申條，頁1681；八月戊申、乙丑條，頁1682，1686。附帶一提，在太宗朝與藍繼宗有一段淵源的戶部尚書溫仲舒，投閒多年後，在這年七月丙申（十九）病逝。劉承珪在大中祥符元年即以議封禪泰山，而掌發運使得以遷昭宣使領長州防禦使。至於張崇貴早在景德三年十月，即自六宅使、獎州刺史、內侍省右班都知擢爲皇城使、誠州團練使、內侍省左右班都知。擔任涇原路都鈐轄的秦翰，亦早在景德三年十一月自宮苑使、恩州刺史拜皇城使、入內內侍省都都知。至於原昭宣使衛紹欽，大概在景德四年或大中祥符元年卒。參見《宋史》，卷四百六十六〈宦者傳一·李神福、劉承規、秦翰、張崇貴、衛紹欽〉，頁13606，13609，13612～13613，13624；卷四百六十七〈宦者傳二·韓守英〉，頁13632；《宋會要輯稿》，第一冊，〈禮一·郊祀職事〉，頁494；第三冊〈禮二十八·郊祀五使〉，頁1310；第四冊，〈儀制十三·內侍追贈·贈觀察使〉，頁2570；《長編》，卷六十四，景德三年十月庚午、丁巳條，頁1428～1429；十一月乙卯條，頁1434；卷六十五，景德四年三月壬寅條，頁1447；五月癸丑條，頁1457。

年底，眞宗西祀汾陰準備就緒。十二月丁卯（廿三），他命簽署樞密院事馬知節（955～1019）為行宮都部署。另一方面，他留下親信內臣昭宣使劉承珪管勾皇城大內公事，另任入內副都知張繼能掌大內兼舊城內巡檢鈐轄。眞宗君臣西祀汾陰鬧劇的事，龍圖閣待制孫奭（962～1033）終於忍受不了。是月，他以歲旱和京師近郡穀價暴貴為由，上言眞宗批評東封西祀的不妥和天書的無稽。他的敢言震動朝野，大概以此之故，藍繼宗後來將他所聽聞的此事原委，告訴兒子藍元震，而由司馬光紀錄下來。〔註48〕

　　眞宗東封西祀的興頭正高，自然不會接受孫奭的勸諫。他在大中祥符四年正月丁酉（廿三），帶同天書往祀汾陰，直至四月甲辰（初一）才返回京師，完成他的西祀大典。在這次西祀汾陰的差使中，藍繼宗和上回東封泰山一樣，除了負責修治行宮和道路外，擔任天書扶侍都監之職。眞宗事後大賞群臣，藍也自供備庫使遷三資為東染院使。〔註49〕值得一提的是，藍繼宗的前輩，久在西邊招撫李德明有功的昭宣使張崇貴在這年八月逝於延州（今陝西延安市）任上，眞宗優贈他豐州觀察使。〔註50〕

　　眞宗才西祀汾陰畢，九月辛卯（廿一），命刑部尚書向敏中為首的眾大臣為四嶽奉冊使，故意命反對天書的孫奭為東嶽奉冊副使。藍繼宗因為要趕修玉清昭應宮，不用出差。十月戊辰（廿九），眞宗慰勞修建昭應宮的臣下，詔丁謂、李宗諤、劉承珪及藍繼宗等四人檢視昭應宮的內殿功德以及御書，然後賜宴丁、李二人，另賜劉、藍二人在別廳酒食。這回藍繼宗又沾了天書的光。〔註51〕

〔註48〕《長編》，卷七十四，大中祥符三年十二月丁卯、癸酉條，頁1698～1702；《宋史》，卷四百六十六〈宦者傳一・張繼能傳〉，頁13623。另參見注2。

〔註49〕《長編》，卷七十五，大中祥符四年正月丁酉條、四月甲辰、甲子、丙寅條，頁1708，1718，1720；《宋史》，卷一百四〈禮志七〉，頁2534～2535；卷四百六十七〈宦者傳二・藍繼宗〉，頁13633。

〔註50〕《宋史》，卷四百六十六〈宦者傳一・張崇貴傳〉，頁13619；《長編》，卷七十五，大中祥符四年正月甲午條，頁1708；卷七十六，大中祥符四年六月甲子條，頁1727；《宋會要輯稿》，第四冊，〈儀制十三・內侍追贈・贈觀察使〉，頁2570。《宋史・張崇貴傳》、《宋會要・儀制十三》及《長編》卷七十五大中祥符四年正月甲午條注均以張崇貴歿於大中祥符四年八月，但不知為何，《長編》卷七十五大中祥符四年六月甲子條，卻記張崇貴子張承素向眞宗請求為其亡父立碑，似乎將張崇貴逝世繫於是年六月。

〔註51〕《長編》，卷七十六，大中祥符四年九月辛卯條，頁1726；十月戊辰條，頁1738。

眞宗君臣對於以天書爲中心的神道設教把戲樂此不疲，主意層出不窮。
大中祥符五年十月，眞宗又稱夢見所謂趙宋王室始祖「九天司命上卿保生天
尊」，並再授給他天書。眞宗召輔臣至延恩殿，觀看所謂天尊降臨之所。時任
修玉清昭應宮都監的藍繼宗，這次又第一時間與李宗諤和劉承珪瞻仰天尊的
「聖蹟」，也算得上是聖眷方隆了。當然天書是眞是假，他心中有數。〔註52〕
天書再降，眞宗於閏十月丁卯（初三），命首相王旦等宰執五人爲躬謝太廟大
禮使，開展一連串的祀奉「聖祖」（即司命天尊）的活動。〔註53〕眞宗照例給
文武百官加官晉爵，眞宗所寵信的內臣，修建昭應宮有勞的宣政使、應州觀
察使劉承班，特置景福殿使以授，另遷新州觀察使，仍領修玉清昭應宮副使。
作爲劉承珪副手的藍繼宗，大概也在此時領會州刺史，進崇儀使。當劉承珪
在家養病時，藍繼宗除了協助劉承珪修建昭應宮外，也勾當皇城司，分擔劉
的工作。〔註54〕十二月丁亥（廿四），眞宗寵愛的德妃劉氏（970～1033，1022
～1033 攝政）冊爲皇后，誰都看得出，野心勃勃的劉皇后，將會成爲權力的
中心。

大中祥符六年（1013）上半年沒有天書封禪的活動，只有在三月由昭應宮
正副使丁謂、李宗諤往建安軍（即眞州，今江蘇揚州市儀徵縣）奉迎所鑄的玉
皇、聖祖、太祖、太宗尊像。這回藍繼宗不用出使。因劉承珪多病，內臣中執
事的是內園使內侍省左班都知閻承翰和昭宣使韓守英。這年三月，眞宗作〈內
侍箴〉賜閻承翰等。眞宗在這篇箴言，說出了他要內臣安份守紀的話：

> 內懷中祗謹，乃可事君，其或輕率，必當陷刑辟而失身。苟能靖專，
> 無或放佚，朕之望也。監治軍戎，唯在甘苦一同，臨蒞之務兼濟。
> 奉使於外，本自無威，苟假朝廷之威，人之奉爾，蓋爲朝廷。或不

〔註52〕《長編》，卷七十九，大中祥符五年十月戊午條，頁1797～1798。
〔註53〕《長編》，卷七十九，大中祥符五年閏十月丁卯至乙亥條，頁1799～1801。
〔註54〕《長編》，卷七十九，大中祥符五年十一月丙午條，頁1804～1805；十二月甲
子條，頁1806～1807；卷八十一，大中祥符六年七月丙申條，頁1839；《宋
史》，卷四百六十六〈宦者傳一·劉承規〉，頁13609；卷四百六十七〈宦者傳
二·藍繼宗〉，頁13633。劉承珪在大中祥符四年四月西祀禮成後拜宣政使領
應州觀察使。祥符五年以疾求致仕。他的死黨、參政、修昭應宮使丁謂請眞
宗挽留，於是眞宗特置景福殿使一職以授，班在客省使上。劉所領的五嶽觀、
內藏庫和皇城司，眞宗仍命他管勾，其他兼職就由別人代領。實際上皇城司
的常務，止印白內藏庫有創制，眞宗才與他商量，讓他在家養病。劉承珪又
請納還觀察使月俸。眞宗詔許，又定景福殿使俸如內客省使，而給予實錢，
還親自作歌賜之。劉承珪是北宋第一個獲授景福殿使的內臣。

矜伐，掌守禮度，不自專輒，常稟法制，則外人見，仍加欽重。復命入對，勿希旨，勿附辨，但存公平之道，常持正直。節儉忠直，不爲奢侈之事，切思遲遲。爾有勤勞，國家必以官報爾，不求自至也。〔註55〕

對眞宗這番告誡，藍繼宗自然心領神會。在眾多內臣中，他不像張景宗那樣是眞宗的藩邸舊人，也不像劉承珪那樣勞績卓著，深得眞宗信任，而且有王欽若一伙奧援。他也不像秦翰、張崇貴以至衛紹欽、韓守英、閻承翰等有顯赫的軍功。他惟有安份守紀，奉公當差，循資而上。《長編》和《宋史》本傳稱他『事四朝，謙謹持，每領職未久，輒請罷。家有園池，退朝即亟歸，同列或留之，繼宗曰：『我欲歸種花卉，弄游魚爲樂爾。』」〔註56〕

七月，總領內臣的景福殿使劉承珪卒。當他病篤求罷時，曾使人向眞宗請求授節度使。眞宗徵求首相王旦的意見，王旦反對，最後眞宗改授他安遠軍節度觀察留後、左驍衛上將軍致仕。他病卒後，才追贈他鎮江軍節度使，諡曰忠肅。王旦反對授將死的劉承珪爲節度使，除了以祖宗之制所無爲理由外，相信是他內心對這個權重一時的內臣不滿的反映。雖然劉承珪對眞宗忠心耿耿，任事勤奮，勞績卓著，但他性沈毅，「尤好伺察，人多畏之」。當他奉眞宗之命修祠祀，飾宮觀，特別是玉清昭應宮時，他伙同丁謂等人，極爲耗費地營建，因其權勢而「有司不敢計其費」。王旦看在眼裡，雖感不滿，但礙於眞宗的面子，不能說甚麼，最後只能在授官事上報復這個權閹。〔註57〕

〔註55〕　《長編》，卷八十，大中祥符六年三月甲辰、乙卯條，頁1820～1821；六月辛巳條，頁1831；《宋會要輯稿》，第七冊，〈職官三十六・內侍省〉，頁3891；《宋史》，卷四百六十六〈宦者傳一・閻承翰〉，頁13611；王應麟（1223～1296）：《玉海》（上海：上海書店據清光緒九年浙江書本刊本影印，1988年3月），卷三十一〈聖文・祥符賜內侍箴〉，葉二十八上下；曾棗莊、劉琳（編）：《全宋文》（上海：上海辭書出版社，2006年8月），第十三冊，卷二百六十二〈宋眞宗五十一・內侍箴・大中祥符六年三月甲戌〉，頁149。眞宗賜箴，《宋會要・職官三十六》原繫於大中祥符六年二月，點校本《宋會要輯稿》已據《長編》改正。又韓守英於是年六月與翰林學士王曾勾當三班院。

〔註56〕　《宋史》，卷四百六十七〈宦者傳二・藍繼宗〉，頁13632；《長編》，卷一百十五，景祐元年十二月己卯條，頁2709。

〔註57〕　《長編》，卷八十一，大中祥符六年七月丙申條，頁1839；《宋會要輯稿》，第四冊，〈儀制十三・內侍追贈・內侍贈二官〉，頁2569；《宋史》，卷四百六十六〈宦者傳一・劉承規〉，頁13609～13610。劉承珪病篤時，眞宗取道家的方法，替他改名爲「承規」，希望能教他病愈。玉清昭應宮建成後，眞宗又追念前功，追贈他侍中。

　　劉承珪死後，他遺下的修玉清昭應宮副使由丁謂的死黨、權三司使林特接任，藍繼宗就在丁、林二人手下繼續修建工程浩大的昭應宮。林特是巧宦一名，「勤於吏職，善承上接下，每見宮使丁謂必拜，一日三見，亦三拜之。與吏卒語，煦煦惟恐傷人。」，作風與前任「人皆畏之」的劉承珪很不同。結果「人皆盡力，事無不集」。〔註58〕

　　七月丁巳（廿七），眞宗又接受一大班拍馬奉迎的文武群臣之建議，在八月庚申（初一）下詔第二年春天往亳州（今安徽亳州市）拜謁太清宮。丁謂及其死黨翰林學士陳彭年分別擔任奉祀經度制置使和副使，儀注一如祀汾陰，眞宗這回又要勞師動眾了。〔註59〕

　　大中祥符七年（1014）正月壬寅（十五），眞宗再次奉天書從開封出發往亳州祀太清宮，二月丙寅（初十）返京。途中經過應天府（今河南商丘市），眞宗詔將之陞爲南京。這次南巡，藍繼宗沒有隨行，天書扶侍都監改由入內副都知張繼能擔任。藍繼宗以崇儀使之職，奉命與內侍都知閻承翰管勾留司大內公事，兼提舉在京諸司庫務，並勾當三班院。〔註60〕

　　五月辛丑（十六），眞宗令模刻天書奉安於玉清昭應宮，王旦、王欽若分領天書刻玉使及同刻玉使，丁謂任副使，趙安仁與陳彭年爲同刻玉副使。藍繼宗意外地沒有差事，而由資歷比他淺，開始受眞宗信任的入內押班周懷政任天書刻玉都監。〔註61〕

　　六月辛巳（廿七），天書的作俑者王欽若因與樞密副使馬知節爭執，眞宗盛怒之下，將二人以及另一樞密使陳堯叟罷職，並接受王旦之建議，復用王

〔註58〕　《長編》，卷八十一，大中祥符六年七月丙申條，頁1840。

〔註59〕　《長編》，卷八十一，大中祥符六年七月甲巳條、八月庚申朔條，頁 1843～1844；《宋史》，卷一百四〈禮志四〉，頁2537。

〔註60〕　《長編》，卷八十二，大中祥符七年正月壬寅至二月辛酉條，頁1862～1865；《宋史》，卷一百四〈禮志四〉，頁2557～2558；卷四百六十七〈宦者傳二・藍繼宗〉，頁13633；《宋會要輯稿》，第三冊，〈禮五十一・徽號・朝謁太清宮〉，頁1882。入內押班周懷政與內殿崇班周文質，同時被任命爲同管勾大內公事。至於隨眞宗前往的內臣，有入內都都知秦翰、都知鄧永遷、洛苑使張景宗及內侍右班副都知竇神寶。

〔註61〕　《長編》，卷八十二，大中祥符七年五月乙未條，頁1875。《宋史》，卷四百六十六〈宦者傳一・周懷政〉，頁13614～13615。周懷政在劉承規卒後，擢爲內殿崇班入押班，並勾當皇城司。他的地位尚低於藍繼宗，但已與藍一樣擔任勾當皇城司之要職。 到眞宗朝謁亳州太清宮，他又與內侍都知閻承翰等同管勾大內事。他一下子成爲內臣的明日之星。

欽若的政敵寇準爲樞密使，並召回知鎮州（今河北石家莊市正定縣）王嗣宗（942～1019）、鄜延都部署曹利用回朝擔任樞密副使。〔註62〕八月甲子（十一），眞宗下令在袞州（今山東濟寧市袞州區）修景靈宮，以次相向敏中爲景靈宮使，丁謂與林特爲修景靈宮使及副使，藍繼宗又再被委爲都監。〔註63〕

十月甲子（十一），修建了足七年的玉清昭應宮終於落成，眞宗下令全國大宴慶祝，又封賞有功臣僚。十一月己丑（初七），藍繼宗即以功遷洛苑使、高州團練使。丁謂則加工部尚書，林特眞除三司使。丁謂並充玉清昭應宮副使，而眞宗寵信的內臣內殿承制、入內押班周懷政，與藍繼宗並充都監。〔註64〕

十一月，入內內侍省兩員都知，皇城使、恩州團練使入內都知鄧永遷，及南作坊使、獎州團練使入內都知閻承翰先後逝世，昭宣使、平州團練使、入內都都知秦翰成爲領省的惟一都知。〔註65〕內臣老輩的一個一個的離世，比藍繼宗資歷稍高或相等的，還有韓守英、張景宗、石知顒及張繼能等數人。年輕的周懷政則步步高陞，有後來居上之勢。大中祥符八年（1015）正月，周懷政擢如京副使，又負責刊刻玉皇聖號冊文。〔註66〕

大中祥符八年四月壬戌（十三），樞密使寇準攻擊深受眞宗寵信的三司使林特不成，反而惹得眞宗討厭，再遭罷職。眞宗復用王欽若與陳堯叟爲樞密使。六月，眞宗又委派藍繼宗料理亡妻章懷潘皇后（968～989）外家的家資財產分配，務求潘家族人都得到均霑。〔註67〕教藍繼宗傷感的是，一個月後，

〔註62〕《長編》，卷八十二，大中祥符七年六月癸酉至乙亥條，頁1881～1883；卷八十三，大中祥符七年七月甲辰條，頁1889。

〔註63〕《長編》，卷八十三，大中祥符七年八月甲寅、丙辰、甲子條，頁1890；《宋史》，卷四百六十六〈宦者傳一・張繼能〉，頁13623。入內副都知張繼能早於是年初以疾求解職，眞宗不允，只將他外放爲涇原路鈐轄，八月改鄜延路鈐轄，故他未獲任修景靈宮都監。

〔註64〕《長編》，卷八十三，大中祥符七年十月甲子至丙寅條，頁1899；十一月己丑、己酉條，頁1901～1903；《宋史》，卷四百六十七〈宦者傳二・藍繼宗〉，頁13633。

〔註65〕《宋會要輯稿》，第四冊，〈儀制十三・內侍追贈・贈觀察使、贈防禦使〉，頁2570～2571；《宋史》，卷四百六十六〈宦者傳一・閻承翰、秦翰〉，頁13612～13614；《長編》，卷八十四，大中祥符八年四月壬申條，頁1927。

〔註66〕《長編》，卷八十四，大中祥符八年正月丁酉至戊戌條，頁1914；卷八十五，大中祥符八年閏七月庚戌條，頁1940。石知顒在祥符八年閏七月，以莊宅使長州刺史都大管勾親王諸宮事，他與藍繼宗的地位相當。

〔註67〕《宋會要輯稿》，第十冊，〈選舉三十二・憐憫舊族〉，頁5869；《長編》，卷八十五，大中祥符八年四月壬戌條，頁1922～1925；六月壬午條，頁1943～1944；

即閏六月戊戌（二十），戰功卓著而正直的入內都都知秦翰暴卒，朝內宮內正直的人頓有凋零之感。〔註68〕

藍繼宗一向謙謹自持，對於權傾一時的王欽若、丁謂、林特一伙敬而遠之，沒有顯露一點不同的意見。不過在七月，藍繼宗卻兩度與丁謂、林特等交鋒。第一次交鋒是關於三司與在京諸司庫務的職權問題。本來依舊制，庫務司就是三司使都不得知其總數。丁謂擔任三司使後，上言凡於計度須得見實數，故眞宗許他過問，惟得由他親自書寫取閱狀，始得索取實封收掌數字，三司副使以下，均不得預聞。丁謂等並指責諸司庫務的使臣在提供數字之程序不當。眞宗即在閏六月下詔嚴旨申戒。身爲提舉在京諸司庫務官的藍繼宗，在七月因應此詔，作出回應。他上言：「準詔，每到庫務點檢不便事件，合行條約改，並與三司同議以聞，自後皆依詔施行，切緣有至不便事，及三司元規畫不當，失於拘檢，官物者更難與三司議。望許臣等上殿敷奏，若常程不便，事即與三司同議。」眞宗接受他的建議，這回他打勝了一仗。另外，他又上言都監院現爲提舉庫務都大提點倉場所提轄，請求併歸一處。眞宗也接納他的意見。〔註69〕第二次交鋒是在同月底，藍以提舉諸司庫務的身份，向眞宗進言，反對由丁謂和林特主導的茶法改革的博易新法，屢言其非便。丁謂反駁他的質疑，向眞宗表示願與藍繼宗答辯。眞宗於是召藍繼宗與丁謂對

《宋史》，卷二百四十二〈后妃傳上・眞宗章懷潘皇后〉，頁 8611。潘皇后是太祖功臣潘美第八女，眞宗爲韓王時初娶之妻子，她在端拱二年五月卒，眞宗繼位後追冊爲皇后。早在景德年間，當潘美子潘惟正卒時，眞宗即詔內臣劉承珪等掌其家財，令贍給潘氏諸房，凡吉凶慶弔，悉令條列。於是十餘年中尚有餘羨，其後盡以物產給付其家，惟不許他們出賣家宅田地。是年六月，潘美的孫衛尉寺丞潘宗上言，請求以京中潘氏擁有的邸舍田園所得之利，均分其族人。因原來負責此事的劉承珪已於大中祥符六年卒，眞宗改派藍繼宗料理其事，並命入內副都知張景宗同勾當長公主宅及郡縣主諸院公事。

〔註68〕 《長編》，卷八十四，大中祥符八年四月壬戌條，頁 1922～1925；閏六月戊戌條，頁 1939；卷八十五，大中祥符八年八月壬午條，頁 1943。

〔註69〕 《宋會要輯稿》，第六冊，〈職官二十七・太府寺・提舉在京諸司庫務司〉，頁 3732。提舉在京諸司庫司設於眞宗景德二年，迄神宗熙寧八年（1076），用以統轄在京諸司庫務的大小事務，在劃一制度，減少弊端方面頗有成效。關於北宋在京諸司庫務的管轄範圍、提舉諸司庫務司的職權變化及其作用，以及它與三司的權力關係，可參閱李偉國：〈論北宋的提舉諸司庫務司〉，原載《中國史研究》1986 年第 3 期，現收入所著《宋代財政與文獻考論》（上海：上海古籍出版社，2007 年 7 月），頁 43～61。李文也指出提舉司初創時，由朝臣咸綸及內臣劉承珪任提舉司長官，劉死後由藍繼宗接其任提舉官，是「宦官中地位極高的人物」。提舉官可以過問在內庫務事務，這是與三司有別的。

質，藍入對，丁謂「詢其始末」，藍「悉不能對」。丁謂第二天向眞宗回奏後，眞宗就沒有否決實行博易法。眞宗倒沒有爲此事懷疑藍繼宗的忠誠。十二月，仍委藍繼宗專門負責將三司所蓄的炭十萬秤，減價出售以濟貧民。因爲藍繼宗的廉潔奉公，以往蓄新炭之家無以坐致厚利，而小民就得以獲益。藍繼宗這差使，倒是令丁謂等三司官員得不到便宜。對於先前茶法改革的爭議，藍繼宗仍楔而不舍，大概在大中祥符九年（1016）二月，他再以榷貨務去年引錢收一百五十萬緡，比新額虧少十萬緡爲由，再次反對新茶法，但丁謂之反駁，加上王旦的支持，最終眞宗仍採納丁的意見。〔註70〕

丁、林所推行的茶法改革，好壞一時尙難定論。問題是爲何一向謙謹，與人無過節的藍繼宗忽然發難，向正受眞宗寵信的丁、林二人質詢他們精通的業務？本文不具名的審稿人認爲這很可能是出於他對丁謂等干預其主管的庫務司事務發泄不滿。此論固是；不過，筆者以爲這也是藍繼宗對丁謂等人自天書封禪鬧劇開始以來的行徑所作的間接抗議。雖然，他明知無法搖撼眞宗對丁、林等人的寵信。

對丁謂等人行徑的抗議，在這一年，先有寇準四月如轟雷似的狂擊林特，可惜他低估了林特的力量，而又不懂得與王旦合作，結果以被罷告終。然後是藍繼宗以茶法之弊作爲突破口以搖撼丁、林二人。可惜藍在茶法業務上不如丁謂精通，又得不到王旦的支持。最後是這年八月癸未（初六），寇準生平知己、深受眞宗尊重的治蜀名臣知陳州（今河南周口市淮陽縣）張詠（946～1015）臨終進言。可惜的是，雖然張詠說出大快人心的話，指責「不當造宮觀，竭天下之財，傷生民之命。此皆賊臣丁謂誑惑陛下，乞斬謂頭置國門以謝天下，然後斬詠頭置丁氏之門以謝謂」，但絲毫改變不了眞宗的心，林特照樣升官。在張詠進遺奏的十多天後，眞宗又加林特戶部侍郎、同玉清昭應宮副使，班在翰林學士之上。〔註71〕

〔註70〕《長編》，卷八十五，大中祥符八年七月乙亥條、八月戊寅條，頁 1942～1943；卷八十六，大中祥符九年二月庚辰條，頁 1971；《宋會要輯稿》，第十一冊，〈食貨三十六・榷貨〉，頁 6791；〈食貨三十七・市易〉，頁 6808。關於丁謂及林特二人主導的茶法改革及其得失優劣，近期的研究，可參閱黃純艷：〈論北宋林特茶法改革〉，《上海師範大學學報》（社會科學版），第 29 卷第 1 期（2000年 2 月），頁 18～24；虞文霞：〈丁謂與眞宗時期的茶法改革〉，《農業考古》，2001 年第 2 期，頁 261～265。

〔註71〕《長編》，卷八十五，大中祥符八年八月癸未、乙未條，頁 1944，1946。

　　藍繼宗一直都獲委派與天書封禪有關的差使，張詠所痛言的地方，他比任何人都清楚。他與劉承珪不同之處，是他沒有與王欽若一伙朋比爲姦，本傳說他「退朝即砠歸」，同列或留他，就說要回家種花養魚。只怕這是他避開與同列（特別是與他共事的丁謂與林特）的藉口。他對丁、林主導的茶法改革，不理同列之誼，向眞宗檢舉。以他的世故，本來不應做這注定徒勞無功反會招禍之事。他這樣做，大概除了不滿丁、林二人以此斂財外，也是對他們推動天書封禪，造宮觀之惡的抗議。

　　大中祥符九年二月壬辰（十七），位於袞州的景靈宮及太極觀落成，眞宗命修景靈宮副使林特往二處設醮。眞宗嘉獎以入內押班周懷政爲首的監修內臣，並賜工卒緡錢。甲午（十九），眞宗在京師元符觀南築資善堂，作爲壽春郡王（即仁宗）就學之處。周懷政被委爲都監，入內供奉官楊懷玉爲仁宗伴讀。比藍繼宗年輕近二十歲的周懷政成爲內臣中炙手可熱的人物，半年後還取代藍繼宗擔任玉清昭應宮都監。〔註72〕

〔註72〕　贊寧（919～1001）（撰），范祥雍（1913～1993）（點校）：《宋高僧傳》（北京：中華書局，1987年8月），上冊，卷三〈譯經篇第一之三・唐京師滿月傳・智慧輪〉，頁58；夏竦（985～1051）：《文莊集》，文淵閣《四庫全書》本，卷二十六〈碑銘・傳法院碑銘〉，葉一上至二下；《長編》，卷二十二，太平興國六年十二月壬辰條，頁508；卷二十八，雍熙四年八月辛巳條，頁640；卷七十，大中祥符元年十二月壬子條，頁1582～1583；卷七十二，大中祥符二年九月壬子朔條，頁1632；卷八十六，大中祥符九年二月壬辰至甲午條，頁1973；卷八十七，大中祥符九年八月丙子條，頁2003；《宋會要輯稿》，第八冊，〈職官五十四・宮觀使〉，頁4456；第十四冊，〈兵十一・捕賊一〉，頁8818；第十五冊，〈方域三・園・瑞聖園〉，頁9305；第十六冊，〈道釋二・釋院・傳法院〉，頁9999；《玉海》，卷一百七十一〈宮室・太平興國含芳園、祥符瑞聖園〉，葉二十三上下；《宋史》，卷五〈太宗紀二〉，頁96；卷四百六十六〈宦者傳一・王繼恩、周懷政〉，13603～13604，13615。周懷政稍後自如京副使超擢爲崇儀使。八月丙子（初五），周懷政任昭應宮都監，西京左藏庫副使帶御器械王承勛爲同都監，以周勾當公事常在禁中，故增置一員以遞宿而委王爲同都監。另任周懷政之弟供備庫副使周懷信爲景靈宮都監，另一員內臣、東染院使鄧守恩（974～1021）爲會靈觀都監。王承勛是太宗朝內臣王文壽（？～994）子。王文壽在太平興國五年，以高品奉太宗命與使臣劉素監護成立譯經院（後改名傳法院），開始翻譯收集回來的佛經。太宗命王文壽監譯。六年十二月壬辰（廿九），他以殿頭高品身份，與贊善大夫韋務昪（？～985後）建議選取南唐降卒堪充軍旅的並家屬部送赴京。八年十月，以高品之職奉太宗命從京師童行五百人中選得惟淨等十人，送譯經院就學。雍熙四年十月前，他奉命監督史館修《神醫普救方》，他氣燄甚盛，館中學士日夕往謁。不過，他的行事作風令他不得善終，淳化五年（994）十月庚辰（初二），他以高品之職奉

這次藍繼宗不但沒有被委以重任，還在四月己卯（初六），因九年前所修的章穆郭皇后陵的隧道現時墊陷，被責降爲如京使。不過，翌月他又以景靈宮修成，以修宮都監之功，復遷官爲南作坊使。〔註73〕

眞宗在這月又命王旦等爲恭上寶冊南郊恭謝大禮使，準備不久舉行南郊大典，另又謁景靈宮，大宴從臣。眞宗本來是高高興興的，誰料六月京師卻發生蝗災，大掃眞宗的興。雖然一意奉迎眞宗的佞臣如河北轉運使李仕衡（959～1032）及知陳州馮拯都虛報蝗災不大，但發生在天子腳下的地方的偌大蝗災，卻是紙包不了火，隱瞞不了。甚麼太平盛世，天書聖祖保祐，都不過是自欺欺人的笑話。〔註74〕

從八月丙戌（十五）開始，宋廷的中樞人事連續發生變化，首先是樞密使陳堯叟以疾求罷，眞宗命其出判河陽（即孟州，今河南焦作市孟州市）。然後是參政丁謂在九月甲辰（初三）自請罷知昇州（今江蘇南京市）。因補二人之缺，眞宗在同月丙午（初五），任翰林學士陳彭年、王曾（978～1038），以及權御史中丞張知白（956～1028）並爲參知政事，而以樞密直學士任中正（961

王繼恩命率虎翼軍二千往遂州路追擊李順餘黨，但他御下嚴急，士卒皆怨。一夕他臥帳中，指揮使張嶙遣卒數人排闥持刀入帳，斬王文壽首而出，率眾五百人投敵帥張餘。王承勛大概以父死難之恩卹而獲出仕，大中祥符元年十二月壬子（廿六）以入內高品負責接待來賀正旦的遼使。他在翌年（大中祥符二年）九月壬子二月朔（初一）已擢爲入內供奉官，奉命往洺州塞漳河水。他曾請授本州權推官祖百世正任，以獎他工作勤盡，但眞宗以他爲內臣不應論請州縣官。但眞宗仍對他寵信有加，大中祥符三年又命他爲瑞聖園（在景陽門外道東，太平興國二年初名含芳園）監官。他上言以泰山天書至京，奉安於此處，請加崇飾，於是改名瑞聖園。六年後他已擢爲西京左藏庫副使帶御器械。

〔註73〕 《長編》，卷八十六，大中祥符九年四月己卯條，頁 1981；卷八十七，大中祥符九年五月庚申、丁卯條，頁 1991，1993；八月丁酉條，頁 2007；《宋會要輯稿》，第三冊，〈禮三十七・緣陵裁製上〉，頁 1574；《宋史》，卷四百六十七〈宦者傳二・藍繼宗〉，頁 1991。藍繼宗原官洛苑使，是諸司正使西班第四階第二資，如京使是第四階第三資，藍繼宗只是降一資，算是薄責。曾經參與修陵的入內副都知張繼能在是年八月，自東染院使降一資爲西染院使。至於藍繼宗所擢之南作坊使，屬第三階第一資，藍繼宗比任洛苑使時陞了六資。五月丁卯（廿四），眞宗以修宮觀之勞，擢北作坊使李溥（？～1022後）爲宮苑使，另擢陞其他有關臣僚，疑藍繼宗也在此時受賞遷南作坊使。

〔註74〕 《長編》，卷八十七，大中祥符九年五月乙丑至丙寅條，頁 1992；六月甲申、癸巳、丁酉條，頁 1995～1997；七月辛亥至癸丑條、乙卯至丙寅條，頁 1998～2001。

～1026）爲樞密副使。〔註75〕陳堯叟與丁謂都是積極推動天書封禪的人，他們罷職後，雖然死黨陳彭年繼任參政，但新擢爲執政的其他三人都屬王旦集團。而且十月，導演當年所謂司命眞君聖祖降臨的術士王中正（？～1016）去世，對於眞宗天書夢的覺醒本來是一好機會。〔註76〕可惜十一月，王欽若借故牽起大獄，將主張罷天下醮設，節省經費以充國用的河西軍節度使、知許州（今河南許昌市）石普（961～1035）拿京問罪。由知雜御史呂夷簡（979～1044）及入內押班周懷政主審，石普被定罪，降授太子左清道率府副率，房州（今湖北十堰市房縣）安置，石普得免一死，大概是王旦所救。〔註77〕

眞宗翌年（1017）改元天禧，正月乙卯（十五）行宣讀天書之禮。王欽若任宣讀天書禮儀使。參加這次典禮之高級內臣包括入內副都知張景宗和張繼能，藍繼宗似乎沒有參與。據《宋史》本傳所載，他曾負責修會靈觀和祥源觀。〔註78〕

王欽若的死黨陳彭年好不容易才攀上參政之位，但二月己亥（三十）就在朝見天書後暴疾而死。一個多月後的四月庚辰（十二），王欽若的老搭檔、久疾的陳堯叟亦卒。〔註79〕在各種自然災害一齊發生，災情日漸嚴重情況下，首相王旦一再請辭，終於在五月戊申（十一），獲眞宗許他罷相。次相向敏中在七月本來也請罷相，但眞宗不許。八月庚午（初五），無視王旦多方反對，眞宗最後仍拜他寵信的王欽若繼任首相，而向敏中則留任次相。九月癸卯（初八），反對天書的參政王曾爲王欽若攻倒罷職，眞宗改任翰林學士李迪（971～1047）爲參政。出乎王欽若意料，眞宗竟復任王欽若的對頭馬知節爲知樞

〔註75〕《長編》，卷八十七，大中祥符九年八月丙戌條，頁2005～2006；卷八十八，大中祥符九年九月甲辰、丙午條，頁2011～2012。

〔註76〕《長編》，卷八十八，大中祥符九年十月丙子條，頁2021。王中正死後，眞宗贈他鎮海節度使，塑像景靈宮，令入內押班周懷政護喪。

〔註77〕《長編》，卷八十八，大中祥符十一月戊申條，頁2027～2028。

〔註78〕《長編》，卷八十九，天禧元年正月丙午至壬子條，頁2036～2037；卷九十二，天禧二年九月甲申條，頁2127；《宋史》，卷四百六十六〈宦者傳一・竇神寶〉，頁13601；卷六十七〈宦者傳二・藍繼宗〉，頁13633；《宋會要輯稿》，第四冊，〈儀制十三・內侍追贈・贈團練使〉，頁2571。祥源觀在天禧二年九月甲申（廿五）修成，但據《長編》，監修的內臣是西染院使鄧守恩，而非藍繼宗。另比張景宗資歷高的內臣中，原內侍右班副都知、西京左藏庫使竇神寶早在天禧元年以皇城使罷內職，並在天禧三年九月卒，贈冀州團練使。

〔註79〕《長編》，卷八十九，天禧元年二月丁酉至己亥條，頁2046～2047；四月庚辰條，頁2055。

密院事，除了曹利用和任中正留任外，又委任親善王旦、寇準的樞密直學士周起（971～1028）爲同知樞密院事。〔註80〕欽若雖然樂見他所痛恨的王旦在九月己酉（十四）因內疚神明病卒；〔註81〕但新的兩府宰執中，依附他的沒有幾個。他沒有料到的是，他最厲害的對手，竟是內臣中的大紅人周懷政。〔註82〕

相比之下，藍繼宗沒有像周懷政那樣「日侍內廷，權任尤盛，於是附會者頗眾」，只是做好份內的工作，而且小心避嫌。他過去擔任勾當皇城司時，一直將家屬安頓在皇城司內，後來爲免別人說話，將家屬徙居於外舍。天禧二年（1018）二月，他以勾當皇城司的身份上言，請與同爲勾當皇城司的周懷政，以及馬軍都虞候劉美（962～1021）輪宿於皇城司本司內。不過，真宗下詔命他從今以後只居於本司內，不用徙居外舍。有了真宗的旨意，他就可免別人，特別是周懷政的閒話。〔註83〕

四月己巳（初六），他又以提舉諸司庫務的身份上言，指出諸司官健本額是 47,966 人，現在所管的是 36,388 人。他現挑選得 23,921 人繼續充役，請將 2,954 人停役，另 513 人減衣糧之半。從他盡量節省朝廷錢糧開支的做法，我們可以推知，他對於王欽若之輩，假借天書封禪虛耗國庫民力的行徑，是不會苟同的。〔註84〕

八月庚戌（二十），真宗冊立仁宗爲太子，任參政李迪爲太子賓客，又擢陞周懷政爲左騏驥使、入內副都知兼管勾左右春坊事，周懷政頓時成爲太子的大管家。這時周懷政的權勢，就好太宗晚年的王繼恩一樣。周性識平庸，卻酷信妖妄，結果給後來造天書的朱能（？～1020）迷惑，援引他至御藥使、階州刺史。周懷政又貪婪成性，常將中外貽幣擅取入其家。考藍繼宗在《涑水記聞》的「朱能得天書」條，曾記述當日朱能僞造天書的妖妄。從各方面

〔註80〕《長編》，卷八十九，天禧元年四月辛巳至丙申條，五月戊戌至丙辰條，頁 2055～2061；七月己未條，頁 2074；八月庚午、壬申條，頁 2075；九月癸卯條，頁 2078～2079。王欽若拜相同日，真宗的親信樞密副使張旻（974～1048）被罷爲河陽三城節度使，相信這是他反對天書之故。

〔註81〕《長編》，卷九十，天禧元年九月己酉條，頁 2080～2081。

〔註82〕周懷政在天禧元年正月大禮中，又任修奉寶冊都監，加領長州刺史，是冬遷洛苑使。二年春，遷左藏庫使，位在藍繼宗的南作坊使之上。參見《宋史》，卷四百六十六〈宦者傳一・周懷政傳〉，頁 13615。

〔註83〕《宋會要輯稿》，第七冊，〈職官三十四・皇城司〉，頁 3860。

〔註84〕《長編》，卷九十一，天禧二年四月己巳條，頁 2107；《宋會要輯稿》，第六冊，〈職官二十七・太府寺・提舉在京諸司庫務司〉，頁 3733。

去看，藍繼宗與周懷政是道不同不相爲謀的人，而他很可能就是周得勢後，「同列位望居右者，必排抑之」的人。〔註85〕

十二月辛丑（十三），王欽若逼走了與他不合的參政張知白，但對頭寇準的女婿、樞密直學士王曙，早在十月壬寅（十三）從益州（今四川成都市）回朝，任太子賓客。〔註86〕在權力的平衡上王並不佔有太多的優勢。最致命的地方，是他弄虛作怪的造天書本領，已被周懷政所親信的永興軍巡檢朱能後來居上。朱能在終南山偽造天書，並且打動了一輩子不信天書的知永興軍寇準。天禧三年（1019）三月底，爲了回朝重掌權力，寇準做了一生最爲錯誤的政治賭博。爲了重獲眞宗的歡心，在周懷政及朱能的策動下，他從永興軍上奏，稱天書降於永興軍所屬的乾祐山中。雖然人盡皆知所謂乾祐天書的妖妄，但精神上已有問題的眞宗卻深信不疑，且在四月辛卯（初四），下令備儀仗至瓊林苑迎導天書入大內。另外，他在同月己亥（十二）重召寇準和王欽若鬧翻的丁謂回朝。不過，在五月己未（初三），劉皇后已急不及待將她的親信夏守恩（？～1037）和劉美擢爲殿前都虞候和馬軍都虞候，牢牢地掌握禁軍。〔註87〕寇準和王欽若固然不是她的對手，遑論自以爲大權在手的小小內臣周懷政。

〔註85〕《長編》，卷九十一，天禧二年閏四月癸卯條，頁2110；卷九十二，天禧二年六月乙未條，頁2118；八月丁酉、甲辰、乙巳、庚戌、乙卯條，頁2121～2124；卷九十三，天禧三年三月乙酉條，頁2141～2142；《宋史》，卷四百六十六〈宦者傳一·周懷政、張繼能、石知顒〉，頁13615，13623～13624，13626；《涑水記聞》，卷六，第167條，「朱能得天書」，頁113。天禧二年閏四月癸卯（十一），知樞密院事馬知節以足疾罷。六月乙未（初四），眞宗以曹利用繼任知院事。除了藍繼宗外，在八月乙卯（廿六）被罷入內副都知，出爲邠寧環慶路鈐轄的張繼能，亦有可能是周懷政所排的「同列」。按張繼能與太子左庶子樂黃目（966～1021）同時被責，他們都被眞宗親信群牧副使楊崇勳（976～1045）告發，楊與周原來是一伙，二人爲周所排的機會頗大。張繼能後來自陳不願外任，眞宗乃委他掌瑞聖園，其後再掌領往來國信所。他在天禧三年，復爲西京左藏庫使，後任爲內侍右班副都知。不久，再遷崇儀使，但他以衰老求解職，乃轉內園使，掌瓊林苑。筆者懷疑張繼能一直被周懷政排擠，乃借故退居閒職。附帶一提，另一員資深的內臣石知顒，在大中祥符末年本來復掌群牧司、三班院和親王諸宮事，但在天禧二年卻被出爲幷代鈐轄管勾麟府路軍馬事。他在天禧三年卒。

〔註86〕《長編》，卷九十二，天禧二年十月壬寅條，頁2127；十二月辛丑條，頁2131。

〔註87〕《長編》，卷九十三，天禧三年三月乙酉條、四月辛卯、己亥、己未條，頁2141～2145；五月甲申條、六月戊子條，頁2148。

　　六月甲午（初九），早已失寵的王欽若因受賕事發，加上受到周懷政的攻擊，被罷相出判杭州。甲辰（十三），回朝的寇準和丁謂分別拜相及參政。寇準所厭惡的林特，卻受丁謂之薦，陞任尚書左丞，寵信不衰。〔註88〕

　　七月壬戌（初七），皇宮發生一件翰林司藥童挾刀入本署，殺死另一藥童的事故。有關司署的臣僚都受到降職的處分，其中內臣中地位最高的勾當翰林司、入內都知、宮苑使張景宗，被責降爲左騏驥使。眞宗藩邸舊人的皇城使王遵度（？～1019 後）降爲翰林使。明德李皇后親姪李昭慶（即李昭亮，993～1063）自崇儀使降爲西京左藏庫使。另外勾當皇城司的三名內臣鄧守恩、周懷政及藍繼宗並罰金，充職如故。藍繼宗排名尚在周懷政之後。戊辰（十三），眞宗下詔在十一月辛未（十九）舉行南郊大典，內臣中，又是由入內副都知的周懷政任天書扶侍都監。〔註89〕

　　十二月辛卯（初九），眞宗又以南郊大典，加恩臣下，他寵信的周懷政加英州團練使，進昭宣使。〔註90〕翌年（天禧四年，1020）正月乙丑（十三），眞宗委在西邊有功的曹瑋爲簽署樞密院事，用以平衡樞密院各派的力量；但在三月己卯（廿八），首相向敏中病逝，寇準失卻一個有力的盟友。六月丙申（十六），在劉皇后的支持下，丁謂、曹利用，以及劉皇后的姻親翰林學士錢惟演（977～1034）合力鬥垮了寇準。支持寇準復相的周懷政在后黨的打壓下，在七月甲戌（廿五）墜入了劉皇后等人的佈置的陷阱。劉皇后親信楊崇勳首告周懷政密謀發動政變，結果周被拘捕。在后黨的樞密使曹利用主審下，周被判謀反有據而被誅，同黨朱能稍後以拒捕被殺，周父、弟及親信以及內臣多人均被重責。丁謂乘機將寇準及其親信牽連在內，將他們遠貶。周懷政以爲挾眞宗之寵信，就可以作威作福，卻沒有記取前輩王繼恩的教訓，以一員內臣介入宮廷權力鬥爭以及文臣黨爭，結果成爲權力的犧牲品。據說其父周紹忠及弟周懷信曾力勸他安份，但他不聽，終招致殺身之禍。〔註91〕

〔註88〕　《長編》，卷九十三，天禧三年六月甲午條，頁2149～2150：六月戊戌、丁未條，頁2152～2153。

〔註89〕　《長編》，卷九十四，天禧三年七月壬戌、戊戌條，頁2160～2161。

〔註90〕　《長編》，卷九十四，天禧三年十二月辛卯條，頁2173；《宋史》，卷四百六十六〈宦者傳一・周懷政〉，頁13614。

〔註91〕　《長編》，卷九十五，天禧四年正月乙丑條，頁2178; 三月己亥條，頁2186; 六月丙申條，頁2196～2198：卷九十六，天禧四年七月甲戌、丁丑條：八月辛巳、壬寅、癸卯、甲辰、丙午條，頁2208～2214；卷一百十四，景祐元年三月辛酉條，頁2860。被牽連責降的內臣，除周懷政之父內殿承制周紹忠、其

　　這次大獄以寇黨一敗塗地，丁謂一黨大勝告終。周懷政被殺，他的入內副都知職由鄧守恩替補。而他的昭宣使之缺，就由入內都知、皇城使張景宗取得。至於太子宮都監，先由入內副都知鄧守恩繼任。到天禧五年（1021）三月，鄧病逝，四月丁未（初二），就由曾舉報周懷政天書妖妄事，深受劉皇后寵信的內殿崇班雷允恭（？～1022）繼任。雷允恭亦同管勾資善堂、左右春坊司事，替劉皇后監視太子宮的動靜。〔註92〕在周懷政之獄中，藍繼宗沒

弟禮賓副使周懷信外，還有供奉官楊懷玉、入內供奉官譚元吉、高品王德信、高班胡允則、黃門楊允文、入內押班鄭志誠、入內供奉官石承慶。被貶內臣中，鄭志誠被削官流房州而死。景祐元年三月辛酉（初一），仁宗為周懷政平反，並追復鄭為入內押班，贈和州防禦使。這裡附帶考論錢惟演的生年及壽數。按《宋史・錢惟演傳》沒有記他的生卒年及壽數，而據《隆平集・錢惟演傳》及《東都事略・錢惟演傳》所記，錢享年五十八。按錢於景祐元年（1034）七月乙巳（十八）卒，則以此上推，他應生於太平興國二年（977），這亦是多數人認為的錢惟演生卒年。然王德毅教授卻引《全宋詞》卷一的記載，稱錢生於建隆三年（962），故後得年七十三。筆者查閱《全宋詞》，惟未見載錢生於建隆三年及得年七十三的根據，最近從網上的《大宋金石錄》，找到錢惟演長子錢曖的墓誌銘（按：《宋史・錢惟演傳》沒有附錢曖傳），該銘記錢曖卒於慶曆七年（1047）七月辛卯（十八），得年五十六。以此上推，錢曖當生於淳化三年（992）。若錢惟演生於太平興國二年，則他在十六歲便生錢曖，在古代是可能的事。若他生於建隆三年，他就是到三十一歲才生長子錢曖，就有點不合理了。故筆者仍認為《隆平集・錢惟演傳》及《東都事略・錢惟演傳》的記載較合理。參見《長編》，卷一百十五，景祐元年七月乙巳條，頁2690；曾鞏（1019–1083）（撰），王瑞來（校證）：《隆平集校證》（北京：中華書局，2012年7月），下冊，卷十二〈僭國・吳越・錢俶傳附錢惟演〉，頁346～347；王稱（？～1200後）：《東都事略》，收入趙鐵寒（1908～1976）主編：《宋史資料萃編第一輯》（臺北：文海出版社，1967年1月），卷二十四〈錢俶傳附錢惟演〉，葉二下至三下；《宋史》，卷三百十七〈錢惟演傳附錢彥遠〉，頁10340～10342，10345～1～346；王德毅、昌彼得（1921～2011）等（編）：《宋人傳記資料索引》，第五冊（臺北：鼎文書局，1975年12月），「錢惟演」條，頁4082；錢彥遠（994～1050）：〈宋故彭城錢府君墓誌銘〉，《新出吳越錢氏墓誌》，《大宋金石錄》網，http://blog.sina.com.cn/s/blog_de5296c70101pabk.html。

〔註92〕《長編》，卷九十六，天禧四年十一月壬戌至己巳條，頁2222～2225；十二月丁酉條，頁2230；卷九十七，天禧五年三月壬寅條，四月丁未條，頁2244～2245；卷九十七，十月癸卯條，頁2255；《宋會要輯稿》，第四冊，〈儀制十三・內侍追贈・贈防禦使〉，頁2571；《宋史》，卷四百六十六〈宦者傳一・鄧守恩〉，頁13628。丁謂的政敵次相李迪及回朝的王欽若亦在同年十一月和十二月被丁謂以計攻倒。李迪被丁謂攻倒的事，藍元震及李子儀所傳述的一則故事曾有記載。至於張景宗則在天禧五年三月壬寅（廿七），以天章閣落成遷昭宣使，並自康州團練使遷嘉州防禦使，另任都大管勾龍圖及天章閣。雷允恭亦同管勾資善堂、左右春坊司事，替劉皇后監視太子宮的動靜。

有受到株連，那正因他小心謹慎，不依附權勢所致。

四月，另一名資深的內臣內園使、并代鈐轄管勾麟府路軍馬事張繼能亦病逝。在論資排輩的情況下，與他資歷相當的人或死或出外，與世無爭的藍繼宗乃得以繼任為入內都知，位僅次於昭宣使張景宗和韓守英。五月，藍繼宗得到一份優差，以入內都知的身份被派往西夏充李德明的加恩使，得以暫時離開是非地的宮廷。據載他抵達西夏後，李德明要和他較射。藍雖然已六十二歲，但筋力未衰，每發必中。李德明讚嘆之餘，將他所乘的名馬相贈。這個表面愛種花養魚的內臣，原來武功深藏不露。〔註93〕

十月戊申（初六），祥源觀修成，真宗以勞擢陞昭宣使、入內都知、管勾祥源觀事張景宗為宣政使，雷允恭和劉承珪之子劉從愿（？～1048）為內殿承制，另擢昭宣使韓守英為宣慶使。雷允恭仗恃劉皇后的寵信，開始邀權侵利。他原屬入內內侍省，在藍繼宗管轄之下，但他已目中無人，儼然是另一個周懷政。〔註94〕

翌年（1022）正月，真宗改元乾興，當人人都以為真宗久病的身體有好轉時，二月戊午（十九），真宗卻突然逝世。〔註95〕隨著真宗的去世，擾攘前後十五年的天書封禪鬧劇終於結束。藍繼宗在這十五年中，作為旁觀者，可說看盡朝中群臣的炎涼百態，為了權位，不僅王欽若、丁謂之流大力迎合真宗荒唐自欺的行徑，就是被視為正人的寇準與王旦，也被迫妥協，只有極少數的直臣如孫奭和張詠敢上言抗爭。在藍繼宗所傳述的三則掌故，即「朱能得天書」（167條）、「孫奭諫西祀」（168條）、「王旦舉代」（173條）、「出李迪而留丁謂」（174條），藍繼宗傳達一個鮮明的訊息：天書封禪是荒唐的，乾祐

〔註93〕 《長編》，卷九十七，天禧五年五月辛丑條，頁 2247；《宋史》，卷四百六十六〈宦者傳一·張繼能〉，頁 13624；卷四百六十七〈宦者傳二·藍繼宗〉，頁 13634；《宋會要輯稿》，第四冊，〈儀制十三·內侍追贈·贈團練使〉，頁 2571。《宋史》藍繼宗本傳記他先遷內侍省右班都知，再遷入內都知。他遷右班都知的年月不詳。按原內侍右班副都知張繼能在天禧三年後以疾求解職，有可能由藍繼宗接他內侍省右班副都知的職務，藍再遷右班都知，最後陞任入內都知。

〔註94〕 《長編》，卷九十七，天禧五年十月戊申條，頁 2255～2256；《宋史》，卷一百二十二〈禮志二十五〉，頁 2851；卷四百六十八〈宦者傳三·雷允恭〉，頁 13654。雷允恭初為入內殿頭，因告發周懷政有功，超擢為內殿崇班充皇太子宮都監，至是以修祥源觀有勞遷內殿承制。另韓守英在乾興元年二月已為宣慶使，他當在天禧五年底或乾興元年正月初擢宣慶使。

〔註95〕 《長編》，卷九十八，乾興元年正月辛未、癸未、丁亥條，二月庚子至戊午條，頁 2268～2271。

天書是假的，可惜只有一士諤諤的孫奭敢說出真話。另外，在許多人心中，包括藍繼宗自己，一向不信天書的寇準，是力挽狂瀾的希望所在。可惜，寇準晚年的作為讓多數人失望了。教人惋惜的是，老實的李迪最終鬥不過奸狡的丁謂。

五、九轉丹成：宋仁宗朝的藍繼宗

仁宗繼位後，以年幼由劉太后臨朝聽政。首相丁謂為了固權，甘心聽劉太后的擺佈，並勾結劉太后寵信的雷允恭，單獨為他傳旨。丁謂獨斷獨行，將其他宰執排除在外。他又進一步逼害政敵寇準和李迪，要將他們置諸死地，並將他們的同情者或親信遠貶。〔註96〕

乾興元年二月庚申（廿一），劉太后任丁謂為山陵使，營造真宗的陵墓，步軍副都指揮使夏守恩為山陵修奉部署，年已六十三、素有修陵經驗的藍繼宗則以入內都知、勾當皇城司任山陵按行使，內侍押班王承勛（？～1035後）為按行副使。本來已優遷官為入內押班、西京作坊使、普州刺史的雷允恭並未獲委派修陵，為了可以趁機立功兼發財，雷苦苦哀求劉太后派他這個差使。劉太后也考慮他「少而寵幸，不歷外任，今官品已高，近下差遣難以使汝。

〔註96〕 《長編》，卷九十八，乾興元年二月戊午至戊辰條，頁2271～2276。本文匿名審稿人不同意筆者的看法，即丁謂為了固權，甘心聽劉太后的擺佈。並引述王瑞來的近著，提出丁謂擔任首相後，逐漸不大把劉太后放在眼中，並干涉劉太后的行動，限制內廷經費，使二人的關係變得緊張。後來他失歡於劉太后，即肇因於此。其實王瑞來只引用了《長編》乾興元年六月癸亥條的描述，沒有進一步分析丁謂的問題，亦因該文主要談的是王欽若，故對丁謂的問題並沒有深入探究，不足為憑。有關這問題，有興趣的讀者也可以參閱筆者舊作〈曹利用之死〉的相關章節（該文未被王文引用）。筆者認為丁謂能打倒寇準、李迪，陞任首相，他靠的是劉太后姻家錢惟演舉薦（按：丁的女兒嫁給錢的長子錢暖，可參前引注91的〈宋故彭城錢府君墓誌銘〉），以及同屬太后一黨，寇準和李迪的死敵的曹利用撐腰，他本身並無強固的權力基礎和主流廷臣的支持。他對這點是很清楚的，故此，他勾結劉太后寵信的內臣雷允恭，任他胡作非為，也不敢改變劉太后垂簾聽政的權力格局。他只想獨攬相權，從不敢與劉太后爭鋒。王瑞來的說法筆者認為值得商榷。參見王瑞來：〈佞臣如何左右皇權：以北宋「瘿相」王欽若為例〉，《中國文化研究所學報》，第48期（2008年），頁81～122，後收入所著《宰相故事：士大夫政治下的權力場》（北京：中華書局，2010年1月），第四章〈佞臣如何左右皇權：以北宋「瘿相」王欽若為例〉，頁129～189（有關丁謂與劉太后的關係，參頁182）；何冠環：〈曹利用之死〉，載所著《北宋武將研究》（香港：中華書局，2003年6月），頁242～254。

若近上名目，汝不知法禁，妄有舉動，適爲汝累。」但經不起他的苦求，就特命他與張景宗同管勾山陵一行諸司事。〔註97〕

二月己巳（三十），雷允恭來到陵區。三月乙酉（十六），藍繼宗向劉太后上奏，稱據司天監所定永安縣東北六里曰臥龍岡，堪充山陵。劉太后命雷允恭覆按以聞。判司天監邢中和卻向雷允恭建議將陵址上移百步，說該處的墓穴地形像子孫眾多的秦王廷美（947～984）汝州（今河南汝州市）墳，若能改爲那樣的陵址，就可以令仁宗和秦王一樣多子多孫。他惟一的擔心就是穴下可能有石，石下可能有地下水。少不更事又狂妄自大的雷允恭聞言大喜，馬上下令依邢所言，改變陵墓的位置。他雖然入稟劉太后，但又欺騙劉太后他已得到丁謂的同意。其實丁謂也覺得不妥，只是不敢開罪這個太后跟前最寵信的奴才，就不置可否，唯唯而已。聰明一世的丁謂，就錯在沒有阻止這個無知黃門的胡作非爲。丁謂和當年寇準一樣，犯了不應該犯的錯誤，聽任無知的內臣胡攪，而給對手以千載難得的反擊機會。〔註98〕

邢中和擔心的事最終發生。五月辛卯（廿三），雷允恭所開的新墓穴下面果眞有石，挖開石塊，下面有大量的水湧出，結果施工甚爲艱難。修奉山陵部署夏守恩估計這樣下去，無法建好陵墓，於是將實情上奏，等待朝廷之旨意。丁謂包庇雷允恭，仍希望照雷允恭的意思，在原地將陵墓建好。他覆奏雖掘見泉水，緣已及元料，請便修築地基。癸巳（廿五），入內供奉官毛昌達從陵園回京，具奏其事。劉太后立即派人向丁謂查問究竟。丁謂才請劉太后再派原來的修陵按行使藍繼宗和副使內侍押班王承勛及司天監前往陵園參定。兩天後（乙未，廿七），劉太后再派內侍押班楊懷玉與藍繼宗等回報實情。翌日（丙申，廿八），劉太后再派入內供奉官羅崇勳（？～1033 後）、右侍禁

〔註97〕　《長編》，卷九十八，乾興元年二月庚申條，頁2272；六月庚申條，頁2283；《宋史》，卷四百六十七〈宦者傳二・藍繼宗〉，頁13634；卷四百六十八〈宦者傳三・雷允恭〉，頁13655；《宋會要輯稿》，第三冊，〈禮二十九・歷代大行喪禮上・眞宗〉，頁1328；〈禮三十七・帝陵・眞宗永定陵〉，頁1558～1559；《全宋文》，第十九冊，卷三百九十三〈樂輔國・永定陵修奉採石記・乾興元年八月〉，頁124～129。藍繼宗在仁宗繼位後，遷左騏驥使、忠州防禦使。參與修永定陵的內臣計有內殿崇班李知常（？～1037 後）、入內供奉官毛昌達等人。李知常的事蹟可參本書第一篇〈《全宋文》前十五冊所收碑銘之宋初內臣史料初考〉，「李知常」條，頁14～15。

〔註98〕　《長編》，卷九十八，乾興元年六月庚申條，頁2283；《宋史》，卷一百二十二〈禮志二十五〉，頁2852；《宋會要輯稿》，第三冊，〈禮二十九・歷代大行喪禮上・眞宗〉，頁1330～1331；〈禮三十七・帝陵・眞宗永定陵〉，頁1558～1559。

閤門祗候李惟新往陵園所在的鞏縣，將雷允恭的罪狀參劾上奏。雷允恭慌了，要求攜帶所畫的山陵圖入奏，但劉太后不許。六月辛丑（初三），劉太后再派內殿承制馬仁俊一同審問雷允恭。兩天後（癸卯，初五），又派龍圖閣直學士權知開封府呂夷簡、龍圖閣直學士兼侍講魯宗道（966～1029）、入內押班岑保正（？～1027 後）、入內供奉官任守忠（990～1068）覆視皇堂。眾人一致請復用舊穴。劉太后令張景宗召輔臣馮拯、曹利用等到丁謂宅商議。她仍不放心，第二天再命參政王曾前往鞏縣覆視，並祭告祖宗天地。丁謂請求俟王曾回來，商議妥當，才恢復工役。劉太后等不了，下令馬上復役，只是皇堂須議定才修築。王曾回來後，依從眾議復用舊穴。對於胡作非爲的雷允恭，劉太后這回毫不留情。雷允恭以擅移皇堂，以及盜取庫金銀、錦帛及珍珠寶物以萬計之罪，及他與丁謂交構賄賂之跡。在六月庚申（廿二），被杖殺於鞏縣，雷允恭弟允中配郴州（今湖南郴州市），邢中和配沙門島（今山東煙台市長島縣西北廟島），另牽連決配者七十人。王曾利用這難得機會，設下巧計，騙丁謂讓他單獨面見劉太后，然後在劉太后簾前嚴劾丁謂包庇雷允恭，指他包藏禍心，以改動陵穴來破壞趙氏皇室的龍脈。劉太后早已不滿丁謂，加上丁得罪太多人，對劉太后爭取朝臣支持，已無利用價值，就痛下殺手將他重譴。丁謂罷相之餘，不久更被遠貶崖州（今海南三亞市）。丁謂一生聰明，卻想不到給少不更事的雷允恭連累而垮台。〔註 99〕

丁謂被罷，次相馮拯繼爲首相。六月甲子（廿六），馮被任爲山陵使，接手營建眞宗的山陵。七月戊寅（初十），馮拯建議眞宗的陵名爲「永定」，劉太后詔可。〔註 100〕藍繼宗早在六月甲寅（十六），被任爲山陵修奉鈐轄。在夏

〔註 99〕 《長編》，卷九十八，乾興元年六月庚申條，頁 2283～2287；卷九十九，七月己卯條，頁 2293～2294；《宋會要輯稿》，第三冊，〈禮二十九・歷代大行喪禮上・眞宗〉，頁 1328，1331；〈禮三十七・帝陵・眞宗永定陵〉，頁 1558～1559。七月己卯（十一），丁謂以引薦之女道士劉德妙得罪，再被馮拯藉口遠貶崖州。王瑞來教授在前引書《宰相故事》第五章，對丁謂的生平事蹟有一番很精彩的論述，他評說丁謂是罔上弄權的宋代權相第一人。他對王曾以巧計打倒丁謂的手段，認爲並不過份，蓋對付丁謂這一個「曾把寇準、李迪、王欽若等所有政敵都打得落花流水的狡猾而凶狠的敵人，王曾不講究策略，不利用偶發事件，不借助皇權，是無法將之打倒的。」參見王瑞來：《宰相故事：士大夫政治下的權力場》，第五章〈宋代權相第一人：「罔上弄權」的丁謂〉，頁 191～248。有關王曾利用眞宗山陵事鬥倒丁謂的始末的論述，參看頁 239～246。

〔註 100〕 《長編》，卷九十八，乾興元年六月甲子條，頁 2287；卷九十九，七月辛未至戊寅條，頁 2291～2293。王曾在七月辛未（初三）擢任次相，呂夷簡及魯

守恩和他的督工下，永定陵於同年八月丁未（初十）建成。劉太后早在七月丁酉（廿九）命新授入內副都知的麥守恩充永定陵使，內園副使岑守素（？～1045）充都監，負責守護修好的皇陵。河南府緱氏縣主簿、管勾採取般運山陵石段的樂輔國奉旨寫了一篇〈永定陵修奉採石記〉，稱許夏、藍「二公荷先朝拔擢之恩，副當寧選掄之寄，同心戮力，夙夜在公。仗鉞而來，得以便宜從事。募諸道兵士、工匠，來赴力役，表請文武官僚、使臣，分掌其事。雖欽承治命，以儉約而處先；而遵法古儀，在堅固以爲事。」又說二人「屢宣宸慈，撫恤士卒，餌以醫藥，賚以物帛。群情感激，罔不盡心。」〔註101〕雖然文章有溢美之嫌；不過，永定陵造得堅固，而且不太耗費，應該是事實，這也是藍繼宗一貫的做事作風。今日我們在鞏義市所見的宋永定陵仍見規模（見附圖一）。十月己酉（十三），眞宗下葬永定陵，藍繼宗的任務完成。眞宗後半生迷戀的天書，在王曾和呂夷簡的建議下，陪葬永定陵。天書封禪的鬧劇，終於結束。〔註102〕

　　翌年（1023）正月仁宗改元天聖，首相馮拯此時患病不能視事，上章求罷。劉太后在是月丁丑（十二），遣新任入內副都知的周文質持詔慰撫，不允所請。〔註103〕九月丙寅（初五），馮拯終以疾罷相，而不得人望的王欽若卻回朝拜相。教人安慰的是，從王曾以下，都並不惟王之命是從，王已沒有當年挾寵專權的威風。〔註104〕閏九月戊戌（初七），寇準卒於雷州（今廣東湛江市雷州市）。翌日（己亥，初八），馮拯亦卒於京師。劉太后命藍繼宗致奠。劉太后本來已在癸卯（十二）內徙寇爲衡州（今湖南衡陽市）司馬，但寇準不及接到詔旨已去世。宋廷許寇妻的請求，讓寇準歸葬洛陽。據載寇準棺槨北還，百姓都在路上設祭。〔註105〕

　　　宗道同日拜參政，本屬丁謂一黨的曹利用則留任爲首樞。翌日（壬申，初四），以林特爲首的一大批丁謂同黨均被責降。丙子（初八），劉太后的親信錢惟演自樞副擢樞密使。

〔註101〕《全宋文》，第十九冊，卷三百九十三〈樂輔國・永定陵修奉採石記・乾興元年八月〉，頁124～129；《宋會要輯稿》，第三冊，〈禮二十九・歷代大行喪禮上・眞宗〉，頁1331，1333；〈禮三十七・帝陵・眞宗永定陵〉，頁1559。

〔註102〕《長編》，卷九十九，乾興元年九月己卯條、十月己酉條，頁2297～2298。

〔註103〕《長編》，卷一百，天聖元年正月庚午條，頁2310。

〔註104〕《長編》，卷九十九，乾興元年十一月丁卯條，頁2299；卷一百一，天聖元年八月甲寅至九月丙寅條，頁2331～2333。乾興元年十一月，劉太后在群臣的反對下，被迫罷去她親信錢惟演之樞使職務。到天聖元年八月，錢自河陽來朝，謀取代馮拯的相位，但在群臣的極力反對下，也沒有成功。

〔註105〕《長編》，卷一百一，天聖元年閏九月乙未至己亥條，頁2336。

　　王欽若回朝後還不夠兩年，便在天聖三年（1025）七月因牽涉受賄之事失寵成疾，延至十一月戊申（三十）卒。〔註106〕藍繼宗對於王欽若之死，大概不會動容。他在意的，是他手下兩員素有戰功的高級內臣、入內副都知、涇原路都鈐轄周文質和內侍押班、涇原路鈐轄王懷信（？～1025後），都在同年九月以擅殺涇州（今甘肅平涼市涇川縣）蕃部，致環州諸族叛，擁兵玩寇之過，受到重責。他們本來都是內臣中後起之秀。取而代之的，是劉太后寵信的內侍押班洛苑副使江德明（？～1037）和上御藥羅崇勳。順便一提，與藍繼宗同輩的入內都知、宣政使張景宗在天聖元年以後的事蹟不詳，他在天聖元年已逝世。藍繼宗在天聖以後，地位僅在韓守英之下。〔註107〕

　　值得注意的是，天聖四年（1026），藍繼宗已年六十七，兩個養子藍元用及藍元震已在內廷供職（藍元用、元震生年不詳，倘藍繼宗在年三十後收養藍元用，然後才收養藍元震，則藍元用這年當已超過三十歲，而藍元震大概二十歲）。與藍繼宗同輩的內臣第二代，除了劉承珪之兒子劉從愿外，閻承翰的兒子閻文應（？～1039）也早出仕。據〈宋天聖二年隋書刊本原跋〉所載，藍元用早在天聖二年（1024）五月丁酉（十一），以入內供奉官任職上御藥供奉，他奉旨將禁中的一部《隋書》付崇文院刊刻。天聖四年二月戊申（初一），宋廷別置上御藥供奉四人，品秩比內殿崇班，因父蔭之故，藍元用獲授此職而品秩也得到晉陞。三月辛巳（初四），宋廷又特許藍元用封贈父母妻子。天聖六年（1028）二月，宋廷詔藍元用、張懷德（？～1033後）及羅崇勳等三員上御藥供奉，改名為上御藥，成為劉太后近身之內臣。至於藍元震任職內廷的年月，《宋史》只記他以「兄蔭補入內黃門，轉高班，給事明肅太后。禁中夜火，后擁仁宗登西華門，左右未集，元震獨傳呼宿衛，以功遷高品。」 藍元震這時地位雖遠低於其兄，但是劉太后近侍的人，這見得出劉太后對其父藍繼宗的信任。〔註108〕

〔註106〕　《長編》，卷一百三，天聖三年七月辛巳條，頁2384；十一月庚子至戊申條，頁2393。

〔註107〕　《長編》，卷一百三，天聖三年六月丙寅條，頁2383；七月辛卯條，頁2385；八月乙亥條，頁2387～2388；九月庚寅條，頁2389；卷一百四，天聖四年六月癸巳條，頁2411。周文質自涇原路都鈐轄、左騏驥使、惠州團練使、入內副都知貶為右率府率，衡州安置，後再責除名，白州（今廣西玉林市博白縣）編管。王懷信自涇原路鈐轄、內園使榮州刺史除名，連州（今廣東清遠市連州市）編管。另一員與王欽若親善的內臣張懷德亦被貶。

〔註108〕　魏徵（580～643）、令狐德棻（583～666）（撰）：《隋書》（北京：中華書局，1973年5月），〈宋天聖三年隋書刊本原跋〉，頁1904；《長編》，卷一百四，

　　劉太后的權力得到鞏固後，開始清除大臣中違逆她意者。天聖七年（1029）正月癸卯（十三），權傾一時的樞密使曹利用因其姪曹汭被指謀逆，受到牽連而被罷樞判鄧州（今河南南陽市鄧州市）。丙辰（廿六），劉太后再將他貶為左千牛衛將軍知隨州（今湖北隨州市）。二月底，劉太后羅織其他罪名，將他遠貶。他失寵於劉太后在先，被內臣貴戚集團誣陷於後，而文臣集團則來個落井下石。他垮台的遠因，蓋他本是丁謂的同黨，深為同情寇準及李迪的文臣集團所痛恨，樂見其敗。至於近因，就是當他掌權時，一直嚴厲約束劉太后倚為耳目的一大班內臣，既不讓他們輕易陞官受賞，有時甚至當眾羞辱這班狐假虎威的奴才，包括甚受劉太后寵信，被人認為與曹利用一齊「竊弄威權」的羅崇勳。結果羅崇勳趁奉旨審訊曹汭的機會，公報私仇，誣陷曹利用不軌。這批憎惡曹利用的宦者，就在劉太后的默許下，於是年閏二月辛卯（初二），由負責押放曹利用至貶所的內臣楊懷敏（？～1050），在途中將曹謀殺於襄陽驛。〔註109〕

　　除了羅崇勳外，另一員上御藥張懷德相信也參與打擊曹利用的活動。〔註110〕至於同為上御藥的藍元用態度如何，史所不載。筆者懷疑藍繼宗鑑於周懷政之覆轍，當不會讓兒子介入宮廷權爭。不過，對於挾劉太后寵信的那一群野心勃勃，竊弄威權的少壯派內臣，藍繼宗雖為入內都知，看來也只能獨善其身。

　　　　天聖四年二月戊申條，頁 2401；三月辛巳條，頁 2403；卷一百五，天聖五年七月丁巳條，頁 2444；卷一百六，天聖六年二月丁丑條，頁 2465；卷一百七，天聖七年閏二月丙申條，頁 2499；《宋史》，卷四百六十六〈宦者傳一・閻承翰〉，頁 13612；卷四百六十七〈宦者傳二・藍元震〉，頁 13634；卷四百六十八〈宦者傳三・閻文應〉，頁 13655；《宋會要輯稿》，第六冊，〈職官十九・御藥院〉，頁 3553。閻文應在天聖五年七月丁巳（十九），已官禮賓副使；七年閏二月已遷左藏庫使、滄州（今河北滄州市）鈐轄。

〔註109〕《長編》，卷一百七，天聖七年正月癸卯至丙辰條，頁 2491～2494；二月戊辰至甲戌條，頁 2496～2498；閏二月辛卯條，頁 2498～2499；卷一百八，天聖七年十二月辛亥條，頁 2529。曹利用未敗死時，龍圖閣待制孔道輔（986～1039）已表示：「利用及上御藥羅崇勳竊弄威權，宜早斥去，以清朝廷」。曹利用被殺的始末，可參閱何冠環：〈曹利用之死〉，頁 203～282。

〔註110〕《長編》，卷一百八，天聖七年五月甲戌條，頁 2514。李迪的至交范諷（？～1041 後）交結劉太后寵信的上御藥張懷德，獲薦於太后。范原知廣德軍（今安徽宣城市廣德縣），後以疾監舒州（今安徽安慶市潛山縣）靈仙觀。召還，即向劉太后進言，主張除去曹利用。筆者懷疑張懷德也是憎惡曹利用的內臣之一。

　　六月丁未（二十），玉清昭應宮被大雷電擊中，釀成火災，大部份遭焚毀。早就不爲劉太后所喜的首相王曾以此原因被罷，由次相呂夷簡繼爲首相。藍繼宗因不領昭應宮職事，沒有被責。不過，藍元用與其他多名內臣，以失職之故，經御史府鞫問後，七月乙丑（初八）被責降。藍元用只受到追一任勒停的處分，算是薄懲了。〔註111〕

　　藍繼宗在眞宗朝曾擔任修國史院，藍元用也在仁宗朝和羅崇勳及皇甫繼明幾個得寵內臣一同得到這份優差，擔任國史院承受之差事。天聖八年（1030）六月癸巳（十一），宰相呂夷簡上新修國史，除修史的文臣受賞外，宣慶使管勾內臣韓守英，以及藍元用、羅崇勳及皇甫繼明三人並獲遷官。〔註112〕根據天聖九年（1031）由呂夷簡、陳堯佐（963～1044）、王曙領銜所修的《昭明文選李善注本》之進呈執事名單，藍元用在天聖九年已遷官爲供備庫副使。在這份傳世的文獻中，藍元用的全部階勳爵邑官職差遣如下：

> 管勾雕造供備庫副使銀青光祿大夫檢校太子賓客兼御史大夫同管勾
> 景靈宮公事并奉眞殿兼同勾當三館秘閣公事翰林司上騎都尉中山縣
> 開國子食邑五百戶臣藍元用〔註113〕

天聖九年六月己亥（廿三），遼聖宗逝世。這自然是宋廷上下關注的大事。〔註114〕不過，教劉太后悲傷的是，情同兒子的知相州（今河南安陽市）劉從德（1008～1031）在十一月病卒，她因此得病。〔註115〕翌年（1032，按：是年十一月改元明道）二月庚戌（初九），劉太后給大臣加官，其中首相呂夷簡授中書侍郎兼兵部尚書。呂夷簡固辭兵部尚書，劉太后仍命學士院貼麻，爲

〔註111〕　《長編》，卷一百八，天聖七年六月丁未、甲寅條，頁2515～2518；《宋會要輯稿》，第八冊，〈職官六十四·黜降官一〉，頁4782。

〔註112〕　《長編》，卷一百九，天聖九年六月癸巳至甲午條，頁2540；《宋史》，卷四百六十七〈宦者傳二·藍繼宗〉，頁13633。

〔註113〕　皇甫繼明也在這執事名單內，官位和藍元用一樣，同是供備庫副使，不同之處在他加帶御器械，另爵封保定郡開國侯，而在執事掛名也比藍元用高。此份執事名單刊於《秀州州學刊本》，源出韓國所藏的《奎章閣所藏六臣注文選》，現有韓國古活字本刊行。參見屈守元：〈《文選六臣注》跋〉，《文學遺產》，2000年第1期，頁40～47。

〔註114〕　《長編》，卷一百十，天聖九年六月己亥條，頁2563～2564；八月丁丑條，頁2565。附帶一提，在是年八月丁丑（初二），呂夷簡的妻父、寇準的同年馬亮（959～1031），以太子少保致仕的官職卒。在藍繼宗所傳述的一則記聞「王旦舉代」（173條）中，馬亮是眞宗曾點名可繼王旦相位的人。

〔註115〕　《長編》，卷一百十，天聖九年十一月乙未條，頁2571。劉從德是劉太后前夫劉美的兒子，她們二人的眞實關係待考。

　　了表示恩寵，就特別派已年七十三的入內都知藍繼宗到閤門賜這幅詔書給呂夷簡。〔註116〕

　　明道元年八月壬戌（廿三），文德殿修成，但當晚禁中失火，火勢漫延，將崇德、長春、滋福、會慶、延慶、崇徽、天和、承明八殿燒毀。幸而後擢至入內都都知的王守忠（？～1054）弟小黃門王守規（1011～1077）發現得早，眾內臣奉帝后至安全地方。禁中起火時，劉太后擁持著仁宗登西華門躲避，左右侍從一時未集。藍繼宗幼子、隨侍在側的藍元震立即走下城樓，傳召尋找宿衛護駕。九月庚午（初二），宋廷賞滅火護駕之功，首席內臣景福殿使、雅州防禦使、入內都知韓守英遷內侍都知，月俸增三萬。大概稍後再加新置的延福宮使以寵之。藍繼宗則自宮苑使、忠州防禦使、入內都知遷昭宣使。入內押班西京作坊使、文州刺史江德明則擢如京使遷入內副都知，入內押班禮賓使盧守懃（？～1040 後）領昌州刺史。其他內臣自上御藥至內品十五人均獲陞遷，其中王守規超擢為入內殿頭，而藍元震也稍遷為入內高品。至於藍元用有否受賞，就未見載。稍後閻文應和劉從愿再獲擢陞，他們是準備接韓守英及藍繼宗的職位的。〔註117〕

　　明道二年（1033）三月甲午（廿九），劉太后久病辭世，仁宗親政。還不到一個月，劉太后所寵信的一大群「權寵頗盛」，任以「訪外事」，「以此勢傾

〔註116〕《長編》，卷一百十一，明道元年二月庚戌條，頁2576。
〔註117〕《長編》，卷一百十一，明道元年八月壬戌條，頁2587；九月庚午條，頁2588～2589；十一月戊子至庚寅條，頁2592；卷一百十六，景祐二年二月癸亥條，頁2720～2721；《宋史》，卷十〈仁宗紀二〉，頁194；卷六十三〈五行志二上〉，頁1377；卷四百六十七〈宦者傳二‧藍元震、王守規〉，頁13634，13638；《宋會要輯稿》，第四冊，〈禮五十八‧謚‧群臣謚〉，頁2067；第八冊，〈職官五十二‧諸使雜錄〉，頁4455；宋敏求（1019～1079）（撰），誠剛（點校）：《春明退朝錄》（與《東齋記事》合本）（北京：中華書局，1980年9月），卷上，「內臣謚」條，頁9；高承（？～1085後）（撰），金圓、許沛藻（點校）：《事物紀原》（北京：中華書局，1989年4月），卷六，「延福宮使」條，頁293。據《事物紀原》與《宋會要‧職官五十二》的說法，班官的最高職位延福宮使（從五品）置於明道元年，韓守英則是首位授延福宮使的內臣，疑他是在明道元年九月賞滅火之功而授。王守規是藍繼宗當年修真宗陵的副手王承勛（勳）的幼子，入內都都知王守忠弟。王承勛在景祐二年二月任群牧都監，其後事蹟及卒年不詳，他最後官至宣慶使贈寧國軍節度使謚「安簡」。王守規後來擢至宣慶使、內侍右班副都知。劉太后在是年十一月再擢江德明為文思使、晉州團練使，左藏庫副使、內侍右班都知閻文應為洛苑使、開州刺史，劉從愿自左藏庫使為洛苑使。

中外」，以入內副都知江德明、東染院使羅崇勳、張懷德為首的內臣多人，分別在四月丙辰（廿一）及五月己巳（初五）被逐出朝廷。五月，首席內臣入內都知、延福宮使韓守英卒，已擢為宣慶使的藍繼宗終於成為地位最高的內臣，是年他已七十四歲。仁宗大概看在藍繼宗的面上，允許當年同為劉太后身邊的上御藥藍元用留在宋廷，另擢閻文應為入內副都知，做藍繼宗的副手。十一月，仁宗在為寇準平反的同時，也為曾任他太子府都監的周懷政平反，另復任其弟周懷吉為禮賓副使。這個當年自取滅亡的內臣，總算恢復名譽。〔註118〕十二月，宋宮牽起一場大風波，仁宗將他不喜的郭皇后（1012～1035）廢為淨妃。鼓動仁宗廢后的，除復相的呂夷簡外，尚有右諫議大夫范諷以及入內副都知閻文應。已露角頭的右司諫范仲淹（989～1052）領頭抗爭，一大群少壯的言官起來反對廢后，並將矛頭指向當年被視為直臣的呂夷簡，結果范仲淹等被貶責。身為內臣之首的藍繼宗，在這事上似乎是置身事外。〔註119〕

仁宗在翌年（1034）改元景祐，這是藍繼宗擔任入內都知最後的一年。人間恩怨，世道是非，在這年教人看遍。首先在是年三月及四月，仁宗先後為在乾祐天書一案中被株連的內侍鄭志誠及翰林學士楊億平反，然後在八月，因周懷政弟、入內押班周懷信的申訴，仁宗再將劉太后的親信楊崇勳落

〔註118〕《長編》，卷一百十二，明道二年三月甲午、四月戊申、癸丑、丙辰至己未條，頁2609～2613；五月戊辰至癸酉條，頁2616～2617；七月辛巳條，頁2622；卷一百十三，明道二年九月乙酉條，頁2636～2637；十月乙巳條，頁2639；十一月辛未至甲戌條，頁2643；《宋會要輯稿》，第四冊，〈儀制十三·內侍追贈·贈留後〉，頁2570。按明道二年七月辛巳（十八），張懷德為有司發其姦狀，被除名配隸廣南。九月乙酉（廿三），再以修仁宗生母章懿太后（987～1032）之陵有過，罰銅三十斤，再徙遠處。十月乙巳（十三），江德明給言者劾他在外仍不檢點，奪入內副都知之職。另一內臣朱允中也落內侍押班之職。江德明在景祐四年（1037）二月前，以左藏庫使、果州防禦使之職卒。這裡附帶一談，《涑水記聞》卷十稱「章獻太后臨朝，內侍省都知江德元權傾天下」，而其弟江德明也恃勢欺人。檢《長編》及《宋史》，並未見載所謂內侍省都知江德元權傾天下之事。李燾在有關條下也注引《涑水記聞》這則異說，並指出此說為其所不取。參見《涑水記聞》，卷十，第306條，「李及不阿權貴」，頁195；《長編》，卷一百六，天聖六年五月丁巳條，頁2473。

〔註119〕《長編》，卷一百十三，十二月甲寅至丙辰條，頁2648～2654；卷一百十五，景祐元年七月乙未條，頁2689。關於郭皇后被廢事，近期的研究可參閱楊果、劉廣豐：〈宋仁宗郭皇后被廢案探議〉，《史學集刊》，2008年第1期，頁56～60。筆者在考論閻文應在仁宗朝的惡行時，也論及他在鼓動仁宗廢后的角色，可參閱本書第七篇〈小文臣與大宦官：范仲淹與仁宗朝權閹閻文應之交鋒〉，頁217～229。

使相貶知壽州（今安徽六安市壽縣），並將楊的同黨、楊懷吉之弟姪多人貶黜，算是替忠心於他的周懷政出了一口氣。〔註120〕七月至八月，錢惟演和他的政敵、樞密使王曙相繼逝世。而本來是呂夷簡知交，後來因爭權而反目的王曾，因王曙之死而得以回朝復任樞密使。王曾回朝不久，藍繼宗又目睹另一場宮廷鬧劇，那就是好色的仁宗，因沉溺美人窩而幾乎病重不起，最後由章惠楊太后（984～1036）下旨，並由已陞任入內都知的閻文應執行，逐去仁宗迷戀的兩個宮嬪，才中止了仁宗的荒唐行徑。在這事上，身爲首席內臣的藍繼宗究竟何所作爲？筆者懷疑他其實在背後主持，才化解了這場可大可小的危機。〔註121〕九月，仁宗總算康復過來，在楊太后的決定，呂夷簡等的支持下，仁宗立開國元勳曹彬（931～999）的孫女爲后（即慈聖光獻曹皇后，1016～1079）。這是藍繼宗致仕前所恭逢的最後一次宮廷大典。〔註122〕十二月己卯（廿三），已屆七十五高齡的藍繼宗，以老疾自請罷都知之職。仁宗允許，特別擢他景福殿使，並遷邕州觀察使，讓他榮寵地在家退休。〔註123〕宋廷在翌年（景祐二年，1035）正月庚寅（初五）特詔封贈藍繼宗的父母，但藍繼宗在同月卒，年七十六，宋廷追贈他安德軍節度使，諡「僖靖」。〔註124〕

　　藍繼宗在仁宗繼位後的十四年中，經歷了劉太后的攝政和仁宗的親政，目睹了宋廷眾多的人事陞沉變幻，也看到養子藍元用及藍元震出仕，而他自己也在同輩先後過世，毫無爭議下陞任宋宮的首席內臣，最後以高壽功名令終。他一生歷事四朝，謹慎自持，位高而不弄權，雖無顯赫戰功或卓著功業，但以任勞任怨的勞績，不介入朝臣宮闈鬥爭的明智，而得到帝后的信任，並能度過無數的風波，得以安享晚年，且蔭及後人。教人可惜的是，以他所處的內廷高位，卻沒有留下與這十四年有關的政海掌故，給後人細細玩味。

〔註120〕《長編》，卷一百十四，景祐元年三月辛酉條，頁2670；四月甲午條，頁2672～2673；卷一百十五，八月辛酉條，頁2692～2693。

〔註121〕《長編》，卷一百十五，景祐元年七月辛巳條，頁2690；八月癸亥、庚午、辛未條，頁2693～2696。

〔註122〕《長編》，卷一百十五，景祐元年九月壬午、辛丑、甲辰、乙巳條，頁2698，2700～2701。

〔註123〕《長編》，卷一百十五，景祐元年十二月己卯條，頁2709。

〔註124〕《宋會要輯稿》，第四冊，〈禮五十八·諡·群臣諡〉，頁2062；〈儀制十·陳請封贈〉，頁2507；〈儀制十三·內侍追贈·贈節度使〉，頁2569；《宋史》，卷四百六十七〈宦者傳二·藍繼宗〉，頁13634。群書只載藍繼宗在景祐二年正月卒，日期不詳。

六、內臣世家：藍元用事蹟考

藍元用在父親過世時，大概以恩蔭再獲擢陞。景祐二年十一月戊子（初八），被廢的郭皇后暴卒，繼藍繼宗任首席內臣的昭宣使、入內都都知閻文應及其子勾當御藥院閻士良，涉嫌加害郭皇后，在以范仲淹為首的群臣的攻擊下，這個「專恣，事多矯旨付外，執政不敢違」的權閹，父子俱被罷職貶外。景祐三年（1036）正月壬辰（十三），仁宗命知制誥丁度（990～1053）以及已擢為內侍省內侍押班的藍元用同護葬事，建陵台於奉先院之東北隅。〔註 125〕

五月，宋廷又起紛爭，打倒閻文應的英雄，一向敢言的天章閣待制、權知開封府范仲淹，因開罪首相呂夷簡，被落職貶知饒州（今江西上饒市鄱陽縣），同情范仲淹的人被指為朋黨，名臣歐陽修（1007～1072）及余靖（1000～1064）均被貶。〔註 126〕值得注意的是，這時的藍元用與亡父一樣，沒有介入朝臣之黨爭。

閻文應被貶後，宋廷地位最高的內臣，計為崇儀使、貴州團練使、入內副都知張永和（？～1045 後），以及皇城使、雅州刺史、內侍副都知王守忠。藍元用在十月獲得陞遷，自供備庫使、忠州刺史、內侍押班遷為西京左藏庫使。兩個月後，他和皇甫繼明等，並以管勾三館、秘閣上新校四庫書的功勞，在十二月辛未（廿七），再擢為入內副都知，遷洛苑使。〔註 127〕比起亡父，藍

〔註 125〕《長編》，卷一百十七，景祐二年十一月戊子條，頁 2762；十二月辛亥條，頁 2764～2765；卷一百十八，景祐三年正月壬辰條，頁 2774；《宋會要輯稿》，第三冊，〈禮三十二・后喪一・郭皇后〉，頁 1466～1467；〈禮三十七・后陵・郭皇后陵〉，頁 1592；第四冊，〈儀制十三・內侍追贈・贈觀察使〉，頁 2570～2571。關於郭皇后之死，所有人都指閻文應嫌疑最大，但仁宗卻奇怪地不願追究。筆者認為個中還有別情，疑章惠楊太后其實是指使閻文應下手殺害郭皇后的幕後黑手。可參閱本書第七篇〈小文臣與大宦官：范仲淹與仁宗朝權閹閻文應之交鋒〉，頁 225～235。按閻文應被貶出朝後，在寶元二年（1039）九月前，以昭宣使、嘉州防禦使、相州鈐轄任上卒。又據司馬光所記，閻士良曾對孫器之（即孫珪，？～1080 後）言及郭皇后被廢後，仁宗一度想立京師富民陳子城之女為后，但他以陳的出身低微，力勸仁宗收回成命。這顯然是閻士良為自己所作的惡事辯護之辭。參見司馬光：《涑水記聞》，卷十，第 284 條，「仁宗欲納陳子城女為后」，頁 183。關於閻士良反對陳氏女為皇后的事，可參閱本書第八篇〈北宋閻氏內臣世家第三、四代人物閻士良與閻安〉的考論。

〔註 126〕《長編》，卷一百十八，景祐三年五月丙戌至戊戌條，頁 2783～2787。

〔註 127〕《長編》，卷一百十九，景祐三年八月辛未條，頁 2800；十月癸亥條，頁 2809；十二月辛未條，頁 2813；卷一百二十二，寶元元年八月丁亥條，頁 2878～

元用陞遷便快得多。

景祐四年（1037）四月，藍繼宗生前最看不起的天書封禪罪首丁謂卒於光州（今河南信陽市潢川縣）。丁之死，除了引起復相的王曾一番感慨外，並未對宋廷內外有何震動。反而在十二月，范仲淹的政敵繼續散佈范等結朋黨外，又以其他事誣告他，仁宗幾乎要將他遠貶嶺南，幸而參政程琳（988～1056）為之辯護，仁宗才收回成命。〔註128〕

翌年（1038）仁宗改元寶元，當宋廷的文臣仍為范仲淹是否結黨展開爭論時，西夏主元昊（1004～1048，1032～1048在位）已開始部署侵宋。〔註129〕十月甲戌（十一），元昊稱帝。十一月乙卯（廿三），深受宋廷上下尊重的王曾在鄆州（今山東荷澤市鄆城縣）病逝，宋廷失去了一個可以鎮住大局的元老重臣。〔註130〕面對元昊可能的進攻，宋廷被迫作出種種部署，包括試圖利用西蕃唃廝囉（997～1065）對付元昊，以及削除元昊的官爵，停止所有賞賜以儆服他。另外也加強陝西各路的防禦。寶元二年（1039）十一月辛亥（廿四），西夏終於發動攻擊。翌年（康定元年，1040）正月，宋軍在三川口（約今陝西延安市西20公里處，即今延安市安塞縣、延安市境的西川河匯入延河處）之戰慘敗。〔註131〕這次宋軍失利，部份原因是內侍都監黃德和（?～1040）不肯應援，以及內臣鈐轄盧守懃作戰不力所致，但仁宗在二月，仍然派入內副都知王守忠領梓州觀察使，任陝西都鈐轄，出任儼如監軍之職。知諫院富弼（1004～1083）極力反對此項任命，但仁宗不聽。不過，在群臣之反對下，

2879。在藍元用晉陞西京左藏庫使的同時，王守忠自儀鸞使遷皇城使，劉承珪之子劉從愿自左藏庫使、嘉州刺史、入內押班遷內藏庫使；西京左藏庫使、韶州刺史、內侍押班史崇信遷文思使；崇儀使、內侍押班任文慶遷六宅使。又皇甫繼明亦以功，自西京左藏庫使、端州刺史、入內副都知加文思使。藍元用在景祐三年十月仍為入內押班，相信是在十二月擢陞入內副都知。寶元元年八月丁亥（廿三），張永和再以南郊恩典擢為入內都知，成為藍元用之上司。

〔註128〕 《長編》，卷一百二十，景祐四年四月己亥條，頁2830；十二月壬辰條，頁2843～2845。

〔註129〕 《長編》，卷一百二十一，寶元元年正月癸卯至丙辰條，頁2849～2856。

〔註130〕 《長編》，卷一百二十二，寶元元年十月甲戌條，頁2882～2883；十一月戊午條，頁2886。

〔註131〕 《長編》，卷一百二十五，寶元二年十一月甲辰至十二月乙丑條，頁2944～2945；卷一百二十六，康定元年正月癸酉至二月丙戌條，頁2965～2971；《宋史》，卷十〈仁宗紀二〉，頁204～206。

仁宗在五月終罷王守忠都鈐轄職，而且在無人可用的情況下，任韓琦（1008
～1075）和范仲淹爲陝西經略副使，收拾殘局。〔註132〕

九月己卯（廿七），因范仲淹的請求，仁宗再命翰林學士丁度、西上閤門
使李端愿（？～1091），以及轉任內侍押班的藍元用，共同試驗三班院、殿前
馬步軍司之將校士兵中自薦有武藝、膽勇敢戰和謀略出眾者。藍元用被委以
此任，看來他與其父一樣頗有武略。結果，他們三人將受試的人分爲五等，
中選者凡一百八十人。〔註133〕

翌年（1041）仁宗再改元慶曆。二月，由於韓琦輕率出兵，宋軍再次慘
敗於好水川（今寧夏西吉縣境內之什字路河川）。〔註134〕宋廷這時又禍不單
行，碰上汴河流不通。三月己巳（廿六），藍元用以內侍押班奉命祭靈津廟。
〔註135〕一波未平，一波又起，遼國趁著宋軍兩度覆師，在慶曆二年（1042）
三月，遣使來索取關南地。四月，宋廷派富弼使遼交涉，經歷半年反覆交涉，
九月，宋遼重訂新約結束紛爭。但翌月，宋軍又三度覆師於涇原路的定川寨
（今寧夏固原市中河鄉大營村硝河西北岸黃嘴古城）。〔註136〕十月甲寅（十
四），宋廷收到宋軍覆師的報告後，面對西線再起烽煙，即差派翰林學士兼龍
圖閣學士王堯臣（1003～1058）爲涇原路安撫使，而以當時任洛苑使、英州

〔註132〕《長編》，卷一百二十六，康定元年二月己丑條，頁 2972；三月戊寅條，頁
2989～2992；卷一百二十七，康定元年五月戊寅至己卯條，頁 3013～3014；
卷一百三十二，慶曆元年六月辛丑條，頁 3145。又據《宋會要・儀制十三》，
在慶曆元年（1041）六月辛丑（廿四）病卒的，是其子名王崇吉的入內副都
知右騏驥使象州防禦使王惟忠（按：《宋會要輯稿》記其職爲入內都知）。而
《長編》卻將他訛寫爲王「守」忠。考王惟忠在景祐元年（1034）十月癸亥
（初七）以入內押班往視河決。到康定元年八月癸未朔（初一），即以右騏驥
使象州防禦使入內都知的身份奉命齎手詔至永興軍與等議邊事。參見《長
編》，卷一百十五，景祐元年十月癸亥條，頁 2703；卷一百二十八，康定元
年八月癸未朔條，頁 3031；卷一百三十二，慶曆元年六月辛丑條，頁 3145；
《宋會要輯稿》，第四冊，〈儀制十三・內侍追贈・贈節度使〉，頁 2569。
〔註133〕《宋會要輯稿》，第九冊，〈選舉十七・武舉〉，項 5587～5588；《長編》，卷
一百二十八，康定元年九月甲戌條，頁 3044。
〔註134〕《長編》，卷一百三十一，慶曆元年二月己丑至丁酉條，頁 3100～3103。
〔註135〕《長編》，卷一百三十一，慶曆元年三月乙亥條，頁 3113。宋廷同時派知制
誥轟冠卿（988～1042）祭河瀆廟。
〔註136〕《長編》，卷一百三十五，慶曆二年三月己巳至辛未條，頁 3229～3231；四
月庚辰條，頁 3224～3226；卷一百三十七，慶曆二年七月壬戌至癸亥條，頁
3282～3287；九月癸亥至乙丑條，頁 3291～3294；閏九月癸巳條，頁 3300
～3303。

團練使、內侍副都知的藍元用作其副手。慶曆三年（1043）正月，王堯臣向仁宗覆奏，提出許多抵禦西夏進攻的建議，請仁宗交范仲淹及韓琦相度施行，仁宗依其奏請。當中有多少是藍元用的意見，史所不載，無法確考。值得一提的是，藍元用這次副王堯臣出使，在慶曆壬午（二年）仲冬五日途中參奉金天帝祠留下傳世的石刻題名（見附圖）。〔註137〕

　　慶曆四年（1044）初，藍元用以疾請罷內侍副都知職。仁宗允許，授他眉州防禦使，並命知制誥歐陽修撰寫制文。歐陽修在制文中對藍元用稱譽備至，稱許他「既明而敏，慎密一心，不見過失，屢更器任，實簡于懷」。又說「惟爾之舊予所嘉，惟爾之勞予所錄」。就在這時，藍元用弟藍元震忽然發難，在仁宗前指控慶曆三年七月回朝任參政，主持史稱「慶曆變法」的范仲淹私結朋黨。歐陽修雖然隨即奏上他有名的〈朋黨論〉辯護，但並沒有化解仁宗的懷疑，最後范仲淹於是年六月自請解政而罷。究竟藍元用在這事件上有無參與其？藍元用生平行事，頗類其父，「慎密一心」，從不介入文臣的黨爭。他在這時正以疾請罷內侍副都知，論理他應當沒有興趣介入范的政敵夏竦（985～1051）與韓、范的黨爭。而且歐陽修曾為他撰寫極好的制文，並未結怨於他。以此推論，藍元震上奏不像受其兄授意，也許是他自己投靠夏竦一黨，而做出此事來。〔註138〕

　　藍元用罷都知後，內臣中居首的是慶曆五年（1045）三月擢宣慶使的入內都知張永和、擢昭宣使的內侍都知王守忠、擢皇城使的入內副都知劉從愿，以及藍元用的老搭檔皇城使、入內副都知皇甫繼明。〔註139〕三年後，即慶曆八年（1048）正月，以平貝州（後改名恩州，今河北邢台市清河縣）之亂有

〔註137〕國家圖書館善本金石組編：《宋代石刻文獻全編》（北京：北京圖書館出版社，2003 年 6 月），第三冊，〈王堯臣藍元用題名〉，頁 119；《長編》，卷一百三十八，慶曆二年十月癸卯、癸丑、甲寅條，頁 3309，3314～3315；卷一百三十九，慶曆三年正月丙子條，頁 3338～3341。藍元用在上述與王堯臣的題名中，署名「大梁藍元用」，與其養父藍繼宗繫籍南海不同，大概藍元用原籍開封（即大梁），為藍繼宗收養。

〔註138〕歐陽修（撰），李逸安（點校）：《歐陽修全集》（北京：中華書局，2001 年 3 月），卷四十一〈外制集序〉，頁 595～596；卷八十一〈洛苑使英州團練使內侍省內侍右班副都知藍元用可眉州防禦使罷副都知制〉，頁 1175。歐陽修在慶曆三年十二月拜知制誥，四年八月出為河北轉運使，為藍元用寫制文當在這時。考藍元震攻擊范仲淹等結黨在四年四月，疑藍元用在是年三月前罷，這時歐陽修對藍氏兄弟尚無芥蒂，故願為藍元用寫一篇很正面的制文。

〔註139〕皇甫繼明在慶曆七年十二月前，以皇城使、象州防禦使、入內副都知卒於任上。參見《長編》，卷一百五十五，慶曆五年三月乙亥條，頁 3760～3761；《宋會要輯稿》，第四冊，〈儀制十三・內侍追贈・贈節度使〉，頁 2569。

功的入內副都知麥允言（？～1050）擢昭宣使，八月入內都知王守忠自宣政使超擢爲景福殿使，那是藍元用無法比擬的。藍元用大概在慶曆八年復任爲入內副都知，填補在這年三月逝世的劉從愿遺缺，而位在入內都知張惟吉（？～1054）之下。十二月庚辰（十六），仁宗命翰林侍讀學士郭勸（981～1052）與藍元用出使，命與河北及京東轉運使再行相度修復黃河故道利害以聞。翌年（皇祐元年，1049）正月己亥（初六），他再被派往澶州經度治河工費。〔註140〕

藍元用最後一項見載於史籍的任務，是在皇祐二年（1050）正月丙辰（廿八），他再被委派與御史中丞郭勸和入內都知張惟吉，一起檢校黃河故道工料。〔註141〕張惟吉在至和元年（1054）底逝世不久，藍元用也在至和二年（1055）三月卒，他最後的官位是左藏庫使、梓州觀察使、入內內侍省副都知。宋廷優贈他司徒、保大軍節度使，謚「榮恪」。仁宗在這月優遷高級內臣多人，藍元用可能沾了光，乃得以優遷爲觀察使。〔註142〕他得年多少，史所不載，若以他在景祐三年任內侍押班及入內副都知當爲五十歲，他卒年可能爲七十歲。〔註143〕

〔註140〕《宋會要輯稿》，第四冊，〈儀制十三・內侍追贈・贈節度使〉，頁 2569；第十六冊，〈方域十四・治河上〉，頁 9561；《長編》，卷一百六十五，慶曆八年閏正月戊申條，頁 3907；八月壬申條，頁 3960；十一月癸丑條，頁 3974；十二月庚辰條，頁 3977～3978；卷一百六十六，皇祐元年正月己亥條，頁 3981；卷一百六十七，皇祐元年九月乙卯條，頁 4015；卷一百六十九，皇祐二年八月乙丑條，頁 4057；九月辛亥條，頁 4061；十月癸亥條，頁 4063。按《長編》慶曆八年十二月庚辰條，將藍元用之省職作入內內侍省都知，當是衍了「副」字。按藍元用在皇祐二年仍是洛苑使、眉州防禦使、入內副都知。而麥允言辛於皇祐二年八月時，已官至宣慶使、入內都知、遂州觀察使。王守忠在皇祐二年十月，更擢爲延福宮使、入內都都知，在眾入內都知之上。又劉從愿在慶曆八年三月前，以昭宣使、眉州防禦使、內侍右班副都知任上辛。

〔註141〕《長編》，卷一百六十八，皇祐二年正月丙辰條，頁 4033。

〔註142〕《宋會要輯稿》，第四冊，〈禮五十八・謚・群臣謚〉，頁 2063；〈儀制十三・內臣追贈・內侍贈二官〉，頁 2569；《長編》，卷一百七十九，至和二年三月丙子條，頁 4323。張惟吉早在至和元年十二月前，即以如京使、果州團練使、入內都知任上辛。至和二年二月，仁宗超擢兩員入內副都知任守忠和鄧保吉，自宮苑使及昭宣使並爲宣政使。另一員入內副都知史志聰（？～1058 後）則加領忠州團練使，而擢內侍押班石全彬爲入內副都知；又擢內侍押班武繼隆（？～1058 後）及鄧保信（？～1055 後）並爲內侍副都知。內侍押班王從善（？～1056 後）、鄧宣言（？～1056 後）及于德源（？～1055 後）均加北作坊使及洛苑使。疑藍元用亦在此時得到最後一次加官。

〔註143〕據《長編》所記，兩省都知及押班，並選年五十以上及有邊功者參用。藍元用在景祐三年初已爲內侍押班，年底擢入內副都知。倘是年他五十歲，到至和二年，他當爲七十歲。參見《長編》，卷一百九十六，嘉祐七年正月己酉條，頁 4737。

藍元用餘生的最後六年，即皇祐二年到至和二年，值得一書的大事，首先在皇祐四年（1052）四月，廣源儂智高（？～1055）叛宋，另朋黨爭議之主角范仲淹則在五月辭世。〔註144〕宋廷爲平定儂智高之亂，曾考慮委入內都知任守忠任大將狄青（1008～1057）之副，最後因群臣之反對而作罷；不過，入內押班石全彬（？～1070）仍被任爲副將。石全彬是石知顒之孫，他和藍元用兄弟一樣，也繼承父業，開始在仕途上出頭，他以從征之功，戰後獲得擢陞，也更得仁宗的信任。在這場仁宗後期的大征戰中，藍元用兄弟並未被委以任何任務，也許在仁宗君臣眼中，藍氏兄弟之武幹不著。〔註145〕

仁宗在皇祐五年（1052）九月，打破成規地任他藩邸舊人、早已擢爲入內都都知、延福宮使、武信軍留後王守忠爲入內內侍省、內侍省都知，總管入內及內侍兩省。然後又在翌年（至和元年，1054）正月，因王守忠以老疾罷延福宮使，眞除他武信軍（即遂州，今四川遂寧市）留後。十一月，仁宗又因石全彬經理仁宗寵愛的張貴妃（即溫成張皇后，1024～1054）喪事之勞，超擢石全彬爲宮苑使、利州觀察使，數天後再擢他爲入內副都知。雖然知制誥劉敞（1019～1068）極力反對，但三個月後仁宗仍委石爲入內副都知，替補在至和元年十二月病逝的入內都知張惟吉之缺。至和二年三月，藍元用逝世的同月，仁宗又超擢本來資歷比藍淺的任守忠和鄧保吉（？～1067）爲宣政使。〔註146〕相比之下，仁宗對藍元用的寵信，是比較一般的。他至死仍無法像亡父一樣成爲地位最高的內臣。

藍元用病逝，其弟藍元震倒是獲其遺蔭陞官。他大概在至和二年中自供備庫副使擢爲文思副使。由知制誥王珪（1019～1085）所撰的制文云：

　　敕某：維爾兄元用事朕左右，小心一德，今夫往來聘好之事，朕所

〔註144〕《長編》，卷一百七十二，皇祐四年四月丙戌條，頁 4142；五月丁卯條，頁 4146～4147。

〔註145〕《長編》，卷一百七十三，皇祐四年八月辛卯條，頁 4168；九月癸亥至庚午條，頁 4174；卷一百七十四，皇祐五年二月乙酉條，頁 4199；《宋史》，卷四百六十六〈宦者傳一・石全彬〉，頁 13626～13627。

〔註146〕《長編》，卷一百七十五，皇祐五年九月壬辰條，頁 4234；卷一百七十六，至和元年正月癸巳條，頁 4251～4252；卷一百七十七，至和元年十一月戊寅、壬午條，頁 4291～4292；十二月己酉條，頁 4295；卷一百七十九，至和二年三月丙子條，頁 4323；卷一百八十四，嘉祐元年九月丁未條，頁 4449；卷一百八十五，嘉祐二年五月辛巳條，頁 4478。考石全彬陞官最快，他到嘉祐元年（1056）九月，已擢至宣慶使、武信軍留後。另武繼隆也在嘉祐二年（1057）擢至宣政使。

劇委也。乃引年以辭，願澤其天倫之親。矧歷載之勞，庸勿褒廬？

爾優秩，以眷中侍之厚。可。〔註147〕

以上的制文雖是寫給藍元震，但算得上是仁宗對藍元用服侍內廷一生的評價。

七、餘論

藍繼宗在宋初高級內臣中是毫不起眼的一個，他既沒有王繼恩、周懷政等權勢薰天，積極介入政治權力鬥爭的劣跡；也不像秦翰、張崇貴等有卓著的軍功。藍繼屬默默耕耘，任勞任怨，行事小心謹慎，不捲入凶險的宮廷政治的人。他從太祖開寶四年自南漢入宋廷服役始，到仁宗景祐元年以七十六高齡，善終於景福殿使、入內都知任上，歷事太祖、太宗、真宗、仁宗四朝。他的兩個兒子藍元用和藍元震，後來又相繼擔任入內副都知的內臣高位，儼然是內臣世家。藍元震於神宗熙寧十年（1077）卒於入內副都知任上，算起來他們父子兄弟前後歷侍六主凡一百零七年。在北宋前中期，可能是一個空前的紀錄，也許只有本文引述的王文壽、王承勛、王守忠及王守規的王氏內臣世家可以比擬。〔註148〕而值得我們注意的是，因他們父子長期擔任內臣高位，其特殊的身份位置讓他們得以耳聞目睹多如山積的宋廷內外秘聞軼事。本來他們正是活的歷史，可惜的是，同是內臣，他們卻沒有像太史公司馬遷（前145或135～前90）或明代著名內臣劉若愚（1584～1641後）那樣，留

〔註147〕王珪：《華陽集》，文淵閣《四庫全書》本，卷四十〈供備庫副使藍元震可文思副使制〉，葉九下。王珪任知制誥年月不詳，據《長編》所記，他於至和二年十月前已任知制誥，而至嘉祐四年（1059）十一月前已改任翰林學士。疑此篇制文撰於至和二年三月藍元用卒後。參見《長編》，卷一百八十一，至和二年十月己酉條，頁4380～4381；卷一百九十，嘉祐四年十一月丙申條，頁4597。

〔註148〕本文所引述，與藍繼宗父子兄弟約莫同時的王文壽、王承勛、王守忠、王守規祖孫三代，也是一個值得注意的內臣世家。按王文壽在太平興國五年已出仕，與藍繼宗同時，不過他並未任內臣高職已為亂兵所殺，而其子王承勛資歷次於藍繼宗，曾任藍的修陵副手，後來官至宣慶使，大概曾任兩省都知。他的長子王守忠與藍元用同時，官至首席內臣的延福宮使入內都知，比藍元用為高。其幼子王守規與藍元震同時，官至宣慶使，比藍元震地位稍高。王承勛與兩子均任高級內臣，與藍氏父子相仿。從王文壽在太平興國五年（980）已出仕計起，到王守規卒於熙寧十年（1077），王氏祖孫三代前後任宋廷近百年，若計算王文壽在太祖朝的仕歷，可能與藍氏世家相近，甚至更長。惟王氏內臣祖孫三代並沒有特別的事功，沒有教人注意的問題，另與他們有關，可資進一步研究的資料也不算太多。有志研究北宋內臣世家的同道，也不妨探討此一內臣世家，或許有新的發現。

下珍貴的史乘給後人閱覽。我們今天只能透過藍元震的口述，司馬光的筆錄，才得窺宋初政治冰山的一小角，那是教人惋惜的。

誠如許多學者所指出，因前代負面歷史經驗的鑑戒，以及文官集團力量相對的強大，宋代內臣在政治上的影響力有限，甚至擔任配角的份量也不足。不過，宋代君主仍喜歡使用他們寵信的內臣擔任朝廷內外各樣事務，從出使外國，到統軍出征，戍守邊地，守護皇城，修建皇陵，營造宮室，審治刑獄，管理倉庫，治理河道，察訪民情，祭祀天地，刻印典籍，幾乎是無事不預。他們固然有乘機弄權歛財，勾結官員，濫權瀆職者，但亦有不少表現出非凡才具，任事稱職的。宋代內臣的出身背景、個人性格，以至對政治權力的野心，均影響他們在政治上的參預和作為。我們今天所看到關於宋代內臣事蹟的紀錄，大多數是宋廷士大夫帶著有色眼鏡，帶著濃厚的偏見寫成的，與事實的真相可能有很大的距離。本文嘗試從藍氏父子兄弟自身的角度來寫他們所處之時代和他們的事蹟，但限於史料的缺乏，特別是欠缺他們自己所留下的材料，例如他們的詩文信札日記，恐怕仍然不大能成功地重建以內臣為中心的歷史個案。

就本文的觀察，藍繼宗父子兄弟，代表宋代幹才類型的內臣。他們多才多藝，任勞任怨，對於君相交下的任務，無論是修陵造宮，還是治河修道，刻書滅火，理財掌庫，多數時候都做得稱職。雖然他們都沒有被委以軍旅之任（藍氏父子其實武藝不差），從而建立軍功，〔註149〕但他們在宮內宮外的勞績，加上帝王的賞識，已足夠他們被擢為內臣之首領，擔任入內都知的職務。

藍繼宗與藍元用父子行事小心謹慎，知所進退。特別是藍繼宗，由於早年的經歷，讓他對宮廷權爭的險惡有很深刻的認識，是故他選擇不與同列往來，而以種花養魚作為避禍之道，最後得以安享天年，功名令終，且蔭及二子。〔註150〕當然，他對朝政的休戚好壞，殊非置若罔聞。真宗朝澶淵之盟之

〔註149〕柳立言認為宋初君主與士大夫對內臣角色是「以閹為將」，似乎未有檢視像藍繼宗父子這樣從來不曾為將的內臣個案。見柳立言：〈以閹為將：宋初君主與士大夫對宦官角色的認定〉，原刊《大陸雜誌》第91卷第3期（1995年9月），收入宋史座談會（主編）：《宋史研究集》第26輯（臺北：國立編譯館，1997年2月），頁249～305。

〔註150〕考明末毛一公（？～1620後）的《歷代內侍考》對藍繼宗和稍後的張惟吉（？～1054）與甘昭吉（？～1063後）有較好的評價，說他們能知足安份。他說：「自世味之中人也，士雖高明者時猶染指，重名節而輕爵祿，代不數人，況閹官日侍禁闈，耳目之所睹聞，靡非富貴，容也謂宜濡染不能自拔，而繼宗屢辭權任，託與園池。惟吉欣就薄選，昭吉願奉陵寢，皆庶幾知止足之義矣。」

訂立，以及天書封禪的鬧劇，始末曲折他都洞若觀火。他後來透過兒子藍元震的口，將他的看法以及對人物的愛憎月旦間接地表達出來。這位歷事四朝，以謹慎自持，而又不對權貴奉迎的內臣長者，其獨特的處世行事是值得注意的。

藍繼宗父子的個案研究，嚴格而言，是給讀者提供一個由內臣的視角，去檢視北宋前期的政治狀況。另一方面，也讓我們得以一窺宋代內臣在宋宮生存之道，以及他們的自我價值取向，而不純像傳統史家那樣，只從士大夫或統治者的立場角度看這班「刑餘之人」。筆者所感到不足的是，目前我們所能找到有關藍氏父子生平事蹟的史料仍相當有限。例如有關他們父子信仰方面的記載便闕如，希望他日能在這方面有所補足。史學界對宋代內臣的研究，在許多領域，例如宦官制度方面，已有很不錯的成績。不過，由於史料相對匱乏，宋代內臣在宋代政治、軍事、社會、宗教等方面所扮演的角色，以及他們所帶來的影響，我們目前所能看到的僅是一點點一片片。本文在論說藍氏父子生平事蹟時，提及眾多宋廷高級內臣的名字。關於宋代高級內臣，即兩省押班、副都知、都知、都都知，以及專授以高級內臣的班官，從昭宣使、宣政使、宣慶使、景福殿使、延福宮使的拜罷情況，目前尚未有學者加以全面整理研究。而宋代高級內臣之間的權力問題，也尚未有專門的研究。此外，過去的研究雖已較爲注意文臣與內臣的關係，但深度仍嫌不足。我們若能多做一些內臣個案研究，尤其是較有代表性的宋代內臣個案，好像藍氏父子兄弟這樣的「內臣世家」，相信會增加我們對這個處女研究領域的認識。

後記：

本文初稿名爲〈北宋內臣藍繼宗（960～1036）、藍元用（？～1055）、藍元震（？～1077）事蹟考〉，在 2007 年 3 月 16 日至 18 日在北京大學中國古代史研究中心主辦的「鄧廣銘教授百年誕辰紀念國際學術研討會」宣讀，蒙家師陶晉生院士閱覽指正，又蒙李裕民教授及葛金芳教授在會上賜予寶貴意見，據之修改。因初稿逾五萬字，遠超紀念論文集所許可的字數，會議後蒙

毛一公看出藍繼宗託名園池是爲避權任，惟毛一公沒有深究藍繼宗爲何有此智慧的選擇。參見毛一公（撰）：《歷代內侍考》，載《續修四庫全書》（上海：上海古籍出版社據浙江圖書館藏清抄本影印，2002 年），第 517 冊，《史部‧傳記類》，卷十一，頁 118。

紀念論文集主編張希清教授俯允，許筆者先將初稿之藍元震部份的一萬五千字修訂後發表。該文題爲〈北宋內臣藍元震事蹟考〉，載張希清（主編）：《鄧廣銘教授百年誕辰紀念論文集》（北京：中華書局，2008 年 11 月），頁 502～512。

2009 年 5 月 2 日

修訂後記：

　　本文原刊《中國文化研究所學報》，第五十期（2010 年 1 月），頁 1～40。現除改用最新的《宋會要輯稿》、《全宋文》、《宋太宗皇帝實錄校注》版本外，並增補了一些新資料，及加強了一些觀點，特別是增補了可與藍氏內臣世家比較的王氏內臣世家的論述。

藍繼宗負責修建的河南鞏義市宋眞宗永定陵

為宋太祖所誅之內臣、藍繼宗早年上司、南漢著名權閹、玉清宮使、德陵使、龍德宮使、開府儀同三司、行內侍監、上柱國龔澄樞（？～971）於（南漢劉鋹大寶六年，即乾德元年，963）與鄧氏三十二娘（疑為其妻）五月壬子（初一）於廣州光孝寺千佛鐵塔所題之銘文

慶曆壬午（二年，1042）仲冬五日，藍元用以內侍副都知隨王堯臣謁金天帝祠題名

第五篇　北宋內臣藍元震事蹟考

一、前言

　　不少研究北宋朋黨之爭，特別是仁宗朝慶曆黨爭的論著，都注意到歐陽修（1007～1072）在慶曆四年（1044）撰寫有名的〈朋黨論〉，以回應仁宗（1010～1063，1022～1063 在位）的質疑，肇因一個名藍元震（一作藍元振，？～1077）的內臣向仁宗奏告范仲淹（989～1052）等結朋黨。後來范仲淹等因頂不住反對改革的勢力而相繼離開宋廷，令改革中途而廢，轉折點正是藍元震的發難。〔註1〕

〔註 1〕有關的著作可參閱周祚紹：〈論黃庭堅和北宋黨爭〉，《九江師專學報》（哲學社會科學版），1996 年第 2 期，頁 57；沈松勤：《北宋文人與黨爭——中國士大夫群體研究之一》（北京：人民出版社，1998 年 12 月），第二章第一節〈君子小人之辨與朋黨論〉，頁 47～57；羅家祥：《朋黨之爭與北宋政治》（武漢：華中師範大學出版社，2002 年 1 月），〈北宋朋黨觀略論（代緒論），頁 1～17；吳淑鈿：〈館下談詩探析〉，《復旦學報》（社會科學版），2002 年第 6 期，頁 120；黃潔瓊：〈蔡襄與宋代的改革〉，《哈爾濱學院學報》，第 25 卷第 6 期（2004 年 6 月），頁 105；程安庸：〈晏殊評說〉，《求索》，2005 年第 4 期，頁 150。以上各文均引述藍元震這番攻擊范仲淹的話，又關於藍元震進言的月日，應在歐陽修撰〈朋黨論〉前，抑其後？《歐陽修全集》卷十七所收錄的〈朋黨論〉題下，稱撰於他在諫院時。按歐陽修在景祐元年十二月拜知制誥，是時藍元震尚未上疏。又李燾（1115～1184）《續資治通鑑長編》（以下簡稱《長編》）在該條下之小注云：「此一節恐在修進論前，更詳之。」李燾也未能確定。至於本於《長編》而編的《皇朝編年綱目備要》，則記歐陽修上論在前，而藍元震進言在後。筆者認為歐陽修上奏應如李燾所言，在藍元震上疏之後較為合理。參見李燾：《續資治通鑑長編》（北京：中華書局點校本，1979 年 8 月至 1995 年 4 月），卷一百四十八，慶曆四年戊戌條，頁 3580～3582；陳

　　藍元震何許人也，《宋史‧宦者傳二‧藍繼宗》有他的不足一百三十字的附傳。他的養父藍繼宗（960～1036）及兄長藍元用（？～1055）先後擔任內臣最高職位的入內內侍省都知和副都知，而他本人在神宗朝也累官至入內副都知，位列高級內臣。〔註2〕值得我們注意的是，鄧廣銘教授（1907～1998）與張希清教授合校的宋代最重要筆記小說《涑水記聞》，其中卷一「符彥卿不可復委以兵柄」（44 條）、卷六「朱能得天書」（167 條）、「孫奭諫西祀」（168條）、「駁幸金陵與蜀」（169 條）、「高瓊請幸北城」（170 條）、「寇準在澶淵」（171 條）、「王欽若譖寇準」（172 條）、「王旦舉代」（173 條）、「出李迪而留丁謂」（174 條）等九條，據司馬光（1019～1086）所述，乃「藍元震云」、「皆藍元震云」、「元震及李子儀云」、「直省吏親爲元震言之」，司馬光並補充說明「前數事皆元震聞其先人所言也，元震先人爲內侍省都知」。〔註3〕

均（1174～1244）（編），許沛藻、金圓等（點校）：《皇朝編年綱目備要》（北京：中華書局，2006 年 12 月），上冊，卷十二，頁 265；歐陽修（撰），李逸安（點校）：《歐陽修全集》（北京：中華書局，2001 年 3 月），第二冊，《居士集》，卷十七〈論七首‧朋黨論‧在諫院進〉，頁 297～298。

〔註 2〕脫脫（1314～1355）（編纂）：《宋史》（北京：中華書局點校本，1977 年 11 月），卷四百六十七〈宦者傳二‧藍繼宗附藍元震〉，頁 13634。

〔註 3〕參見司馬光（撰），鄧廣銘、張希清（校注）：《涑水記聞》（北京：中華書局點校本，1989 年 9 月），卷一，第 44 條，「符彥卿不可復委以兵柄」，頁 20；卷六，第 167 條，「朱能得天書」，頁 113～118。司馬光這幾則得自藍元震的傳聞，均爲李燾《續資治通鑑長編》所採用，其長短李燾亦有所辨正。參見《長編》，卷四，乾德元年二月丙戌條，頁 83～84；卷五十七，景德元年閏九月乙亥條，頁 1267～1268；卷五十八，景德元年十月丙子條，頁 1287；十二月丁亥條，頁 1292～1293；十二月戊戌條，頁 1298；卷六十二，景德三年二月丁酉條，頁 1398；卷七十四，大中祥符三年十二月癸酉條，頁 1698～1702；卷八十四，大中祥符八年四月壬戌條，頁 1922～1925；卷九十三，天禧三年三月乙酉條，頁 2141～2143；卷九十六，天禧四年八月辛巳條，頁 2211；十一月乙丑至己巳條，頁 2223～2226。又與藍元震一同傳述「出李迪而留丁謂」一則傳聞的「李子儀」，可能是仁宗至神宗時人李縕（？～1073後）。據王德毅教授的考證，李縕字子儀，在嘉祐元年（1056）七月癸巳（十三）及三年（1058）八月庚戌（十二）以秘閣校理考試國子監舉人，至五年（1060）四月庚申（初二），已任權同判尚書刑部。熙寧三年（1070）出知蘇州（今江蘇蘇州市），到熙寧五年（1072）四月乙卯（初六），以刑部郎中、秘閣校理同判太常寺。到熙寧六年（1073）十月壬辰（廿三）見知明州（今浙江寧波市），累官太常少卿。《全宋詩》收他所作詩一首，另附其小傳。而司馬光集中也收有給他的一封書啓及一封序。不過，筆者懷疑這裡所引的「李子儀」可能是「李公儀」的訛寫。考李迪（976～1043）從子李肅之（1006～1089），字公儀，據蘇頌（1020～1101）爲他所撰的墓誌銘記載，李肅之

　　教人玩味的是，司馬光在其《司馬光日記》裡，曾引述熙寧初年任參知政事、反對王安石（1021～1086）新法的治蜀名臣趙抃（1008～1084）的說法，指稱王安石曾暗中交結及厚賄藍元震及另一神宗（1048～1085，1067～1085）信任的內臣張若水（？～1077），當神宗命藍、張二人往開封府界（今河南開封市）察視青苗法施行的狀況時，二人就給青苗法說了好話，而教神宗支持王安石繼續推行此法。〔註4〕這個表面看來似乎無甚顯赫事功，而其實至少兩度介入宋廷文臣黨爭的內臣，其對北宋中葉政局的影響力不宜低估。而藍元震以內臣的身份，傳述北宋前期九則重要政治掌故，雖非絕無僅有的事例，但也是研究宋代政治史的學者值得注意的地方。〔註5〕筆者前撰〈北宋

「少有至行，年十四，時從文定公南還衡陽，至復相不離左右」。李迪給丁謂以計攻倒並罷相的經過，與他不離左右的姪子李肅之應知之最詳。司馬光曾和他有書信往來，也曾贈詩及序予其兄李柬之（？～1073）及弟李及之、李揆之，司馬光和他幾兄弟都有交情，故李肅之把丁謂構害叔父的始末相告，是很有可能的。參見《長編》，卷一百九十一，嘉祐五年四月庚申條，頁4620：卷二百三十二，熙寧五年四月乙卯條，頁5630：卷二百四十七，熙寧六年十月壬辰條，頁6030：徐松（1781～1848）（輯），劉琳、刁忠民、舒大剛、尹波等（校點）：《宋會要輯稿》（上海：上海古籍出版社，2014年6月），第十冊，〈選舉十九·試官一〉，頁5627：王德毅、昌彼得（1921～2011）等（編）：《宋人傳記資料索引》第二冊（臺北：鼎文書局，1974年10月），「李綖條」，頁897：傅璇琮（1933～2016）等編：《全宋詩》（北京：北京大學出版社，1993年9月），第十一冊，卷六百六十〈李綖·送程給事知越州〉，頁7740：蘇頌（撰），王同策等（點校）：《蘇魏公集》（北京：中華書局，1988年9月），下冊，卷六十一〈墓誌·龍圖閣直學士致仕李公墓誌銘〉，頁929～934：司馬光（撰），李文澤、霞紹暉（校點）：《司馬光集》（成都：四川大學出版社，2010年2月），第一冊，卷九〈律詩四·送李學士及之字公遠使北〉，頁317：卷十〈律詩五·喜李侍郎柬之得西京留臺〉，頁337：〈送李侍郎柬之得西京留臺〉，頁339～340：第二冊，卷五十八〈書啓一·答謝公儀啓、與李子儀書〉，頁1225～1226，1229～1230：第三冊，卷六四〈序一·送李揆之推官序、送李子儀序〉，頁1327～1328，1330～1331：卷六十五〈序二·送李公明序〉，頁1343～1344。

〔註4〕司馬光：《涑水記聞》，附錄二《溫公日記》，第8條，頁350（按：此條輯自《三朝名臣言行錄》卷五之二），另見司馬光（撰），李裕民（校注）：《司馬光日記校注》（北京：中國社會科學出版社，1994年5月），《日記佚聞》，第56條，頁162。

〔註5〕源出於內臣口述的傳聞，《涑水記聞》除收錄藍元震所傳的九則掌故外，還收有仁宗朝內臣鄧保吉（？～1067）及閻士良（？～1072後）所傳的兩則掌故。鄧保吉在仁宗晚年已位至內侍省都知，至神宗朝官至延福宮使、入內內侍省都都知、武康軍節度觀察留後，諡僖溫，到治平四年（1067）十月贈鎮寧軍節度使守太尉。參見司馬光：《涑水記聞》，卷八，第214條，「鄧保吉云·馬

內臣藍繼宗事蹟考〉一文（見本書第四篇），考述其父兄的生平事蹟。本文據現存史料，考述藍氏內臣世家的第三名重要人物藍元震的生平事蹟。

二、父兄護蔭

藍元震的籍貫不載，按他的長兄藍元用繫籍大梁（即開封），[註6] 他當也是開封人而爲藍繼宗收養。至於他開始任職內廷的年月亦不載。《宋史》本傳只記他「以兄蔭補入內黃門，轉高班，給事明肅太后。」[註7] 他在天聖年間的事蹟不詳，可能因爲地位低微，不像父兄擔任要職。他時來運到，要到仁宗明道改元（1032）後。是年八月壬戌（廿三），文德殿修成，但當晚禁中失火，火勢漫延，將崇德、長春、滋福、會慶、延慶、崇徽、天和、承明八殿燒毀。幸而小黃門王守規（1011～1077）發現得早，眾內臣奉帝后至安全地方。據載禁中起火時，章獻劉太后（970～1033，1022～1033 攝政）擁持著仁宗登西華門躲避，左右侍從一時未集，年紀輕輕而隨侍在側的藍元震立即走下城樓，傳召尋找宿衛護駕。九月庚午（初二），宋廷賞滅火護駕之功，其父藍繼宗自宮苑使、忠州防禦使、入內都知遷昭宣使。而他也稍遷爲入內高品，他在這一役大概給仁宗留下深刻印象。[註8]

明道二年（1033）三月甲午（廿九），劉太后病逝，仁宗親政，並隨即逐去一大批劉太后親信的內臣，五月，名位最高的內臣入內都知、延福宮使韓守英（？～1033）卒，藍元震父、資歷最老的藍繼宗就順理成章繼爲首席內臣。藍元震長兄藍元用雖曾侍劉太后爲上御藥，但仁宗大概看在其父份上，將他留在宋廷。[註9]

知節爲人質直」，頁144；卷十，第284條，「閻士良云‧仁宗欲納陳子城女成后」，頁183；《宋會要輯稿》，第四冊，〈禮五十八‧謚‧群臣謚〉，頁2062；〈儀制十三‧內侍追贈‧內侍贈二官〉，頁2569。

〔註6〕 參見本書第四篇〈北宋內臣藍繼宗事蹟考〉，第六節「內臣世家：藍元用事蹟考」，頁143，注137。

〔註7〕 《宋史》，卷四百六十七〈宦者傳二‧藍繼宗附藍元震〉，頁13634。考藍元用在劉太后臨朝時的地位尚不高，可能《宋史》將「父蔭」訛寫成「兄蔭」，藍元震補入內黃門，當是其養父的恩蔭。

〔註8〕 《長編》，卷一百一，明道元年八月壬戌條，頁2587：九月庚午條，頁2588～2589；《宋史》，卷十〈仁宗紀二〉，頁194；卷六十三〈五行志二〉，頁1377；卷四百六十七〈宦者傳二‧藍元震、王守規〉，頁13634，13638。

〔註9〕 《長編》，卷一百十二，明道二年三月甲午、四月戊申、癸丑、丙辰至己未條，頁2609～2613；五月戊辰至癸酉條，頁2616～2617；七月辛巳條，

　　藍元震也在其父護蔭下慢慢陞遷，大概在藍繼宗的嚴加管束下，他兄弟二人並沒有牽涉入從明道二年十二月發生的廢郭皇后（1012～1035）風波和隨之而來的宰相呂夷簡（979～1044）與以范仲淹為首的少壯派言官的朝臣黨爭。已陞為入內副都知、權勢幾乎凌駕藍繼宗的閻文應（？～1039）在廢后事上成為眾矢之的，惟藍氏兄弟似乎不是其黨羽。藍繼宗在翌年（景祐元年，1034）十二月己卯（廿三）以疾告老，仁宗許之並特授他景福殿使致仕。一個多月後（景祐二年正月，1035），藍繼宗卒。藍氏兄弟以父遺蔭獲得擢陞。景祐三年（1036）正月前，藍元用已獲擢為內侍押班，十二月辛未（廿七）再陞任入內副都知遷洛苑使，繼亡父後擔任內臣兩省高職。藍元震此後就在兄蔭下以及仁宗的賞識下進一步陞遷。〔註10〕

　　從寶元元年（1038）至慶曆二年（1042），宋軍先被反宋稱帝的西夏主元昊（1004～1048，1032～1048 在位）三番挫敗，然後又被遼國趁機在關南問題上勒索，一度陷入西北兩邊震動的國防危機。慶曆三年（1043）三月乙酉（十八），老病的宰相呂夷簡告老獲准，戊子（廿一），仁宗卻由不孚眾望的章得象（978～1048）、晏殊（991～1055）與夏竦（985～1051）分別陞任首相、次相和樞密使，賈昌朝（998～1065）陞參知政事。本來仁宗也擬使遼有功、甚敬重范仲淹的富弼（1004～1083）為樞密副使，但富堅辭。辛卯（廿四），原樞密副使駙馬都尉王貽永（986～1056）及杜衍（978～1057）加秩留任。四月甲辰（初七），在西邊立功，眾望所歸的少壯派領袖韓琦（1008～1075）與范仲淹雙雙被仁宗召還陞任樞密副使，支持二人的樞密副使杜衍拜樞密使，夏竦則被言官攻擊他暗中交結入內副都知劉從愿（？～1048），被仁宗罷歸忠武軍（許州，今河南許昌市）本鎮。另外，與韓、范、杜等友好的蔡襄（1012～1067）、王素（1007～1073）、余靖（1000～1064）和歐陽修四人先後被擢為知諫院，在言官中有很大影響力。在他們的協力下，開展了史稱「慶曆變法」的序幕。然而是月底，不識大體的太子中允國子監直講石介（1005～1045）卻在是月撰〈慶曆聖德詩〉，其中所云的「進賢退奸」明顯衝著夏而來，引起夏竦等人的痛恨，認為石是范等授意，於是種下稍後

　　　頁 2622；卷一百十三，明道二年九月乙酉條，頁 2636～2637；十月乙巳條，頁 2639；《宋會要輯稿》，第四冊，〈儀制十三·內侍追贈·贈留後〉，頁 2570。
〔註10〕參見本書第四篇〈北宋內臣藍繼宗事蹟考〉，頁 138～140。

史稱「慶曆黨爭」的禍根。〔註 11〕

七月丙子（十一），仁宗罷爲言官所攻的參政王舉正（991～1060），翌日（丁丑，十二）拜范仲淹參政，擢富弼樞密副使。范一度堅辭，到八月丁未（十三）終於接受。雖然范、韓、富等之上還有章得象、晏殊、賈昌朝等人，但仁宗信任范仲淹等推行新政，變法之議高唱入雲。九月丁卯（初三），仁宗開天章閣，詔輔臣及知雜御史以上朝臣議政，范仲淹等即提出有名的「十事疏」的溫和改革綱領。然這時支持范仲淹的言官歐陽修卻繼續攻擊已罷的呂夷簡，那就引起其他被罷的舊臣的不安。〔註 12〕

慶曆四年初，藍元用以疾請辭內侍副都知。仁宗准許，授他眉州防禦使，並命剛陞任知制誥的歐陽修撰寫制文。歐陽修在制文中對藍元用稱譽備至。不過，歐陽修言事常不留餘地，而先前石介的狂言也引起反對韓范新政的人不滿，結果以夏竦爲首的人進行反撲，散播謠言，指杜衍、歐陽修及范仲淹等結朋黨。他們不知透過甚麼門路，居然找到仁宗親信的內臣藍元震出頭，向仁宗上疏，危言聳聽地指控：

> 范仲淹、歐陽修、尹洙、余靖，前日蔡襄謂之四賢，斥去未幾，復還京師。四賢得時，遂引蔡襄以爲同列。以國家爵祿爲私惠，膠固朋黨，苟以報謝當時歌詠之德。今一人私黨，止作十數，合五六人，門下黨與已無慮五六十人。使此五六十人遞相提挈，不過三二年，布滿要路，則誤朝迷國，誰敢有言？挾恨報仇，何施不可？九重至深，萬幾至重，何以察知？〔註 13〕

藍元用似乎不是授意其弟發難的人，歐陽修爲他撰寫甚好的制文，而他一向不介入文臣黨爭，加上已退下來，沒有理由或動機教弟弟上疏。這次藍元震進言，筆者以爲他爲了向仁宗表忠，願爲仁宗刺探外事，故做出這等文臣不齒的投機行爲。觀乎他後來交結王安石與司馬光，他這次交結章得象及夏竦

〔註 11〕《宋史》，卷十〈仁宗紀二〉，頁 203～209；卷十一〈仁宗紀四〉，頁 211～219；《長編》，卷一百四十，慶曆三年三月乙酉至辛卯條，頁 3358～3359；四月甲辰至乙巳條、戊申條、乙丑條，頁 3363～3365；壬戌至乙丑條，頁 3367～3370。

〔註 12〕《長編》，卷一百四十二，慶曆三年七月己巳、丙子至丁丑條，頁 3396～3399；八月丁未條，頁 3417；卷一百四十三，慶曆三年九月丁卯條，頁 3430～3446。

〔註 13〕《長編》，卷一百四十八，慶曆四年四月戊戌條，頁 3580～3582。夏竦是否透過與他有交情的入內副都知劉從愿影響藍元震，因文獻無徵，難以確定。關於歐陽修爲藍元用撰寫加官制文的情況，可參閱本書第四篇〈北宋內臣藍繼宗事蹟考〉，頁 143。

等，爲他們上言攻擊范仲淹等，就並不出奇。他與父兄的處世態度明顯不同。
〔註14〕

　　藍元震的上疏觸動了仁宗心底的忌諱，他早年耳聞目睹文臣寇準（962～1023）、王旦（957～1017）與王欽若（962～1025）、丁謂（966～1037）之爭，親政後又經歷了呂夷簡與王曾（978～1038）、李迪（976～1043）之爭，呂夷簡與范仲淹之爭。雖然其父眞宗的「異論相攪，不敢爲非」的帝王術，教他有時刻意玩弄用人的平衡術，默許朝臣結黨然後分而治之；但若臣下私下瞞著他結黨，他就不會容忍。他寵信的內臣如藍元震輩正是他刺探臣下動靜的耳目。

　　仁宗當然不會只聽信藍元震一面之詞，然他也爲此詢問范仲淹，君子與小人是否都有朋黨？范仲淹是當事人，難於啓齒自辯，只勉強解釋說：「臣在邊時，見好戰者自爲黨，而怯戰者亦自爲黨，其在朝廷，邪正之黨亦然，惟聖心所察爾。苟朋而爲善，於國家何害也！」可一直有幫倒忙之嫌的歐陽修卻隨即奏上他有名的〈朋黨論〉，提出：

> 臣聞朋黨之說自古有之。惟幸人君辨其君子小人而已。大凡君子與君子以同道爲朋，小人與小人以同利爲朋，此自然之理也。然臣謂小人無朋，惟君子則有之，其故何哉，小人所好者利祿也，所貪者財貨也。當其同利之時，暫相黨引以爲朋者，僞也。及其見利而爭先，或利盡而交疏，則反相賊害，雖兄弟親戚不能相保。故臣謂小人無朋，其暫爲朋者，僞也。君子則不然，所守者道義，所行者忠信，所惜者名節。以爲修身，則同道而相益，以之事國，則同心而共濟。此君子之朋也。故爲人君者，但當退小人之僞朋，用君子之眞朋，則天下治矣。〔註15〕

歐陽修以爲他的偉論理直氣壯，卻不知是越描越黑，等於承認他們的「君子」確結成一幫。誰是君子，誰是小人？是很主觀的認知。在仁宗眼中，許多自詡爲君子的朝臣，其行事其實也與所謂小人無異。

〔註14〕　南宋人姚勉（1216～1262）在寶祐元年（癸丑，1253）廷對評論此事時，也接受李燾的說法，認爲是夏竦交結藍元震，由他出手攻擊范仲淹，也說仁宗雖沒有完全相信藍的話，但范等最後也被迫相繼離任。參見姚勉（撰），曹詣珍、陳偉文（校點）：《姚勉集》（上海：上海古籍出版社，2012年3月），卷七〈策·癸丑廷對〉，頁64。

〔註15〕　《歐陽修全集》，第二冊，《居士集》，卷十七〈論七首·朋黨論·在諫院進〉，頁297～298；《長編》，卷一百四十八，慶曆四年四月戊戌條，頁3580～3582。關於歐陽修進〈朋黨論〉在藍元震上疏前抑後的考論，可參注1。

　　范仲淹在藍元震上疏後，一直處於權爭的被動，是年六月壬子（廿二），因承受不了反對變法的各樣明槍暗箭，加上意識到仁宗對他沒有全力支持，就自請出外。仁宗順水推舟，命他爲陝西、河東宣撫使。八月甲午（初五）及癸卯（十四），富弼與歐陽修也先後出爲河北宣撫使及河北都轉運按察使。十一月，反對新政的人以御史中丞王拱辰（1012～1085）爲首，又挑起所謂「奏邸之獄」，以打擊歐陽修好友兼宰相杜衍婿的蘇舜欽（1008～1048），及范仲淹所薦的王益柔（1015～1086）爲突破口，志在攀倒仍在位的改革派大將杜衍及牽連范仲淹。若非仁宗仍信任樞密副使韓琦的進言，株連更大。慶曆五年（1045）正月乙酉（廿八），仁宗聽信章得象的讒言，認爲范仲淹先前的辭位，不過是要君結黨，於是將本已離開朝廷的范仲淹、富弼罷免，翌日（丙戌，廿九），再將仍在朝的杜衍罷相出知兗州（今山東濟寧市兗州區）。由藍元震發難的慶曆黨爭，以范仲淹等失敗告終。〔註16〕

　　藍元震兄藍元用大概在慶曆八年（1048）復任爲入內副都知，大概是塡補是年三月逝世的劉從愿遺缺，位在入內都知張惟吉（？～1054）下。〔註17〕藍元震在上疏攻擊范仲淹以後的事蹟不詳。大概在皇祐元年十一月，當仁宗置三陵使時，一方面仁宗對他信任，另一方面也許受其兄之恩蔭，被委爲三陵都監，輔助昭宣使領梓州觀察使三陵副使楊懷敏（？～1050）。《宋史》本傳稱他「條列防守法，其後諸陵以爲式」。他的亡父藍繼宗是修陵及管理陵園的專家，他大概在父親身上學到有用的管理知識。〔註18〕

〔註16〕　當時協助王拱辰打擊蘇舜欽等，除了與范等政見不合的章得象和賈昌朝外，尚有朝臣中頗有令譽的宋祁（998～1061）和張方平（1007～1091）。參見《長編》，卷一百五十，慶曆四年六月壬子條，頁3636～3638；卷一百五十一，慶曆四年八月甲午、癸卯條，頁3674，3684；卷一百五十三，慶曆四年十一月甲子條，頁3715～3716；卷一百五十四，慶曆五年正月乙酉至丙戌條，頁3740～3741。

〔註17〕　《宋會要輯稿》，第四冊，〈儀制十三・內臣追贈・贈節度使〉，頁2569；《長編》，卷一百六十五，慶曆八年十二月庚辰條，頁3977～3978。劉從愿在慶曆八年三月前，以昭宣使眉州防禦使內侍右班副都知任上卒，宋廷贈大同軍節度使。按《長編》是條將藍元用之省職作入內內侍省都知，當是衍了「副」字。

〔註18〕　《長編》，卷一百六十七，皇祐元年十一月庚子至戊午條，頁4021～4022；《宋史》，卷四百六十七〈宦者傳二・藍元震〉，頁13634。藍元震任三陵都監年月不詳，疑在楊懷敏任三陵副使的同時。楊在十一月庚子（十一）本來獲授內侍副都知，但因被言官所劾，到同月戊午（廿九）被罷副都知職，仁宗只加他梓州觀察使以補償之。

藍元用在至和二年（1055）三月卒，仁宗優贈司徒、保大軍節度使，諡榮恪。藍元震大概因兄喪恩卹，在是年中自供備庫副使擢爲文思副使。由知制誥王珪（1019～1085）撰寫制文，這是現存藍元震惟一的遷官制文：

> 敕某：維爾兄元用事朕左右，小心一德，今夫往來聘好之事，朕所劇委也。乃引年以辭，願澤其天倫之親。矧歷載之勞，庸勿褒膴？　進爾優秩，以眷中侍之厚。可。〔註19〕

三、兄終弟及

藍元震在兄長逝世，沒有護蔭下，陞遷就憑本身的本事及運氣。他在仁宗晚年至英宗（1032～1067，1063～1067 在位）年間的事蹟不詳，《宋史》本傳記他「歷群牧都監，監三館秘閣，積官皇城使」。〔註20〕惟他擔任這兩項差遣及陞任皇城使的具體年月不詳。關於監三館秘閣差遣的問題，仁宗後期朝臣胡宿（996～1067）的《文恭集》收有一篇〈論差三館都監不合辟〉的奏狀中稱：

> 臣伏以三館圖書之府，朝廷育材之地。用內臣爲都監，典領事務，自來差除或許判官及館職自舉其人，貴得謹良，以接英俊。近差下三陵都監任從禮充其任，近已身亡，朝廷尚未除人，竊緣判館之職，罕與內臣相接，縱有所舉，亦未周知其履行。今後三館都監有缺，欲乞朝廷精擇其人以充取進止。〔註21〕

據胡宿所言，以內臣爲三館都監，是仁宗朝的常慣做法，而差三陵都監充任，也有任從禮的先例，惜任從禮生平不可考。按胡宿這狀似撰於嘉祐以後。藍元震監三館大概在嘉祐年間。

據目前所見的史料，藍元震到熙寧二年（1069）七月甲戌（初十），即以皇城使、昭州團練使、入內押班的身份，擔任是日逝世的東平郡王允弼（1008

〔註19〕 《宋會要輯稿》，第四冊，〈禮五十八・諡・群臣諡〉，頁2063；〈儀制十三・內臣追贈・內侍贈二官〉，頁2569；王珪：《華陽集》，文淵閣《四庫全書》本，卷四十〈供備庫副使藍元震可文思副使制〉，葉九下；《長編》，卷一百八十一，至和二年十月己酉條，頁4380～4381；卷一百九十，嘉祐四年十一月丙申條，頁4597。王珪任知制誥年月不詳，據《長編》所記，他於至和二年十月前已任知制誥，而至嘉祐四年（1059）十一月前已改任翰林學士。疑此篇制文撰於至和二年三月藍元用卒後。

〔註20〕 《宋史》，卷四百六十七〈宦者傳二・藍元震〉，頁13634。

〔註21〕 胡宿：《文恭集》，文淵閣《四庫全書》本，卷七〈論差三館都監不合辟〉，葉十上下。

～1070）的喪禮。〔註22〕那即是說，藍元震在至和二年到熙寧二年這十五年間，已從諸司副使西班第十二階的文思副使超擢爲諸司使西班之首的皇城使，領昭州團練使，並擔任入內押班的省職，繼其亡兄成爲高級內臣。而據《長編》所載，神宗在熙寧五年（1072）十月甲辰（廿九）批示，「元震自擢領近職，忠勤謹畏，由內侍押班除入內押班，今已五年有餘。」據此，大概可以推知藍元震在治平四年四月後從內侍押班遷入內押班，到熙寧五年十月就足有五年餘。至於他在哪年月擢皇城使和內侍押班，暫難考定。從至和二年到治平四年這十多年中，未載他曾立下甚麼軍功或有甚麼重要勞職，他能擢皇城使內侍押班，算得上是官運亨通。又按照宋朝的常例，沒有重大軍功的內臣，需要年過五十才可擢陞押班，則藍元震在治平四年前應當已至少五十歲。當然，他獲得擢陞，也拜仁宗、英宗先後逝世，及英宗與神宗先後登基之賜，新君繼位，一方面清除前朝的高級內臣，而給較年輕及信任的內臣晉陞押班都知，另一方面，三朝君主的更代所賜的各種恩典，也讓藍元震有更多加官晉爵的機會。〔註23〕

藍元震在熙寧三年（1070）三月前後又牽涉入一宗歷史公案中。據《司馬光日記》、《宋會要輯稿》、《苕溪漁隱叢話後集》、《宋宰輔編年錄》及《宋史》等書所載，當王安石在熙寧二年九月推行青苗法時，以當時判大名府的

〔註22〕 王珪：《華陽集》，卷五十七〈東平郡王食邑一萬七千一百戶食實封四千八百戶贈太師尚書令兼中書令追封相王諡孝定墓誌銘〉，葉三上下；《宋會要輯稿》，第一冊，〈帝系三・宗室封建・元偓一子・相王允弼〉，頁75；《宋史》，卷十四〈神宗紀一〉，頁271。按四庫本《華陽集》卷五十七，將允弼逝世的年月訛寫爲熙寧三年七月，證諸群書，應爲熙寧二年七月。

〔註23〕 例如仁宗在嘉祐八年（1063）三月病逝後，英宗繼位時，便著手清理他不屬意的高級內臣。當時除了已陞任景福殿使的石全彬（？～1070）外，入內內侍省的都知共有五人，分別是任守忠（990～1068）、鄧保吉（？～1067）、甘昭吉（？～1063後）、李允恭（？～1063後）和石全育（？～1071）。原都知的史志聰（？～1063後）早被罷職外，英宗陸續換去任守忠等人。是年十月甲午（廿七），英宗不理司馬光等言官的反對，便提前擢用未到五十的皇城使張茂則（1016～1094）爲內侍押班，到二年（1065）八月又將他遷入內押班。另英宗在治平元年（1064）八月丙辰（廿三），便拿他深惡痛絕的宣政使入內都知任守忠開刀，將他重譴爲保信節度副使，蘄州（今湖北黃岡市蘄春縣）安置。參見《長編》，卷一百九十八，嘉祐八年五月癸卯條，頁4806；卷一百九十九，嘉祐八年十月甲午條，頁4829；卷二百二，治平元年八月丙辰條，頁4897；卷二百六，治平二年八月辛卯條，頁4984；卷二百三十九，熙寧五年十月甲辰條，頁5822。

韓琦爲首的元老重臣於熙寧三年二月壬戌（初一）極力反對。神宗早前派入內副都知張若水（？～1077）（按：張若水是張惟吉子）和入內押班藍元震暗中往開封府界查看民情。他們回奏百姓都自願貸青苗錢，而非反對的人所說的由官府抑配。當時樞密使文彥博（1006～1097）一再言青苗法不便，神宗回答說：「吾令中使二人親問民間，皆云甚便。」文彥博回奏：「韓琦三朝宰相不信，而信二閹乎？」據司馬光引趙抃（悅道）的說法，王安石其實暗中交結厚賄二人，每逢他們到來宣召及賜予，所贈之物必倍於舊例，讓他們向神宗作出對青苗法有利的報告，而令神宗堅信王安石青苗法之議。〔註24〕究竟王安石有否暗中交結藍元震與張若水，讓他們爲他作出有利的報告？《宋會要輯稿》及《宋史》的說法相信源出《司馬光日記》。司馬光是反對青苗法以及新法最烈的人，他所收錄的時人說法，很難不帶有偏見。他所引述在熙

〔註24〕 藍元震與張若水哪年月奉命往開封府界查探青苗法實行狀況？考群書沒有清楚記載，按南宋人徐自明（？～1220）所編的《宋宰輔編年錄》卷七所引的記載稱來自《長編》，並繫於熙寧二年。按今本《長編》缺治平四年四月至熙寧三年四月前的紀錄，無法查證徐自明所記是否屬實。按韓琦上奏在熙寧三年二月，很有可能神宗早在熙寧二年底已派藍元震二人出訪。又《通鑑長編紀事本末》卷六十八〈青苗法上〉錄有熙寧三年二月初一韓琦的上奏。而《長編》卷二百十，熙寧三年四月戊辰條，也載錄了因韓琦上奏所引發的一連串的風波。此外，後出的《宋史・食貨志》也記錄了青苗法推出的始末，包括載錄了韓琦反對的奏章，以及源出司馬光有關王安石交結藍元震之說法。另外，南宋人胡仔（1110～1170）編纂於孝宗乾道三年（1167）的《苕溪漁隱叢話後集》卷二十五，也引述此條原載於《司馬光日記》的傳聞，只是沒有說那是趙抃說的。關於韓琦反對青苗法的原因，以及王安石的反應，暨南大學2000年屆張堯均的碩士論文《韓琦研究》有關章節有相當不錯的論析。參見《宋會要輯稿》，第十冊，〈食貨四・青苗上〉，頁6041～6048，6055；司馬光：《涑水記聞》，附錄二《溫公日記》，第8條，頁350（按：此條輯自《三朝名臣言行錄》卷五之二）；司馬光（撰），李裕民（校注）：《司馬光日記校注》（北京：中國社會科學出版社，1994年5月），〈日記佚聞〉，第56條，頁162；《長編》，卷二百十，熙寧三年四月戊辰條，頁5095～5099；楊仲良（？～1184後）：《通鑑長編紀事本末》，收入趙鐵寒主編：《宋史資料萃編》，第二輯（臺北：文海出版社，1967年11月），卷六十八〈青苗法上〉，葉一上至七下（頁2161～2172）；胡仔（纂集），廖德明（校點）：《苕溪漁隱叢話後集》（北京：人民出版社，1981年5月），卷二十五〈半山老人〉，頁184；徐自明（撰），王瑞來（校補）：《宋宰輔編年錄校補》（北京：中華書局，1986年12月），第二冊，卷七〈熙寧二年〉，頁391；《宋史》，卷一百七十六〈食貨志上四〉，頁4285；張其凡（1949～2016）主編：《北宋中後期政治探索》（香港：華夏文化藝術出版社，2005年1月），卷二《韓琦研究》（張堯均撰），第五章〈韓琦與熙寧變法〉，頁130～150。

寧初年任參政、反對王安石新法的趙抃之言，只能是孤證。可惜《長編》偏偏缺了熙寧二年至三年這兩年的記載，我們看不到李燾對這說法的考辨。從南宋以降，不少以王安石變法為非的人接受了王安石交結藍元震的說法，明人甚至將王安石交結藍元震，比作商鞅（前390～前338）交結秦孝公（前381～前338）內侍景監而得進用。〔註25〕而當代研究王安石變法的學者，似乎對王安石交結內侍的指控，尚沒有作過相應的考辨。〔註26〕

後人對王安石交結藍元震的說法沒有太大的質疑，一方面藍元震在仁宗朝有交結朝臣的前科，另一方面王安石也不見得真的清介自守地不交結神宗信任的內臣。令人細味的是，藍元震在仁宗朝為夏竦等利用，上奏攻擊以韓范為首的溫和改革派。到神宗初年，他轉過頭來為激烈改革派的王安石效力。另一方面，他又與後來反對變法的司馬光交情非淺，願意將亡父的深宮掌故傾囊盡告。他一方面善於迎合君主，懂得投機固寵，另一方面又不避交結朝臣，在這一點來看，他與亡父亡兄不與朝臣往來，潔身自守是很不同的。

從熙寧三年十月開始，宋廷三員高級內臣先後去世，首先是延福宮使石全彬卒，然後是宣慶使石全育（？～1071），以及宣慶使、入內副都知李繼和（？～1072）先後在熙寧四年（1071）十二月及熙寧五年五月逝世，一下子

〔註25〕 參見楊慎（1488～1559）：《升庵集》，文淵閣《四庫全書》本，卷五十一〈宋人議論不公不明〉，葉八上下；楊慎：《丹鉛摘錄》，文淵閣《四庫全書》本，卷二，葉六上下；馮琦：（1558～1603）：《經濟類編》，文淵閣《四庫全書》本，卷三十六，葉十七下至 十九上。關於趙抃的生平事蹟，特別是他在熙寧初年對王安石變法，尤其對青苗法「爭而不力」的情況，張邦煒教授有專文討論。可參見張邦煒：〈關於趙抃治蜀〉，載北京大學中國古代史研究中心（主編）：《鄧廣銘教授百年誕辰紀念論文集》（北京：中華書局，2008年11月），頁477～492。

〔註26〕 例如鄧廣銘教授及漆俠教授（1923～2001）的專著內關於青苗法的討論，並沒有考辨王安石此則負面的說法。至於李華瑞教授所撰的《王安石變法研究史》，有關宋人筆記小說中的王安石形象一章，似乎也沒有談及《涑水記聞》這一則說法。參見鄧廣銘：《北宋政治改革家王安石》（北京：人民出版社，1997年10月），頁143～152；漆俠：《王安石變法》（增訂本）（石家莊：河北人民出版社，2001年9月），頁170～179；李華瑞：《王安石變法研究史》（北京：人民出版社，2004年6月），第六章〈宋代筆記小說中的王安石形象〉，頁166～199。附帶一談，王安石賄賂藍元震的說法，甚至被當代歷史小說家採納，寫進歷史演義小說裡。參見蔡東藩（1877～1945）：《宋史演義》（瀋陽：遼寧出版集團圖書部，2002年），第三十七回，頁124。

多出了高級內臣空缺，這對於藍元震的進一步陞遷，都很有利。而王安石在熙寧三年十月拜相，對藍元震都是有利無弊的。〔註27〕

　　熙寧五年六月癸酉（廿五），藍元震又和他的老搭檔入內副都知張若水上言，請求罷遼夏使臣來京後，例所賜管勾國信所及都亭西驛所官的銀絹。宋廷允其奏請。〔註28〕八月甲申（初八），在慶曆年間曾與藍元震在朋黨問題上交鋒的歐陽修卒於潁州（今安徽阜陽市）。對藍元震而言，他與歐陽修的恩怨大概已是事過景遷。〔註29〕九月，宣政使入內副都知張茂則擢爲宣慶使、入內都知。十月甲辰（廿九），藍元震援引是年三月內侍押班鄧德誠獲陞內侍右班副都知的先例得到陞遷，再自入內押班遷入內副都知。神宗對他的晉陞的批語說：「元震自擢領近職，忠勤謹畏，由內侍押班除入內押班，今已五年有餘，可與減殘零歲月特遷之也。」〔註30〕他終於得到亡兄入內副都知的地位，而神宗對他的信任有嘉。十一月戊辰（廿三），參知政事馮京（1021～1094）向神宗反映皇城司最近差探事人過多，以致人情頗不安。神宗對負責皇城司的藍元震的信任並未動搖，反而爲他辯護，說皇城司的人數沒有增加，所探的事亦不多，並堅稱「藍元震又小心，緣都不敢乞取，故諸司不安。」〔註31〕

〔註27〕　《長編》，卷二百十六，熙寧三年十月戊辰條，頁5255；卷二百十八，熙寧三年十二月丁卯條，5301；卷二百二十一，熙寧四年三月癸巳條，頁5375；卷二百二十八，熙寧四年十二月甲申、甲辰條，頁5542，5544；卷二百二十九，熙寧五年正月丁酉條，頁5569～5570；卷二百三十三，熙寧五年五月己亥條，頁5664。按藍元震的上司張若水在熙寧四年三月，已爲宣政使、陵州團練使，十一月再加領嘉州防禦使，大概是補石全彬的缺。至於王安石拜相的作用，按宋代宰相對內臣之陞遷有發言權，例如在熙寧五年正月，王安石便對內侍押班李若愚（？～1072後）解職事，有決定性的意見。設若藍元震與王安石果有往來，當會促成他的陞遷。

〔註28〕　《宋會要輯稿》，第七冊，〈職官三十六・內侍省・主管往來國信所〉，頁3909。

〔註29〕　《長編》，卷二百三十七，熙寧五年八月甲申條，頁5765。

〔註30〕　《長編》，卷二百三十一，熙寧五年三月辛丑條，頁5618；卷二百三十八，熙寧五年九月己酉條，頁5793；卷二百三十九，熙寧五年十月甲辰條，頁5822；《宋會要輯稿》，第十冊，〈食貨四・青苗上〉，頁6055。考在熙寧五年三月，如京使內侍押班鄧德誠遷內侍右班副都知。王安石親自過問鄧的擢陞，王以鄧押班已七年，已超過舊制押班五年即遷副都知之例，而且入內內侍省定員四人，內侍省並無定員，故他同意鄧之擢陞。神宗同意王安石的意見，沿用舊制，內臣任押班五年即可遷副都知，不另立條例，後來藍元震即受惠得到陞遷。

〔註31〕　《長編》，卷二百四十，熙寧五年十一月戊辰條，頁5837。

熙寧六年（1073）七月丁未（初六），內侍押班蘇利涉（1019～1082），援引「兩省押班，五年無闕，並除副都知」的先例，擢爲內侍右班副都知。值得一提，蘇利涉的祖父蘇保遷與藍繼宗一樣來自南漢，與藍元震有特別的淵源。〔註32〕

藍元震大概以年老，在熙寧六年以後，沒有再出使或任其他宮外的職務。這時內臣的明日之星，就是北宋內臣中極有武幹的李憲（1042～1092）。在熙寧七年（1075）五月庚子（初三），因平西蕃木征（1036～1077）的戰功，自入內供奉官超授寄昭宣使、嘉州防禦使。熙寧八年（1076）五月甲戌（十四），因入內副都知張若水久病，神宗就將李超擢爲入內押班，賞他在洮西的戰功。〔註33〕那是沒有戰功的內臣所不能比擬的擢陞。六月乙卯（廿五），張若水以疾罷入內副都知，戊午（廿八），三朝元老的韓琦亦去世。而與他們同輩的藍元震，亦步入暮年。〔註34〕

熙寧九年（1076）六月癸巳（初九），藍元震的搭檔宣政使張若水卒，而一向依附王安石以治河著名的內臣程昉（？～1076）也在九月丙寅（十三）離世。至於王安石本人也在十月丙午（廿三），因種種壓力及打擊請罷相獲准。〔註35〕藍元震也在四個月後離世。藍元震對宋廷最後一次的貢獻，是在熙寧十年（1077）二月戊申（廿七），當禁中仙韶院起火時，藍元震即與蘇利涉奮身救火，火賴以救熄，神宗因詔褒獎藍、蘇二人及景福殿使、入內都知張茂則，各賜襲衣金帶。〔註36〕

〔註32〕《長編》，卷二百四十六，熙寧六年七月丁未條，頁5977；《宋史》，卷四百六十八〈宦者傳三·蘇利涉〉，頁13654。

〔註33〕《長編》，卷二百五十三，熙寧七年五月庚子、甲辰條，頁6189，6192；卷二百六十四，熙寧八年五月甲戌條，頁6465；卷二百七十三，熙寧九年三月庚辰條，頁6695；卷二百七十九，熙寧九年十一月癸酉條，頁6822。在熙寧後期獲得晉陞的另一內臣，是與李憲同樣有戰功的王中正（1026～1099）。他也在熙寧八年五月甲戌（十四）擢領嘉州團練使。到熙寧九年三月庚辰（廿五），他與另一內臣高居簡（？～1081）並擢爲內侍押班，並勾當皇城司。到九年十一月癸酉（廿一），他更以平茂州（今四川阿壩藏族羌族自治州茂縣）蠻之功擢爲昭宣使、內侍副都知。

〔註34〕《長編》，卷二百六十五，熙寧八年六月乙卯、戊午條，頁6516～6517。

〔註35〕《長編》，卷二百七十六，熙寧九年六月癸巳條，頁6747；卷二百七十七，熙寧九年八月丙寅條，頁6782；卷二百七十八，熙寧九年十月丙午條，頁6803～6804。

〔註36〕《宋史》，卷四百六十七〈宦者傳二·藍元震〉，頁13634；卷四百六十八〈宦者傳三·蘇利涉〉，頁13654；《長編》，卷二百八十，熙寧十年二月戊申條，頁6874。

　　藍元震滅火有功，但不及一月，便於三月甲寅（初四）前卒。他最後的官位是皇城使、入內內侍省副都知、忠州防禦使。宋廷在是日優贈剛逝世的宣慶使康州防禦使內侍右班副都知王守規爲昭武軍節度觀察留後時，又詔優贈他。宋廷對他的評語是「檢身清修，奉上勤謹，十年左右，始終不渝」。四月，優贈他鎮海軍節度觀察留後。值得一提的是，王守規是藍元震四十五年前一同救宮火有功的內臣子弟，他們最後都官至副都知，而差不多同時卒於任，可說是巧合。藍元震有養子五人，但並不蓄閹子。故此，哲宗（1077～1100，1085～1100）及徽宗（1082～1135，1100～1125 在位）朝的高級內臣藍從熙（？～1113 後）相信不是他的養子。〔註37〕

　　藍元震得年多少，也是史所不載。倘他在治平四年前已任內侍押班，則他當時應逾五十歲。他在熙寧十年卒時應逾六十歲。相比其兄藍元用，其官位相若；不過，他在仁宗朝首上朋黨之論。到神宗朝，又被指與王安石勾結，前後二事均牽涉文臣之黨爭，加上司馬光《涑水記聞》筆錄了他所口述的九則重要宋初掌故，是故他的名字較乃兄爲人所知。至於他在甚麼年月和環境下，將那九則掌故告訴司馬光，可惜司馬光沒有加以說明。而司馬光的文集也沒有記述與藍元震的任何交往。宋廷在徽宗及高宗（1107～1187，1127～1162 在位）時，先後兩度將他列爲其子孫可以錄用的勳臣之一，以他一員內臣而論，可算是一特例。〔註38〕

〔註37〕　《宋會要輯稿》，第四冊，〈儀制十三・內侍追贈・贈留後〉，頁 2570；《長編》，卷二百八十一，熙寧十年三月甲寅條，頁 6881；《宋史》，卷四百六十七〈宦者傳二・藍元震、王守規〉，頁 13634，13638；卷四百六十九〈宦者傳四・藍珪、藍安石〉，頁 13668～13669。南宋藍姓的內臣，著名還有高宗所寵信，逃過建炎三年（1129）三月苗劉之變一劫而官至內侍都知的藍珪（？～1142 後），以及官至景福殿使湖州觀察使的內侍副都知藍安石（？～1139）。他們與北宋藍氏內臣世家的關係，卻文獻無徵。

〔註38〕　李心傳（1166～1243）（編撰），胡坤（點校）：《建炎以來繫年要錄》（北京：中華書局，2013 年 12 月），卷六十七，紹興三年七月丁卯條，頁 1308～1309；王應麟（1223～1296）：《玉海》（上海：上海書店據清光緒九年浙江書本刊本影印，1988 年 3 月），卷一百三十五〈官制・褒功紹封・紹興錄用六朝勳臣〉，葉四十三上下。高宗在紹興三年（1133）七月丁卯（十四）下詔，錄用太祖、太宗、眞宗、仁宗、英宗和神宗以來六朝勳臣，指名由曹彬（931～999）至藍元振三百二十人子孫。《繫年要錄》又附載，早在徽宗政和三年（1113），已下詔錄用之功臣子弟，增加范質（911～964）至藍元振一百十六人。

四、餘論

藍元震與歷代不少受帝后寵信的內臣一樣，與朝臣往來之餘，還介入他們的黨爭。他在仁宗至神宗朝，為人所觸目的事，其一為夏竦等出頭，以結朋黨的罪名攻擊范仲淹為首的改革派朝臣。其二則被反對新法的廷臣指控，說他與另一內臣張若水接受王安石賄賂，為王安石推動青苗法作出有利王安石的報告。另外，他與舊黨領袖的司馬光往來同時，將源出其父藍繼宗的九則宋初政治掌故相告，成為《涑水記聞》其中的史源。因史料的相對不足，我們對藍元震的生平事蹟，了解仍很有限，像從仁宗至和二年以至神宗熙寧二年的十五年，藍元震的事蹟僅有在其《宋史》本傳的寥寥數句，而語焉不詳。

藍元震被藍繼宗收為養子後，在父兄的護蔭下，仕途順利，最後擢至兄長一級的副都知高位，並得以善終，獲宋廷追贈留後。在許多人眼中，他行事作風不像其父兄安份自持，反而接近宋代多數趨炎附勢，奉迎君相以邀寵固位的內臣，他的人品似無足道；不過，由於欠缺他的直接史料，包括其詩文、日記、信札與自述，我們無從窺見他的內心世界，特別是他對朝臣的真正看法。藍元震官至入內副都知，以他所處的特別位置，本來能耳聞目睹的宋廷內外秘聞軼事應相當多，教人惋惜的是，他透過司馬光傳述的，只是其父耳聞目睹的前代事，他並沒有將自身經歷的事，以任何方式傳述下來。從這一點來看，他學到父兄的謹慎世故。他給人負面的印象，多出於對內臣存有偏見的文臣之手。客觀而論，從有限的材料顯示，藍元震和父兄一樣，其實是具有多樣的才幹，故受到帝后的信任重用。神宗兩番稱許藍元震「自擢領近職，忠勤謹畏」，「檢身清修，奉上勤謹，十年左右，始終不渝」，後來徽宗、高宗又顧念其功而錄用其後人。藍元震若非有過人之才，單靠逢迎君主，是不可能獲得如此嘉許的。

宋代的內臣類型甚多，若粗略地以文武區分，藍元震當屬於「文宦」。他一生從沒有參預軍旅，沒有擔任監押、走馬承受、都監、鈐轄、都鈐轄等兵職，沒有出使西北，雖然一度擔任群牧都監，勉強與馬政有一點關係，但事蹟不詳。他與文臣關係密切，與武臣卻似乎從沒有往來。他雖然長期帶著一大堆武選官的官職，以及遙領著團練使、防禦使的頭銜，但他與「武將」二字其實沾不上邊。

藍元震身故後，藍氏內臣世家第三代有否傳人？其兄藍元用有否內臣養子紹繼其業？雖然哲宗以後到南宋，內臣中不乏藍姓的，但目前的史料暫未能確定這些藍姓內臣是否藍元用及藍元震兄弟的後人。希望能有新出土的史料能對藍氏內臣世家在北宋後期的事蹟有所補充。

修訂後記：

本文原刊於北京大學中國古代史研究中心（主編）：《鄧廣銘教授百年誕辰紀念論文集》（北京：中華書局，2008 年 11 月），頁 502～512。因部份內容與本書第四篇〈北宋內臣藍繼宗事蹟考〉有所重覆，故修訂本文時，盡量將重覆的地方刪去。另除了改用最新點校本的宋史古籍外，也增補了不少資料，以及改正初稿失考的地方。

第六篇　宋初高級內臣閻承翰蹟考

導言

　　本文主角閻承翰（947～1014）是北宋前期高級內臣，從真宗（968～1022，997～1022在位）繼位開始，先擢內侍省左班副都知，遷內侍省都知，最後官至入內內侍省都知，擔任內侍兩省主管長達十七年。他深得真宗信任，宮內宮外大小事務都委他經度辦理。他是北宋閻氏內臣世家的起家人，其養子閻文慶（後改名閻文應，？～1038），養孫閻士良（？～1075後）在仁宗朝（1010～1063，1022～1063在位）均擢至高級內臣，且一度權勢薰天。養曾孫閻安（？～1105後）在哲宗朝（1077～1100，1085～1100在位）擔任內侍省押班，到徽宗朝（1082～1135，1100～1125在位）官至入內內侍省押班，閻氏四代均任高級內臣，儼然是內臣世家，是北宋內臣中一個特例。筆者先前撰文考論閻文慶（應）的事蹟，現續論閻承翰的事蹟，〔註1〕讀者可以比較閻氏父子二人才具、行事和性格的同異。

　　閻承翰在《宋史・宦者傳》有傳。〔註2〕他在太宗（939～997，976～997在位）及真宗朝屢任兵職，職至諸路都鈐轄，從他的職位及擔任的主要事務而言，他當屬於內臣中的「武宦」。雖然誠如真宗對宰相李沆（947～1004）所言，他「雖無武幹，然亦勤於奉公」；〔註3〕但他在治河、營田、馬政、對

〔註1〕參見本書第七篇〈小文臣與大宦官：范仲淹與仁宗朝權閹閻文應之交鋒〉，頁207～236。

〔註2〕脫脫（1314～1355）：《宋史》（北京：中華書局點校本，1977年11月），卷四百六十六〈宦者傳一・閻承翰〉，頁13610～13612。

〔註3〕李燾（1115～1184）：《續資治通鑑長編》（北京：中華書局點校本，1979年8月至1995年4月；以下簡稱《長編》），卷五十四，咸平六年六月己未朔條，頁1196。

遼夏交聘等事務均頗有建樹。另外，他行事安份守紀，雖然被人批評「性剛強，所至過於檢察，乏和懿之譽」。但並沒有弄權作惡的紀錄，算得上是正派的內臣。眞宗在大中祥符六年（1013）三月曾賜他〈內侍箴〉，也間接肯定他的人品。〔註4〕過去研究宋代內臣的學者，少有從個別內臣的事蹟入手，而閻承翰一方面沒有重大的事功，另一方面也沒有嚴重的過惡，故此，除了研究北宋營田、國信所及宋夏關係的學者，略爲提及他在這方面的事功外，他的生平事蹟，特別是由他起家的閻氏內臣世家的案例就沒有太多人注意。蘇州大學丁義珏教授在他的研究北宋前期宦官的博士論文雖然評說「劉承規和閻承翰，卻正是眞宗朝最得力的吏幹型宦官」，惟他考論劉承規（即劉承珪，950～1013）的生平事功之餘，卻沒有同時考述閻承翰的事蹟。〔註5〕筆者過去曾對與閻承翰同時的兩員高級內臣秦翰（952～1015）及藍繼宗（960～1036）的生平事蹟作過研究，〔註6〕本研究正可讓我們進一步了解眞宗朝高級內臣的面貌，以及眞宗君臣使用和駕馭內臣的手段。

〔註4〕 《宋史》，卷四百六十六〈宦者傳一・閻承翰〉，頁13611～13612。

〔註5〕 好像吳曉萍在她的〈宋代國信所考論〉一文及稍後撰成的《宋代外交制度研究》專書中，便提到閻承翰在成立國信所的角色及他對都亭驛的管理；而研究北宋與西夏關係史的內臣群體問題的羅煜，便以閻承翰爲例，說明北宋內臣活躍於宋夏關係以及軍事色彩濃厚。而程龍在2012年出版論北宋在華北戰區糧食籌措與邊防的專著，也提到閻承翰主張在定州地區從唐河引水至邊吳泊以接納漕運糧食的謀議。丁義珏僅在討論群牧司的設置的章節，提及閻承翰曾任群牧都監，另在討論宦官在北宋前期河政體系的位置一節中，略談到閻的治河事蹟。參見吳曉萍：〈宋代國信所考論〉，《南京大學學報》（哲學及人文社會科學版），2005年第2期，頁135；吳曉萍：《宋代外交制度研究》（合肥：安徽人民出版社，2006年12月），第一章〈宋代的外事制度和外交機構〉，頁47～57；羅煜：〈北宋與西夏關係史中的宦官群體淺析〉，《湖南第一師範學報》，第七卷第三期（2007年9月），頁99～100；程龍：《北宋糧食籌措與邊防──以華北戰區爲例》（北京：商務印書館，2012年10月），第五章〈北宋華北戰區糧食調撥地理〉，頁130～132；丁義珏：《北宋前期的宦官：立足於制度史的考察》，北京大學博士論文，2013年6月，第一章第三節〈內外共同管理的事務機構〉〈二、群牧司〉，頁54；第三章第一節〈從典型人物看北宋前期宦官參與事務的範圍與性質〉〈三・劉承規：精強的能吏〉，頁102～105；第三章第三節〈宦官在北宋前期河政體系的位置〉，頁127～132。

〔註6〕 參見本書第三篇〈宋初內臣名將秦翰事蹟考〉，頁55～97；第四篇〈北宋內臣藍繼宗事蹟考〉，頁99～150。按在秦翰一文，筆者亦論述了另一立功西北的高級內臣張崇貴（955～1011）的事蹟。

二、閻承翰於大祖及太宗朝事蹟

　　據《宋史》及《宋會要輯稿》的記載，閻承翰卒於大中祥符七年（1014）十一月，得年六十八。〔註7〕以此上推，他當生於後漢高祖（895～948，947～948在位）天福十二年（947）。據《長編》及《宋史》所載，他原籍河北眞定人（即鎮州或眞定府，今河北石家莊市正定縣），與他同時及稍後的四員高級內臣秦翰、張崇貴（955～1011）、石知顒（951～1019）、王守忠（？～1054）份屬同鄉。〔註8〕據他的本傳所記，他在周世宗（921～959，954～959在位）顯德中（約956～958），在十歲至十二歲時已入宮爲內侍。他的養父是誰，惜沒有記載。入宋後他侍太祖（927～976，960～976在位）爲小黃門，史稱他「以謹愿稱」；不過，他在乾德三年（965）十一月庚午（初四），已年十九之時，卻以隱瞞太祖孝明王皇后（942～963）親弟、權侍衛步軍司事王繼勳（？～977）縱部下掠人子女的不法事，而被太祖杖責數十。〔註9〕

　　閻承翰在太祖朝的事蹟，就只有上述一條。終太祖之世，他似乎不大受到重用。太宗即位後，他才開始受到重用，先擢爲殿頭高品，〔註10〕太平興

〔註7〕　《宋史》，卷四百六十六〈宦者傳一・閻承翰〉，頁13612；徐松（1781～1848）（輯），劉琳、刁忠民、舒大剛、尹波等（校點）：《宋會要輯稿》（上海：上海古籍出版社，2014年6月），第四冊，〈儀制十三・內侍追贈・贈防禦使〉，頁2571。

〔註8〕　《宋史》，卷四百六十六〈宦者傳一・閻承翰、秦翰、張崇貴、石知顒〉，頁13610，13612，13617，13625；卷四百六十七〈宦者傳二・王守規〉，頁13638；《長編》，卷六，乾德三年十一月庚午條，頁159。

〔註9〕　《長編》，卷六，乾德三年十一月庚午條，頁159；《宋會要輯稿》，第十四冊，〈刑法七・軍制〉，頁8575；《宋史》，卷一百八十七〈兵志一・禁軍上〉，頁4571。在這次事件中，太祖怒斬王繼勳麾下的雄武卒百餘人，閻承翰以知而不奏被責，至於罪魁禍首的王繼勳卻以王皇后之故獲釋不罪。關於太祖縱容妻舅的原由始末及王繼勳的下場，可參閱何冠環：〈宋太祖朝的外戚武將〉，載何著：《北宋武將研究》（香港：中華書局，2003年5月），頁73～77，「宋太祖妻族的外戚武將」。

〔註10〕　據《宋會要・職官三十六・內侍省》所記，內侍省屬官有東西頭供奉官，殿頭、高品、高班及黃門六等，掌分番入值宿、出使之事。據此，宋初內侍省似沒有「殿頭高品」一等。而《長編》卷七十一「大中祥符二年二月己丑條」則記：「改入內內侍省內侍供奉官爲內東、西頭供奉官，殿頭高品爲內侍殿頭，高品爲內侍高品，高班內品爲內侍高班，黃門爲內侍黃門，凡六等，並冠本省之號。其初補者曰小黃門，經恩遷補則爲黃門。其內侍省供奉官、殿頭、高品、高班、黃門，準此。」亦證明「殿頭高品」一職置於入內內侍省，而不爲內侍省所置。龔延明先生又據《職官分紀》卷二十六，考證殿頭高品當爲「入內殿頭高品」，爲宋初宦官職名，景德三年（1006）前先後隸入內高品

國三年（978）二月辛未（十六），他以殿頭高班副四方館使梁迥（928～986）攜湯藥往揚州（今江蘇揚州市）迎接來朝的吳越國王錢俶（929～988）。三月初抵揚州，是月乙巳（廿一），梁、閻二人陪同錢俶抵開封（今河南開封市），完成太宗交付的任務。〔註11〕

　　太宗在翌年（太平興國四年，979）二月親征北漢，五月甲申（初六）克太原（今山西太原市），北漢投降。太宗隨即揮軍進攻幽州（今北京市）。然於七月癸未（初六），卻兵敗於高梁河（源於今北京城西直門外紫竹院公園，東流至今德勝門外，折東南流斜穿今北京內外城，至今十里河村東南注入古洀水，今永定河前身）。〔註12〕在這兩役中，閻承翰以入內供奉官之職從征。不過，他大概武幹有限，並沒有像其他有份從征的內臣如竇神寶（949～1019）、李神福（947～1010）、李神祐（？～1016）、秦翰、張繼能（957～1021）、衛紹欽（952～1007？）那樣親冒矢石上陣作戰，而只是負責傳達軍令。當太宗在七月丙戌（初九）敗回涿州（今河北保定市涿州市）南的金臺驛（今河

班院、入內內班院、入內黃門班院、入內內侍省。在太平興國四年為入內高品班院三等宦官之一，高於入內殿頭小底，次於入內殿頭高班。此職到大中祥符二年（1009）二月改為內侍殿頭（按：龔氏錯寫作「內侍高品」）。故根據上述的考證，閻承翰在太宗即位後自最低級的小黃門，歷黃門而遷至的「殿頭高品」，當為入內殿頭高品。參見龔延明：《宋代官制辭典》（北京：中華書局，1997年4月），第一編〈皇帝制度類‧九‧宦官門〉，「入內殿頭高品」條，頁48；《長編》，卷七十一，大中祥符二年二月己丑條，頁1593；《宋會要輯稿》，第七冊，〈職官三十六‧內侍省〉，頁3887。

〔註11〕　《長編》，卷十九，太平興國三年二月辛未條，頁423；三月己丑、癸卯至己酉條，頁424～425；卷三十六，淳化五年八月癸巳條，頁791～792。錢儼（937～1003）：《吳越備史》，文淵閣《四庫全書》本，〈補遺〉，葉十一上；吳任臣（1628～1689）（編）：《十國春秋》，文淵閣《四庫全書》本，卷八十二，葉十一下；《宋史》，卷四〈太宗紀一〉，頁58。按《吳越備史》及《十國春秋》以梁迥為閤門使，《長編》作高一階的四方館使。梁、閻在二月辛未（十六）奉命往淮西，在三月何日抵揚州迎接錢俶不詳，當是三月初。又宋廷在三月己丑（初五），派錢俶子錢惟濬到宋州（今河南商丘市）迎接。同月乙巳（廿一）錢俶抵開封近郊。己酉（廿五）錢俶即入見太宗於崇德殿。又《吳越備要》及《十國春秋》二書均記閻承翰的官職為「內班」。考「內班」可以是內侍省的「黃門」。按太宗在淳化五年（994）八月癸巳（十四），詔改內班為黃門，而以崇儀副使兼內班左都知竇神興充莊宅使、兼黃門左班都知。不過，閻承翰當時的官職應是比入內殿頭高品高一階的入內殿頭高班。參見龔延明：《宋代官制辭典》，第一編〈皇帝制度類‧九‧宦官門〉，「入內殿頭高品」條，頁48。

〔註12〕　《宋史》，卷四〈太宗紀一〉，頁60～63。

北保定市）時，閻承翰飛馬馳奏太宗，稱敗走的宋大軍不整，向南潰散。太宗馬上命殿前都虞候崔翰（930～992）率衛兵千人制止宋兵潰散。崔翰請單騎前往安撫敗軍，敗軍在他曉諭下安定下來。在這次事件中，自然以崔翰功勞最大，而閻承翰能及早奏報太宗緊急軍情，也功不可沒。〔註13〕

閻承翰在高梁河之役以後，到端拱二年（989）前後十三年的多場宋遼大戰，都沒載曾經參預，大概太宗認爲他沒有武幹，沒有委任他擔任甚麼兵職。他倒在其他地方顯露出他的治事才幹。他大概在太平興國七年（982），以八作司出納的積弊，建議於都城開仁坊西置場，治材而後授八作司。據稱世以爲便。閻承翰大概被委監領。〔註14〕

太平興國九年（即雍熙元年，984）四月辛丑（廿一），太宗準備東封泰山，命駕部員外郎劉蟠、監察御史索湘（？～1001）爲泰山路轉運使，閻承翰與儀鸞副使康仁寶、高品夏侯忠（？～984後）等六員內臣就部丁匠七千五百人負責修官壇及作石碱。〔註15〕

〔註13〕《長編》，卷三，太平興國四年七月丙戌條，頁457；卷七十一，大中祥符二年二月己丑條，頁1593；《宋史》，卷四百六十六〈宦者傳一·竇神寶、李神福、李神祐、閻承翰、秦翰、張繼能、衛紹欽〉，頁13600，13605～13607，13610，13612，13620，13624。按《宋史》稱閻的遷官爲「內侍供奉官」，當爲入內侍省的內侍東頭或西頭供奉官。據龔延明的考證，官從八品，在入內東頭供奉官之下，入內內侍殿頭（即入內殿頭高品）之上。推想閻承翰由入內殿頭高班遷入內內侍供奉官，當是低一級的入內內侍西頭供奉官可能性較高。參見《宋代官制辭典》，第一編〈皇帝制度類·九·宦官門〉，「入內內侍省內西頭供奉官」條，頁51。

〔註14〕閻承翰改革八作司的積弊，建事材場之事，《隆平集》記在太祖建隆間。王瑞來據《宋史》卷一百六十五《職官志》的考證，以「事材場，掌計度財物，前期樸斷，以給內外營造之用」，但他沒有懷疑閻承翰提出改革八作司的年月。按《宋史》閻承翰本傳將此事繫於太宗朝。而喬迅翔據《宋會要輯稿》，考證事材場及退材場同置於太平興國七年。按閻承翰在太祖建隆初年只有十五六歲，從歷練及官位不可能提出興利除弊的建議，《隆平集》所記有誤。考事材場置後，以諸司副使、閣門祇候及內侍四人監領，領匠一千六百五十三人，雜役三百四人。參見曾鞏（1019～1083）（撰），王瑞來（校證）：《隆平集校證》，（北京：中華書局，2012年7月），卷一〈官司〉，頁24，26（校證一）；《宋史》，卷四百六十六〈宦者傳一·閻承翰〉，頁13610；《宋會要輯稿》，第十二冊，〈食貨五十四·事材場〉，頁7245；喬迅翔：〈宋代將作監構成考述〉，《華中建築》，2010年10期，頁161，162（注30）。

〔註15〕《宋會要輯稿》，第二冊，〈禮二十二·封禪〉，頁1109。此條所記的閻承翰的官職，與夏侯忠同爲「高品」，然閻在太平興國四年已官內供奉官，到此時不應爲低於內供奉官的「高品」或「入內殿頭高品」或「入內高品」。

雍熙二年（985）底，閻承翰又奉詔乘傳前往廣州（今廣東廣州市）與知廣州、樞密直學士徐休復（？～991 後）、轉運副使李琨一同按劾廣南轉運使王延範（？～985）謀反大獄。王延範伏罪，與參與謀叛的卜者劉昂、前戎城主簿田辨、掌市舶陸坦俱被斬於廣州，王延範家被籍沒。被牽涉在內的朝臣左拾遺韋務昇除名配商州（今陝西商洛市商州區），廣州掌務殿直趙延貴、將作監丞雷說等均抵罪，告發王延範的懷勇軍小將張霸獲賜錢十萬，而王的姻親、宰相宋琪（917～996）在十二月丙辰（十七）也被牽連而罷相，被指知情不報的樞密副使柴禹錫（934～1004）也被罷樞。王延範一獄，據《宋史‧徐休復傳》所載，徐無他能，卻好聚財殖貨，履行也不見稱於搢紳。晚年在潞州（今山西長治市）苦病，瘍生於腦，病重時卻隱隱見到王延範的鬼魂，徐但號呼稱死罪，數日後徐病死。據此觀之，王延範一案很有可能是徐休復挾怨誣告的冤獄，王延範交結術士可能是真，但眾人的供辭可能是刑求之下自誣之辭。考《宋史‧閻承翰傳》即記王延範被逮捕下獄後，閻「就鞫之，考掠過苦，延範遂坐誅」。〔註16〕閻承翰大概只是奉太宗先入之見辦事，來個

〔註16〕閻承翰在雍熙二年何月前往廣州按劾王延範謀反之獄不詳。相信在是年十二月十七日宋琪被罷之前。據《宋史‧徐休復傳》，閻承翰前往廣州所帶之官職為「內侍」，而《宋史‧王延範傳》則作「高品」。閻承翰早已擢為內供奉官，不應是殿頭「高品」，《宋史‧王延範傳》所記有誤。王延範謀反一事，除上述《宋史》兩傳外，《宋太宗實錄》、《長編》、《皇宋十朝綱要》、《宋會要輯稿》均沒有記載。而《長編》在雍熙二年十二月條也沒有記宋琪及柴禹錫罷職及原因。《宋太宗實錄》雖收有宋、柴二人被罷之制書，但沒有解釋二人被罷與王延範之獄的關係。據范學輝的考證，《宋史全文》卷三〈宋太宗〉則有詳記宋、柴二人之罷與王延範謀逆有關。據載太宗將遣使（即閻承翰）往廣州按劾前，剛巧二人入對，太宗就問王延範是甚麼樣的人，宋琪不知徐休復已密告王謀反之事，就回奏王彊明忠幹。柴禹錫與宋琪素來相結，也在旁附和。當王延範被定罪後，太宗就將二人罷免，只是沒有公開他們交結王延範的罪名。據群書所記，王延範是江陵人，是荊南高氏之疏屬及舊部，又是宋琪的姻親。他生得形貌奇偉，任俠而家富於財，性豪率尚氣，偏好術數而愛交結左道之人。他隨高氏入朝後，自大理寺丞累遷司門員外郎，歷任秦州（今甘肅天水市）、梓州（今四川綿陽市三台縣）通判、江南轉運使。太平興國九年（即雍熙元年，984）任廣南轉運使，卻與知廣州的徐休復不協。他通判梓州時，有以左道惑眾的杜先生對他說：「汝意有所之，我常陰為之助。」太平興國六年（981）九月他以江南轉運使兼知吉州（今江西吉安市）時，有卜者劉昂對王說他「公當偏霸一方」，又有術士徐肇為他推算命相，說「君侯大貴不可言，當如江南國主」。前戎城主簿田辨自言善相，說王「有威德，猛烈富貴之相也，即日當乘四門輦」。有一次有豹闖入其公宇，咬傷數人，從者懼而不敢前，王獨拔戟上前刺殺豹，於是越加自負。他又與部屬趙延貴、雷說會宿，

殺雞儆猴，借殺王延範以警告十國舊部遺屬。從他獲太宗委任按治這一場大獄來看，太宗對他顯然信任有加。

　　他的官職直到淳化四年（993）仍是內供奉官。他在這年三月壬子（廿四），才獲委較重要的職務，擔任制置河北緣邊屯田使、六宅使潘州刺史何承矩（946～1006）的副手。何徵發諸州鎮兵萬八千人，在雄州（今河北保定市雄縣）、莫州（今河北滄州市任丘市北）、霸州（今河北廊坊市霸州市）、平戎軍（即保定軍，今河北廊坊市文安縣）、破虜軍（即信安軍，今河北霸州市東 24 公里信安鎮）、順安軍（今河北保定市高陽縣東舊城），興建長堰六百里，並置斗門，從霸州界引滹沱水灌溉，利用河北地區因連年霖雨造成的陂塘，興辦水田，種植水稻，既解決河水泛濫成陂塘之患，又補助河北屯兵之糧餉。在何承矩、閻承翰及水田專家、原滄州臨津令（今河北滄州市）後充制置屯田判官黃懋等半年努力的經營下，是年八月，何派人運載河北新水田所產的稻穗數車部送京師，於是反對開河北水田之議平息。據載此後河北諸州軍之水田的「葦蒲、蠃蛤之饒，民賴其利」。〔註17〕

夜觀天象。趙、雷二人都說天象「火星入南斗，天子下殿走」。王延範於是日夕與掌市舶陸坦議起事。會陸坦代歸，王就託他寄書給友好左拾遺韋務昇，以隱語偵察朝廷機密事。然王延範素來奴視僚屬，會懷勇小將張霸給事轉運司，王延範因事杖之。張霸知道徐休復與王延範不睦，就去徐處告發王將謀不軌及諸多不法事。徐休復馬上密奏太宗，奏稱王延範「私養術士，厚待過客，撫部下吏有恩，發書予故人韋務昇作隱語，偵朝廷事，反狀巳具」。王延範被指的種種作為，正犯了太宗的大忌，於是立命閻承翰乘傳按劾。按近期一篇談論宋琪與太宗朝政治的文章，失察王延範案引致宋琪的失寵罷相。參見錢若水（960～1003）（修），范學輝（校注）：《宋太宗皇帝實錄校注》（北京：中華書局，2012 年 11 月），中冊，卷三十四，雍熙二年九月壬寅朔條，頁 364；十二月丙辰條，頁 403～406，注 10；《長編》，卷二十，太平興國四年八月壬子條，頁 459；卷二十六，雍熙二年十二月，頁 600；李埴（1161～1238）（撰）、燕永成（校正）：《皇宋十朝綱要校正》（北京：中華書局，2013年 6 月），卷二〈太宗〉，頁 72；《宋會要輯稿》，第十二冊，〈食貨四十九・轉運司〉，頁 7096；元佚名（編），汪聖鐸（校點）：《宋史全文》（北京：中華書局，2016 年 1 月），第一冊，卷三〈宋太宗一〉，雍熙二年十二月丙辰條，頁129～130；《宋史》，卷五〈太宗紀二〉，頁 77；二百七十六〈徐休復傳〉，頁9399～9400；卷二百八十〈王延範傳〉，頁 9510～9511；卷四百六十六〈宦者傳一・閻承翰〉，頁 13610；廖寅：〈宋琪與宋太宗朝政治散論〉，《北方論壇》，2011 年第 4 期（總第 228 期），頁 62～67。

〔註17〕按開河北水田之議發自何承矩，然後原籍福建泉州（今福建泉州市），熟諳以緣山導泉種植水田的黃懋亦上言支持此議。太宗於是派何承矩往河北諸州軍實地按視，復奏如黃懋之議，於是任命何承矩等人充職。閻承翰的職銜為同

　　就在這年十月，河決澶州（今河南濮陽市）北城，「城堞頹圮，舟梁蕩絕」。太宗命太祖駙馬、彰德軍節度使魏咸信（949～1017）再知濮州，又親諭他治郡修河之方略。太宗同時命已擢爲內殿崇班的閻承翰負責修治濮州河橋。閻承翰與魏咸信對於整治河患的意見分歧：魏咸信請在流水未下時趕造舟橋，但閻承翰卻「惑於輿論，執其所議」，認爲時已入冬，「歲暮風勁」，「結冰聚凌如山，水勢涌急」，難以施工，請暫罷其役，以俟來春。沒想到魏咸信在他入京奏報後，已在短時間內鳩集諸工，自乘小舟，衝著巨浪，排層冰建好浮橋。魏更派快差入奏太宗已建成舟橋。這時閻承翰方向太宗陳奏舟橋難成，沒想到魏的奏報已至。據載太宗對閻的上司入內內侍都知李神福說：「朕選魏某，果能集事。」〔註 18〕這次閻承翰在太宗面前大失面子，幸而太宗對他的

提點制置河北緣邊屯田事，擔任何承矩副手還有殿直張從古（？～999 後）（按《長編》作段從古，考張從古在咸平二年（999）官至內殿崇班閤門祗候知宜州）。起初反對何承矩開水田的人不少，而河北諸州軍的武臣和守臣又恥於營葺佃作，加上開始時所種的稻因天氣問題未如期成熟，就招來更大的反對聲音，太宗差一點令罷其事。參見《長編》，卷三十四，淳化四年三月辛亥至壬子條，頁 747；卷四十五，咸平二年九月乙巳條，頁 964；《宋會要輯稿》，第十冊，〈食貨四‧屯田雜錄〉，頁 6029；《宋史》，卷九十五〈河渠志五‧塘濼〉，頁 2364～2365；有關宋代屯田的研究，最早期的論著可參看臺灣學者趙振績：〈宋代屯田與邊防重要性〉，原載《中國文化復興月刊》第三卷十一期，後收入宋史座談會（編輯）：《宋史研究集》，第六輯，（臺北：中華叢書編輯委員會，1971 年 12 月），頁 487～496。按趙氏一文第一節〈北宋屯田與邊防重要性〉（頁 4487～488）即引述是年何承矩等開河北水田之事。

〔註 18〕　〈魏咸信墓誌銘〉及 1985 年 3 月在洛陽白馬寺附近重新發現的〈魏咸信神道碑〉所記魏咸信修造澶州舟橋的事均繫於淳化元年（990）後。惟群書均未載淳化元年冬澶州河決，據《稽古錄》及《皇宋十朝綱要》所記，在淳化四年（993）十月，「河決澶州，西北流入永濟渠（《皇宋十朝綱要》作「御河」），浸大名府」，而《宋史‧太宗紀二》也記在淳化四年九月，黃河及長江均泛濫成災，「河水溢，壞澶州；江溢，陷涪州」。太宗於是下詔：「溺死者給斂具，澶人千錢，涪人鐵錢三千，仍發廩以振」。十月，河決澶州，西北流入御河。正與《宋史‧魏咸信傳》所記吻合。又閻承翰在淳化元年官職尚爲內供奉官，並非內殿崇班。而據《宋史‧太宗紀二》的記載，內殿崇班一職要到淳化二年（991）正月乙酉（十四）始置。據此，魏咸信受命再知澶州，閻承翰命奉命修橋，不可能在淳化元年。而當在淳化四年十月河決澶州時。另〈魏咸信神道碑〉記魏咸信修橋事較〈魏咸信墓誌銘〉詳細，可以參考比較。參見司馬光（1019～1086）（著），王亦令（點校）：《稽古錄》（北京：中國友誼出版公司，1987 年 12 月），卷十七，頁 687；《皇宋十朝綱要》，卷二〈太宗〉，頁 81；《宋史》，卷五〈太宗紀二〉，頁 86，92；卷二百四十九〈魏仁浦傳附魏咸信〉，頁 8805～8806；夏竦（985～1051）：《文莊集》，文淵閣《四庫全書》本，卷二十九〈故保平軍節度

寵信仍不替。

淳化四年十二月，蜀民王小波（？～993）起事於四川，是月戊申（廿五），與西川都巡檢使張玘（？～993）戰於江原縣（今四川崇州市江源鎮），張陣亡，但王小波也中流矢死，眾人推李順為首領。翌年（淳化五年，994）正月戊午（初五），李順攻下漢州（今四川德陽市廣漢市）。己未（初六）下彭州（今四川成都市彭州市）。到己巳（十六）更攻下四川首府成都（今四川成都市）。太宗在是月甲戌（廿一），命首席內臣昭宣使王繼恩（？～999）為劍南兩川招安使，率兵討伐李順。而以崇儀副使入內押班衛紹欽同領招安捉賊事，擔任王繼恩的副手。另以入內押班韓守英（？～1033）任王繼恩的先鋒。閻承翰也獲委為川峽招安都監，其他有份從征較低級的內臣還有黃門鄧守恩（974～1021）和高品王文壽（？～994）（按：王文壽在十月被叛兵所殺）。十一月，蜀亂才完全平定。衛紹欽和韓守英都在平定李順之亂頗有戰功。韓守英以功遷西京作坊使、劍門都監，衛紹欽也「深被褒勞」，而閻承翰也以勞從內殿崇班遷西京作坊副使，進入諸司副使行列，不過他在平定蜀亂中立了甚麼具體戰功就不見載。〔註19〕

太宗在翌年改元至道元年（995），是年八月，太宗又委閻承翰以京城治安之任。太宗以京城地面浩大，奸豪所集。新招募的公人二千，以四營處之，而總轄於左右金吾司。惟當時判左右金吾街仗事的魏丕（918～999）與趙延進（927～999）均年邁，太宗以這年既有郊禋大典，是月壬辰（十八）真宗將冊為太子，仗衛至繁，恐怕二人辦不好差事，於是命閻承翰以西京作坊副使及內殿崇班劉承蘊分別充左右金吾都監勾當本街事以佐之。不過，稍後又罷之。〔註20〕

使同中書門下平章事駙馬都尉贈中書令魏公墓誌銘〉，葉五上至六上；趙振華：《洛陽古代銘刻文獻研究》（西安：三秦出版社，2009年12月），第六編〈五代宋金元碑志研究篇〉〈五·北宋《魏咸信神道碑》，頁673～679。

〔註19〕《宋史》，卷五〈太宗紀二〉，頁92～96；卷四百六十六〈宦者傳一·王繼恩、閻承翰、衛紹欽、鄧守恩〉，頁13602～13604，13610，13624～13625，13627；卷四百六十七〈宦者傳二·韓守英〉，頁13632。王繼恩作為平蜀之主帥，雖然軍紀不佳，但太宗仍以其功特授宣政使進順州防禦使。又王文壽隸王繼恩麾下，王命他領虎翼軍二千往遂州路（今四川遂寧市）進討李順軍。但王御下嚴急，士卒皆怨，一夕他臥帳中，被西川行營指揮使張嶙（？～994）派數人排闥持刀入帳斬殺，並斬其首投降李順手下的嘉州帥張餘。按王文壽被殺的事，《宋史·太宗紀二》繫於淳化五年十月庚辰（初二）。

〔註20〕據《群書考索》及《玉海》所記，太宗以京師地面浩大，街司循警用禁軍，非舊制，特命左右街各置千人，優以廩給，使傳呼備盜，並分營管理，太宗

閻承翰在各種職務中，仍以治河爲其擅長。至道三年（997）正月，他向太宗上「力」水、溳水（源出河南鄭州市新密市西南大騩山，向東注入潁水）二水圖，他又請求停京師所屬的鄢陵縣（今河南許昌市鄢陵縣）修汴河民夫之役，量事而行，並築堤塘。太宗接納他的意見。〔註21〕

三、閻承翰在咸平到景德年間的事蹟

太宗於至道三年三月癸巳（廿九）病逝，眞宗繼位。閻承翰繼續受到眞宗的信任，並從西京作坊副使超擢爲西京作坊使，進入諸司正使的行列。因首席內臣宣政使、桂州觀察使王繼恩涉嫌廢立眞宗而被重貶爲右監門衛將軍，安置均州（今湖北十堰市丹江口市），皇城使、入內都知李神福繼爲內臣之首，而閻承翰也依次獲補爲內侍左班副都知，是年他已五十一歲，終於擠身於高級內臣之列。除了李神福外，當時地位在閻承翰之上的高級內臣，還有李神祐、劉承珪、秦翰、張崇貴、衛紹欽、韓守英、楊永遵（？～1002後）等人。〔註22〕

命判左右金吾街仗魏丕召募新卒以充其數。淳化五年八月，魏丕以新募金吾卒千餘人引對崇政殿。太宗親選得五百七十人。其中取身品優者爲三等，分四營。每營設五都，每都有員僚節級，如禁軍之制。太宗命大將田重進（929～997）之子田守信（？～1019後）知右街事。至道元年，魏丕已年七十八，趙延進已年六十九，故命閻承翰二人佐之。參見《宋會要輯稿》，第六冊，〈職官二十二‧衛尉寺‧金吾街仗司〉，頁 3621～3622；《宋史》，卷五〈太宗紀二〉，頁 98；章如愚（？～1206後）：《山堂考索》（北京：中華書局影印明正德十六年（1521）建陽書林劉洪愼獨齋本，1992 年 10 月），後集，卷四十〈兵門〉，葉十三下（頁 713）；王應麟（1223～1296）：《玉海》，（上海：上海書店據清光緒九年浙江書本刊本影印，1988 年 3 月），卷一百三十九〈兵制四‧淳化金吾四營〉，葉十一上下；《宋史》，卷四百六十六〈宦者傳一‧閻承翰傳〉，頁 13610。

〔註21〕《宋會要輯稿》，第十六冊，〈方域十七‧水利〉，頁 9611。考開封附近並無「力水」，疑《宋會要輯稿》訛寫。又溳水可能是溱水之訛寫，鄢陵縣有溱水，發源於河南新鄭市辛店鎮西大隗山鳳后嶺北，東南流經長葛市、許昌市、臨潁縣和鄢陵縣，於鄢陵縣南部趙莊閘以下 2 公里處注入潁河。參見王存（1023～1101）（撰），王文楚、魏嵩山（點校）：《元豐九域志》（北京：中華書局，1984 年 12 月），卷一〈四京‧東京‧鄢陵縣〉，頁 3。

〔註22〕《宋史》，卷五〈太宗紀二〉，頁 101；卷四百六十六〈宦者傳一‧王繼恩、李神福、閻承翰、秦翰、張崇貴、衛紹欽〉，頁 13604～13605，13610，13612，13618，13624；卷四百六十七〈宦者傳二‧韓守英〉，頁 13632；《長編》，卷四十一，至道三年壬辰至癸巳條，頁 862～863；四月辛酉條，頁 865；五月甲戌條，頁 865～866；卷四十五，咸平二年十一月乙未條，頁 969。

　　大概真宗認定閻承翰沒有武幹，故在咸平初年的對遼夏各場征戰均沒有委他以任何兵職。就是在咸平二年（999）十二月甲子（十五）駕臨大名府（今河北邯鄲市大名縣），多名高級內臣從征，閻卻沒有被委以任何職務。〔註23〕咸平三年（1000）正月己卯（初一），四川發生叛軍王均（？～1000）之亂。但真宗並未委曾在淳化五年有份參與平定蜀亂的閻承翰以四川平亂之任。〔註24〕

　　閻承翰仍是做他的治河老本行出色，五月甲辰（廿八），河決鄆州（今山東荷澤市鄆城縣）王陵埽，從鉅野（今山東荷澤市巨野縣）入淮河和泗州，水勢激悍，侵迫沿途的州城。真宗命步軍都虞候張進（？～1000後）和時任內侍副都知的閻承翰率諸州丁夫三萬人往塞河決（按：《宋會要輯稿》作二萬人）。因河決水灌濟水（濟水發源於河南省濟源市區西北，俗稱大清河。濟水在古時獨流入海，與江水【長江】、河水【黃河】、淮水【淮河】並稱華夏四瀆）和泗水，鄆州城中常苦水患。這時偏又逢連月大雨，城中積水益甚。朝議以徙鄆州州治以避河患。真宗再詔閻承翰與工部郎中陳若拙（955～1018）乘傳經度徙城事宜，陳若拙及閻承翰查察後，請將鄆州州治徙於舊治的東南五十里汶陽鄉的高原。真宗詔可。十一月丙子（初三）（按《宋史‧真宗紀一》作乙亥（初二）），張進及閻承翰上奏真宗，報告鄆州決河已堵塞成功。〔註25〕

〔註23〕　《長編》，卷四十五，咸平二年十一月乙未至十二月甲子條，頁969～971；《宋史》，卷四百六十六〈宦者傳一‧李神福、李神祐、石知顒〉，頁13605，13607，13626。扈從真宗親征的高級內臣，計有昭宣使入內都知充行宮使李神福、內侍都知充排陣都監的楊永遵、內園使充天雄軍（即大名府）都監、子城內巡檢李神祐和西京作坊使充天雄軍、澶州巡檢使的石知顒。

〔註24〕　《長編》，卷四十六，咸平三年正月己卯朔至辛巳條，頁983～984；甲午條，頁989。真宗命戶部使工部侍郎雷有終（947～1005）率石普（961～1035）、上官正（933～1007）、李繼昌（948～1019）諸將平亂。

〔註25〕　真宗又遣使存卹災民，給以口糧。知鄆州馬襄及通判孔晁免官，巡隄、左藏庫使李繼元配隸許州（今河南許昌市）。又張進爲曲阜人（今山東濟寧市曲阜市）人，咸平二年十二月辛酉（十二），真宗駕幸大名府時，他以權殿前都虞候爲先鋒大陣往來都提點，任殿前指揮使王超（951～1012）的副手。咸平三年五月張遷一級爲步軍都虞候。參見司馬光：《稽古錄》，卷十八，頁701；《長編》，卷四十五，咸平二年十二月辛酉條，頁970～971；卷四十七，咸平三年五月甲辰至辛酉條，頁1018～1019；十一月丙子條，頁1031；《宋會要輯稿》，第十六冊，〈方域十四‧治河上〉，頁9552～9553；《宋史》，卷六〈真宗紀一〉，頁112～113；卷二百六十一〈陳思讓傳附陳若拙〉，頁9040～9041；卷四百六十六〈宦者傳一‧閻承翰〉，頁13610。

　　咸平四年（1001）七月己卯（初十），邊臣言遼軍將入寇。宋廷即以武臣中名位最高的前樞密使、山南東道節度使同平章事王顯（932～1007）為鎮州（今河北石家莊市正定縣）、定州（今河北保定市定州市）、高陽關（宋初為關南，在瓦橋關、益津關、淤口關之南，今河北保定市高陽縣東舊城）三路都部署，作為全軍主帥，率領馬步軍都虞候天平軍節度使王超（951～1012）、殿前副都指揮使保靜軍節度使王漢忠（949～1002）、殿前都虞候雲州觀察使王繼忠（？～1023 後）及西上閤門使韓崇訓（952～1007）諸將禦敵。〔註26〕十月己未（廿一），真宗見大戰在即，再詔高陽關三路增兵二萬為前鋒，又命將五人，各領騎三千陣於先鋒之前。另外又命步軍副都指揮使、莫州（今河北滄州市任丘市北）駐泊都部署桑贊（？～1006）領兵萬人，居順安軍（今河北保定市高陽縣東舊城）和莫州，作為奇兵以邀擊遼軍。再命馬步軍都軍頭、北平寨（今河北保定市滿城縣北漕河上）駐泊部署荊嗣（？～1014）領兵萬人以斷西山（即太行山）之路。真宗將他這個精心設計的作戰方案，繪成作戰圖，特命閤承翰親赴定州出示王顯等，也許真宗對自己閉門設計的陣圖也信心有限，就命閤承翰傳諭：「設有未便，當極言以聞，無得有所隱也。」〔註27〕閤承翰在這場一觸即發的大戰，又是擔任傳令的角色，而不像入內副都知秦翰那樣血戰沙場。〔註28〕

　　咸平五年（1002）正月甲寅（十八），為了將位於宋遼邊界東南角的乾寧軍（今河北滄州市青縣）的軍儲糧食運往沿邊地區，順安軍兵馬都監馬濟上言，請在靜戎軍（即安肅軍，今河北保定市徐水縣）東決鮑河開渠入順安軍，又從順安軍之西引水入威虜軍（即廣信軍，今河北保定市徐水縣西遂城鎮），以助漕運。馬濟又建議在渠側置水陸營田以阻隔遼騎。真宗對此建議表示同

〔註26〕《長編》，卷四十九，咸平四年七月己卯條，頁 1066～1067。按王超出任三路副都部署，王漢忠任都排陣使，王繼忠任都鈐轄，而韓崇訓為鈐轄。王顯仍兼定州都部署，王超兼鎮州都部署，王漢忠兼高陽關都部署。

〔註27〕《長編》，卷四十九，咸平四年十月己未至癸亥條，頁 1079～1080。真宗在十月癸亥（廿五），又以前陣昨經力戰，詔桑贊分部下萬人屯於寧邊軍（即永寧軍，今河北保定市蠡縣），令北面前陣兵居其後。這次傳詔，可能也由閤承翰負責。

〔註28〕《長編》，卷五十，咸平四年十一月丙子條，頁 1083；《宋會要輯稿》，第十四冊，〈兵八・出師二・契丹邊〉，頁 8760。關於此役有份從征的宋軍將領（包括內臣）以及秦翰的戰功，可參閱本書第三篇〈宋初內臣名將秦翰事蹟考〉，頁 76～78，註 71～73。

意，說：「此渠若成，亦有所濟，可從其請而徐圖之也。」他即命正在河北宣旨的閻承翰往順安軍經度規劃，並命冀州（今河北衡水市冀州市）部署石普護其役。閻承翰對這項任命，自是駕輕就熟。這項在河北開渠營田的工程，歷時一年又九月畢功。眞宗對這項工程的軍事成效很滿意，說：「（石）普引軍壁馬村以西，開鑿深廣，足以張大軍勢，若邊城壕溝悉如此，則遼人倉卒難馳突而易追襲矣。」〔註29〕

　　閻承翰才往河北規度開渠營田畢，三月，他返京不久，又奉詔審訊眞宗寵臣、新授參知政事王欽若（962～1025）涉嫌在咸平三年任知貢舉時納舉人任懿一宗大案。本來任懿已在御史臺審理時招供，承認透過王欽若相熟的僧惠秦向王妻李氏納賄，再由王的僕人祁睿將任懿的名字暗中告訴已在貢院的王，因而獲得錄取。當工部尚書御史中丞趙昌言（945～1009）拿著任懿的供辭，請將王欽若下獄審理時，眞宗卻一意維護王欽若說：「朕待欽若至厚，欽

<hr/>

〔註29〕　據《宋史・河渠志五》所載，其實早在咸平四年，知靜戎軍王能（？～1019）已請自姜女廟東決鮑河水，北入閻臺淀，另在靜戎軍之東，引水北注三臺、小李村，使其水溢入長城口而南，又壅使之北流而東入於雄州。不過，那麼複雜的工程不爲眞宗所接納。當馬濟在咸平五年正月提出這個新方案時，就爲眞宗所接納，只是嫌方案中的鹽臺淀位置稍高，若從此處決河引水恐不便，要他修改方案。石普等在咸平六年（1003）上言，報告開浚靜戎軍及順安軍營田河道已畢功。眞宗詔獎石普等，並賜預役的將士緡帛有差。按咸平五年三月甲辰（初八），河北轉運使耿望（？～1002後）上奏，稱他依詔開鎮州常州鎮南河水入汥河至趙州（今河北石家莊市趙縣）已畢功，有詔襃之。可見開渠運糧之議是河北邊臣的共識。又西京左藏庫使舒知白曾在咸平三年三月，提出一個大膽的建議：請於泥沽海口及章口復置海作務造舟，令民人入海捕魚，乘機窺察平州（今河北秦皇島市盧龍縣）。他日宋軍征討遼國，就可以從這裡進兵，以分敵勢。不過，眞宗沒有接納此議。又裴海燕將閻承翰這次開渠營田工程，連同閻在咸平三年塞鄆州河決的工程，均視爲宦官參預經濟活動的例證，然她不知閻承翰早在太宗淳化四年已參預營田的工作，而且這項工程的軍事的意義大於經濟意義。關於北宋河北邊臣以水路包抄開渠以運軍儲的討論，可參閱程龍的前引著作；不過，程龍沒有引用《宋會要輯稿》的相關資料，不知道閻承翰在此項工程上的角色。參見《長編》，卷五十一，咸平五年正月甲寅條，頁1111；三月甲辰條，頁1117～1118；《宋會要輯稿》，第十冊，〈食貨二・營田雜錄一〉，頁5981～5982；第十三冊，〈食貨六十三・營田雜錄〉，頁7648～7649；《宋史》，卷九十五〈河渠志五〉，頁2365；卷三百二十四〈石普傳〉，頁10473；裴海燕：〈北宋宦官參預經濟活動述略〉，《河北大學學報》（哲學社會科學版），第23卷第4期（1998年12月），頁55；程龍：《北宋糧食籌措與邊防——以華北戰區爲例》，第五章〈北宋華北戰區糧食調撥地理〉，頁131。

若欲銀，當就朕求之，何苦受舉人賄耶？且欽若才登政府，豈可遽令下獄乎？」
趙昌言雖然一再力爭，但眞宗仍不肯讓步，而詔翰林侍讀學士邢昺（932～
1010）、內侍副都知閤承翰，並驛召知曹州（今山東荷澤市曹縣）工部郎中邊
肅（？～1012 後）及知許州（今河南許昌市）虞部員外郎毋賓古就太常寺重
審此案。四人中，邊肅和毋賓古是王欽若的舊僚，邢昺則是眞宗東宮舊人，
並一意向眞宗邀寵的投機份子，而閤承翰就像當年審訊王延範一案那樣，依
從帝王意旨辦事。在四人的主持下，任懿翻供，改稱接受他行賄的人是同知
貢舉、比部員外郎直史館洪湛（963～1003），在重審期間，證人不是遁去不
獲，就是已死。結果王欽若脫罪，後來證明無辜的洪湛卻頂罪。同月庚戌（十
四）洪湛除名流儋州（今海南儋州市西北），而力主嚴治王欽若的御史中丞趙
昌言被指「操意巇險，誣陷大臣」，削一任重貶爲安遠軍（即安州，今湖北孝
感市安陸市）行軍司馬。他的副手膳部郎中兼侍御史知雜事范正辭（936～
1010）也削一任貶爲滁州（今安徽滁州市）團練副使。御史臺推直官殿中丞
高鼎、主簿王化並削兩任，分別被貶爲蘄州（今湖北黃岡市蘄春縣）別駕及
黃州（今湖北黃岡市黃州區）參軍。可憐洪湛在翌年（咸平六年，1003）六月，
雖獲赦北返，卻死於化州（今廣東茂名市化州市）調馬驛，遺下隨行幼子洪
鼎。王欽若良心有愧，就奏上眞宗，賜錢二萬，並命官護喪還本籍。〔註30〕

〔註30〕 司馬光（1019～1086）（撰），鄧廣銘（1907～1998）、張希清（校注）：《涑
水記聞》（北京：中華書局，1989 年 8 月），卷二，頁 24～25；卷七，頁 137；
文瑩（？～1078 後）（著），鄭世剛、楊立揚（點校）：《湘山野錄》（與《玉
壺清話》合本）（北京：中華書局，1984 年 7 月），卷中，頁 23；《長編》，
卷二十六，雍熙二年三月己未至癸亥條，頁 595；卷四十二，至道三年十一
月丙寅條，頁 888～889；卷五十一，咸平五年三月庚戌條，頁 1118～1120；
卷五十五，咸平六年六月丁卯條，頁 1202；卷五十六，景德元年六月丙辰
條，頁 1238～1239；卷七十三，大中祥符三年六月辛未條，頁 1675；卷九
十，天禧元年六月甲申條，頁 2070；《宋會要輯稿》，第八冊，〈職官六十四・
黜降官一〉，頁 4773；《宋史》，卷二百八十三〈王欽若傳〉，頁 9559～9560；
卷三百一〈邊肅傳〉，頁 9983～9984；卷三百一〈范正辭傳〉，頁 10060～
10061；卷四百三十一〈儒林傳一・邢昺〉，頁 12801；卷四百四十一〈文苑
傳三・洪湛〉，頁 13057～13059；王瑞來：《宰相故事：士大夫政治下的權
力場》（北京：中華書局，2010 年 1 月），第四章〈佞臣如何左右皇權：「瘦
相」王欽若〉，頁 137～138。此案之始末源自司馬光《涑水記聞》兩則記載，
而爲《長編》、《宋史》等書採用。群書均言王欽若受賄是眞，眞宗包庇屬實，
而洪湛最無辜。考眞宗委任重審此案的毋賓古是王欽若在三司的舊僚，他在
至道三年十一月向王欽若提出打算向眞宗建議免除天下的逃賦。王欽若當晚
命屬史計算出數目，翌日向眞宗上奏，眞宗驚問太宗知否有這樣大的逃賦？

　　關於這宗案件，王瑞來認為「恰好王欽若被任命為參知政事，這個任命等於救了王欽若。因為不僅真宗礙於面子不可能收回成命，宰相大臣也不願背上失察之名。」王氏認為「執政大臣的任命，幾乎不可能由皇帝或是某個大臣獨自裁決，必須經過皇帝與執政集團共同協商，至少是得到宰相的首肯之後才能決定。由於有這樣的過程，就決定了對王欽若只能保，不能棄。」王氏的分析合理，這解釋當時首相李沆為何在這事上沒有支持趙昌言的立場。王氏說得對，真宗回答趙昌言的一番話一方面表明他不相信王欽若會受賄，另一方面是執政大臣不能受審。他委任邢昺等四人審訊此案，邢昺等就

王巧言說太宗其實知道，只是有心留給真宗去行此一善政以收人心。真宗於是下旨免除天下的逃賦，時人都歸功於王欽若。王欽若於是得以進一步受知於真宗。王瑞來認為王欽若將毋賓古的良好建議據為己有，搶先向真宗上奏以邀功，是王一向貪功歸己，諉過於人的毛病。不過，筆者認為，毋賓古在三司的地位比王欽若低，他向王提出意見，王代為上奏，並沒有奪他功勞之意。王欽若大概也會向真宗提出原議人是毋賓古。後來真宗特別委任毋賓古審訊王欽若的案件，當是曉得王、毋二人交好。若毋賓古怨王欽若奪其上奏之功，他後來怎會維護王欽若？王瑞來大概沒有注意毋賓古在審判王欽若一案的角色。又邊肅是太平興國五年（980）進士，與趙昌言婿王旦（957～1017）是同年進士，他在出知曹州前，長期任職三司戶部判官判開拆司，也與王欽若份屬舊僚。他既有理財之能，又頗有武幹，曾堅守邢州（今河北邢台市），擊退來犯的遼軍大有功勞，深得真宗的賞識。景德元年（1004）六月，真宗密采群臣中有聞望者，邊肅就在被選中的二十四人中居首。他官至給事中樞密直學士。後來卻為人劾奏貪墨不法而被貶職多年。他的同年次相向敏中（949～1020）在大中祥符末年向首相王旦請求將他復職，王旦堅決不肯，以他身為近臣而坐贓實不可恕。並說向敏中要復用他，要他死後才成。邊肅要到天禧元年（1017）六月王旦罷相後，才為向敏中復用知光州（今河南信陽市潢川縣）。筆者懷疑王旦所以對邊肅至死不諒，可能是邊肅當年處理王欽若受賄一案不公。至於邢昺原是經學家，在真宗尚在東宮時講論諸經。以洪湛作為王欽若的替罪羊都是邢昺的主張，故此王欽若甚為感激他。邢昺後來甚得真宗寵信，亦是王欽若投桃報李加以推薦之故。邢在大中祥符三年（1010）六月病卒，獲贈左僕射，三子皆獲進秩，都是王欽若的保奏。他的妻子每至王欽若家，王都迎拜甚恭。他的兒子邢仲寶貪狠不才，王欽若卻仍用他為三司判官。王欽若心中明白，這次不是邢昺枉法徇私，開脫自己受賄之罪，就沒有後來的富貴，故此大大報答邢昺。至於含冤而死的洪湛，原是雍熙二年（985）榜第三人，美風儀，俊辯有才幹，真宗原有意擢用。他為官清廉，家無餘財，查搜他家時，實在無他物，邢昺等卻以雍熙二年狀元、洪的同年好友梁顥（963～1004）借洪的白金器作為贓物指證他受賄。洪湛死後，他的孤子洪鼎卻很上進，後來在大中祥符四年（1011）進士登第，至度支員外郎、直史館、鹽鐵判官。據《涷水記聞》所載，王欽若以擢用他來贖前罪。

只許按照保王欽若的方向進行調查。〔註31〕果然，那個枉稱經學大師、熟諳
聖賢經典的邢昺，就迎合眞宗，作出對王欽若有利的判決，而邊肅及毋賓古
自然亦步亦趨。閻承翰不過是眞宗的奴才，他在審理這宗案件的角色，無非
是擔任眞宗與邢昺間之傳話人，每天向眞宗奏報審訊的過程，並向邢昺傳達
眞宗的意旨。我們自難期望他會主持公道，不枉法徇私。順帶一談，眞宗其
實也對王欽若這次是否受賄心中有數。十七年後，在天禧三年（1019）六月，
時任首相的王欽若已失寵，他再被指控受贓。他在眞宗前自辯，請下御史臺
覆實。眞宗當時很不悅，就翻王的老賬說：「國家置御史臺，固欲爲人辨虛實
耶？」王欽若當然聽出眞宗的絃外之音，就識趣地自請罷相出守大藩。〔註32〕

　　咸平六年（1003）四月丙子（十七），遼軍又入寇。翌日（丁丑，十八），
定州行營副部署、殿前都虞候王繼忠部兵敗於定州東北六十里之望都（今河
北保定市望都縣），王繼忠被俘。宋軍主帥王超只好引兵還定州，並馳奏眞宗。
眞宗於辛巳（廿二）詔發河東廣銳兵一萬五千增援。幸而遼軍在五月辛卯（初
二）退兵，眞宗除撫卹望都陣亡將士外，又派內臣宮苑使劉承珪及供備庫副
使李允則（953～1028）馳驛按問失律將帥，癸丑（廿四），鎮州副部署李福
坐罪削籍流封州（今廣東肇慶市封開縣東南），拱聖都指揮使王昇決杖配隸瓊
州（今海南海口市）。〔註33〕因望都之戰失利，眞宗每日都向群臣詢問禦敵之
策。六月己未朔（初一），眞宗御便殿，出他所撰之陣圖以示輔臣，提出在何
處該派何人守禦。當他回答首相李沆（947～1004）的評論時，又特別點出三
路都鈐轄的內臣入內都知韓守英「素無執守」，主張以閻承翰代之。他說閻「雖
無武幹，然亦勤於奉公」。李沆對眞宗改用閻承翰取代韓守英，並無異議。丙
戌（廿八），閻承翰便以內侍右班副都知出任定州路鈐轄，取代韓守英，首次
擔任北邊重要的兵職。咸平五年正月和他搭檔在順安軍營田開渠的石普，也
自永興軍（今陝西西安市）副部署徙爲莫州部署。〔註34〕

〔註31〕　王瑞來：《宰相故事：士大夫政治下的權力場》，第四章〈佞臣如何左右皇權：
　　　　　「癭相」王欽若〉，頁174～175。
〔註32〕　《長編》，卷九十三，天禧三年六月甲午條，頁2149。
〔註33〕　《長編》，卷五十四，咸平六年四月丙子至辛巳條，頁1190；五月辛卯至癸丑
　　　　　條，頁1191～1194；
〔註34〕　《長編》，卷五十四，咸平六年六月己未朔條，頁1195～1197；卷五十五，咸
　　　　　平六年六月丙戌條，頁1204；《宋史》，卷四百六十六〈宦者傳一‧閻承翰〉，
　　　　　頁13610～13611。

　　值得注意的是，閻承翰的養子閻文慶已出仕，〔註35〕八月甲戌（十七），
眞宗因應石普及閻承翰等在一年前於靜戎軍及順安軍營田開渠之工程進度，
詔遣閻文慶與知靜戎軍王能（？～1019 後）及知順安軍馬濟共督其事，又徙
莫州路部署石普率兵屯順安軍之西，與威虜軍的魏能、保州的楊延朗（即楊
延昭，958～1014）及北平寨的田敏（？～1023 後）互爲犄角。〔註36〕閻文慶
被委用，很有可能是眞宗看上他具有治河的「家學」。

　　九月庚子（十三），閻文慶出使近一月後，石普就上奏靜戎軍、順安軍的
營田河道工程已畢功。眞宗詔獎將士緡帛。〔註37〕十月甲子（初八），知靜戎
軍王能上奏在軍城東新河之北開田，廣袤相去皆五尺許，深七尺，東西至順
安軍及威虜軍界，聲稱縱使敵騎入寇，亦易於防衛。王能並附上地圖。眞宗
召見宰相李沆等，示以王能所上之圖及奏章。李沆等這時都認同這項開水田
的政策。是日，即詔靜戎軍、順安軍、威虜軍界並置方田，鑿河以阻遏敵騎。
庚辰（廿四），知保州趙彬也奏請決雞距泉，自州西至滿城縣，又分徐河水南
流以注運渠，置水陸屯田。眞宗詔保州兵馬都監王昭遜與趙彬協力共成其事。
按雞距泉在保州南，東流入邊吳泊，每歲漕運糧粟以給軍食，然地峻而水淺，
役夫甚苦之。這項工程開成後，就舟行無滯。是見閻承翰年前所經辦的水田
工程，初步收到成效，得到宋廷的認可。〔註38〕

　　眞宗翌年（1004）改元景德。正月丙申（十一），威虜軍及莫州的守臣並
上奏，稱遼軍四萬已抵涿州（今河北保定市涿州市），聲言修平塞軍（即易州，
今河北保定市易縣）及故城容城。眞宗下令邊臣嚴斥候，指示倘遼軍果然修
建三城，就併力城建望都，以大軍夾守唐河，並命令威虜軍、靜戎軍、順安
軍、北平寨及保州嚴兵應援，同時繼續開方田以拒遼騎。若遼軍行動未止，
就以修新寨爲名，在定州儲備木瓦。〔註39〕對於宋軍的相應防禦措施，身爲

〔註35〕宋制內臣許養一子。閻文慶似乎是閻承翰惟一的養子。他在咸平六年出使河北
　　　　時的具體官職不詳，相信是黃門一級。因他得年多少不詳，無從推知他在咸平
　　　　六年的確實年歲，不過相信至少應有二十歲左右。參見《長編》，卷五十二，
　　　　咸平五年五月甲辰條，頁1131；卷五十五，咸平六年八月甲戌條，頁1210～1211。
〔註36〕《長編》，卷五十五，咸平六年八月甲戌條，頁1210～1211。關於閻文慶即閻
　　　　文應的考證，及他早年的事蹟，可參看本書第六篇〈小文臣與大宦官：范仲
　　　　淹與仁宗朝權閹閻文應之交鋒〉，頁209～210。
〔註37〕《長編》，卷五十五，咸平六年九月庚子條，頁1212～1213。
〔註38〕《長編》，卷五十五，咸平六年十月甲子至庚辰條，頁1214～1215。
〔註39〕《長編》，卷五十六，景德元年正月丙申條，頁1226。

北面都鈐轄的閻承翰就在壬子（廿七）上言宋廷，提出另一項將定州附近的水泊與河流連結起來的水利工程。他奏稱定州屯大軍，每歲役使河朔民夫輦運，甚為勞苦。而定州北唐河，可自嘉山東引至定州計三十三里，自定州開渠至蒲陰縣（今河北保定市安國市，景德元年為祁州州治）東約六十二里入沙河，東經邊吳泊入界河，足以行舟楫，不但容易運糧，又可在渠旁引水灌溉，播種水田，以助軍糧，而且於此設險可以阻限遼騎。有靜戎、順安軍開方田的成功先例，加上當時在定州的屯兵甚眾，過往以陸路運糧艱難，宋廷就接受閻的建議。四月丁卯（十四），閻上奏自嘉山引唐河水經定州東入沙河，其新開河北溝渠已開田種稻。他又請在旁的隙地募人耕墾。宋廷從之。真宗對此工程的進展，甚為關注。辛未（十八），真宗以保州屯田已漸見成效，若然繼續開闢必有大成。他以開田的兵士多為轉運司移易他使，未能集中使用。於是下詔保州專制屯田兵籍，不許轉運司從他處移用。真宗又對李沆等說，他閱讀順安軍和靜戎軍所上《營田河道圖》，參驗前後的奏牘，多有異同。他說順安軍界築堰聚水，到現時仍未到達靜戎軍，他懷疑該處地形高仰，恐怕勞而無功。他以王能最近上奏，唐河之北有古河道，從靜戎軍抵順安軍，每年多雨時，亦可行舟楫，同意改在這處開渠。李沆於此並無異議，於是宋廷派閤門祇候郭盛（？～1012 後）等乘傳與靜戎及順安等州軍之長吏經度以聞。郭盛等後來回奏稱可，於是真宗詔改用新的方案開渠。在真宗親自關注下，最後渠開成，人以為便，真宗優詔褒獎閻承翰等。六月丁丑（廿四），真宗對李沆等高度評價這項工程，稱「順安、靜戎軍先開河道屯田，導治溝洫，以為險阻。蓋欲保庇邊民，俾其耕殖」，他又肯定「自迄役以來，邊民得遂耕種，頗亦安堵」。為了固護河渠，真宗即時令莫州部署移兵馬裴村西，而以寧邊軍部署楊延朗建城壁於靜戎軍之東。〔註40〕

〔註40〕 《長編》，卷五十六，景德元年正月壬子條，頁 1228；四月辛未至壬午條，頁 1234～1235；六月丁丑條，頁 1241；《宋會要輯稿》，第十冊，〈食貨七‧水利上〉，頁 6117；第十六冊，〈方域十七‧水利〉，頁 9612；《宋史》，卷七〈真宗紀二〉，頁 123；卷九十五〈河渠志五〉，頁 2365～2366；卷四百六十六〈宦者傳一‧閻承翰〉，頁 13611。按四月壬午（廿九），知雄州何承矩又上奏請開乾寧軍西北之古河渠以通雄州，認為如此漕運就可不經界河，又可免去遼人邀擊之患，他預算浚治的役工凡二千萬。但真宗以工程甚大且又非其時，沒有採納他的建議。真宗又在同日詔在北平寨築隄導河水灌才良淀的工程暫停，因真宗有見北面工役煩重，而漸至炎夏，擔憂長吏不能優恤士卒。而他從地圖看到才良淀地勢極卑下，到夏秋積水，不須用人力開通。

　　據楊瑋燕的研究，這條新開的水道，從定州中部起，經定州、祁州（今河北石家莊市無極縣，景德四年遷今河北安國市）、寧邊軍、順安軍、雄州、霸州、信安軍等地，連接河北路北部邊境與近邊諸重鎮，而唐河又與深州（今河北衡水市深州市）、河間府（即瀛州，今河北滄州市河間市））等地的河流相連，這些地區的糧食物資也可以從此條水道運抵前線。〔註41〕而程龍也指出，「通過沿邊地區塘泊與河流所組成的水網，宋軍完成了將軍糧在沿邊地區最後的分配，被運至御河乾寧軍的糧食得以調往西部太行山前的重要兵力集結地」定州與鎮州。〔註42〕

　　宋廷加強北邊的糧運設施的同時，西邊在二月丁巳（初三）傳來好消息，西夏主李繼遷（963～1004）在攻擊西涼府（今甘肅武威市）時，被西涼六谷部首領潘羅支（？～1004）設伏挫敗，李中流矢而死。其子李德明（982～1032）繼位後向宋廷輸誠。另李繼遷族兄李繼捧（即趙保忠，962～1004）亦於六月庚午（十七）卒。〔註43〕當首相李沆在七月丙戌（初四）逝世後，眞宗就在八月己未（初七）擢用才兼文武的三司使寇準（962～1023）爲相，積極備戰，應付遼軍可能之進犯。〔註44〕在寇準的主持下，宋廷陸續調整北邊守臣的兵職。宋廷爲防止河北州軍的奸民乘遼軍入寇脅的騷動，劫掠入戶。就在閏九月甲子（十三），下詔緣邊都巡檢及捉賊使臣常領部軍馬往來巡察，嚴懲犯事者。並委修河工程已畢的閻承翰在丁卯（十六），仍以內侍左班副都知同制置河北東、西路緣邊事，總領其事。〔註45〕

　　遼軍已在承天蕭太后（953～1009）及遼聖宗（971～1031，982～1031在位）親自率領下，於閏九月舉國入寇。癸酉（廿二），遼軍先鋒大將順國王蕭撻覽（？～1004）引兵掠威虜軍、順安軍、北平寨及保州。石普、魏能及田敏諸

〔註41〕　楊瑋燕：〈宋遼對峙時期河北路水運的開發〉，《文博》，2010年第5期，頁58～59。

〔註42〕　程龍：《北宋糧食籌措與邊防——以華北戰區爲例》，第五章〈北宋華北戰區糧食調撥地理〉，頁132。

〔註43〕　《長編》，卷五十六，景德元年二月丁巳至戊午條，頁1228～1229；《宋史》，卷七〈眞宗紀二〉，頁123～124。

〔註44〕　《長編》，卷五十六，景德元年七月丙戌條，頁1243～1245；卷五十七，景德元年八月己未條，頁1251～1252；《宋史》，卷七〈眞宗紀二〉，頁124。眞宗擢用寇準之前，先擢用他的藩邸心腹、行事穩重的畢士安（938～1005）爲參知政事，然後在八月己未（初七）再擢畢爲首相，寇準爲次相。

〔註45〕　《長編》，卷五十七，景德元年閏九月丁卯條，頁1262；《宋會要輯稿》，第十五冊，〈兵二十七・備邊一〉，頁9186。

將率兵抵禦，雖取得小勝，但遼軍主力合攻定州，偏偏宋軍主帥王超列大陣於唐河，卻按兵不出戰，而令遼軍聲勢益熾。就在邊庭形勢告急時，在京師主持戰守大局的寇準即向眞宗奏上他有名的戰守方略〈論澶淵事宜〉。他在這份作戰計劃中兩度提到閻承翰。他請「先發天雄軍步騎萬人駐貝州，令周瑩、杜彥鈞、孫全照部分，或不足則止發五千人，專委孫全照。如敵在近，仰求便掩擊；仍令間道約石普、閻承翰相應討殺」；另外他又建議「募強壯入敵境，焚毀族帳，討蕩生聚，多遣探伺，以敵動靜上聞，兼報天雄軍。一安人心，二張軍勢以疑敵謀，三以振石普、閻承翰軍威，四與邢、洺相望，足爲犄角之用。」〔註46〕

　　在這場宋遼大戰中，據《宋史・閻承翰傳》所記，閻承翰首先奉詔徵發雄州和霸州的精兵，與荊嗣和張延同築壘禦敵。眞宗在十一月戊辰（十八）御駕親征時，閻承翰已先至澶州北城隨駕。他奏遼兵在近，請眞宗不要渡河。但眞宗在寇準及大將殿前都指揮使高瓊（935～1006）力請下，終於勉強渡河到達澶州北城，並在城樓張黃蓋激勵宋軍將士。眞宗抵達澶州前，遼軍主戰最力的蕭撻覽剛被宋軍伏弩射殺，遼軍士氣大受挫折。在降遼的原眞宗心腹愛將王繼忠斡旋下，眞宗派曹利用（971～1029）往遼營議和。宋遼雙方終於達成和議。十二月庚辰朔（初一），遼方派左飛龍使韓杞到澶州北城行宮呈遞盟書。韓杞入見眞宗於行宮前殿，跪授遼國書於宋之閤門使，使捧之以陞殿，而由閻承翰受而啟封，再交由宰相寇準宣讀。然後韓杞上殿參見眞宗，傳達遼主的問候及請求。眞宗回答遼使之問後，授以答書並賜韓杞襲衣金帶等物。閻承翰親身見證這次宋遼訂盟的一幕。〔註47〕丁亥（初八），眞宗班師在即前，閻承翰又被派往德清軍（今河南濮陽市清豐縣）規度修城，重修被遼軍破壞的舊壘。〔註48〕

〔註46〕 王得臣（1036～1116）（撰），俞宗憲（點校）：《麈史》（上海：上海古籍出版社，1986年10月），卷上〈國政〉，頁2～3；《長編》，卷五十七，景德元年閏九月癸酉條，頁1265～1267；趙汝愚（1140～1196）（編），北京大學中國中古史研究中心（校點整理）：《宋朝諸臣奏議》（上海：上海古籍出版社，1999年12月），卷一百三十〈邊防門・遼夏二〉〈寇準・上眞宗議澶淵事宜〉，頁1443～1444；《宋史》，卷七〈眞宗紀二〉，頁125。

〔註47〕 《長編》，卷五十八，景德元年十一月戊辰至十二月庚辰朔條，頁1282～1288；《宋史》，卷七〈眞宗紀二〉，頁126；卷四百六十六〈宦者傳一・閻承翰〉，頁13611。

〔註48〕 《長編》，卷五十八，景德元年十一月丁巳條，頁1280～1281；十一月壬申條，頁1284；十二月丁亥條，頁1293；十二月甲辰條，頁1300；《宋史》，卷四百六十六〈宦者傳一・閻承翰〉，頁13611。按宋廷考慮到德清軍處於澶州和大名府間，一向軍壘不修而屯兵又少，於是在十一月丁巳（初七）下詔德清軍

這次景德之役，有份從征的高級內臣除了閻承翰和入內副都知秦翰外，尚有內園使李神祐任隨駕壕寨使，以及皇城使入內副都知衛紹欽擔任車駕前後行宮四面都巡檢。閻承翰雖然沒有秦翰奮戰沙場那樣功勳卓著，〔註49〕但他從戰前開渠漕糧，屯田耕植，到護兵守邊，然後扈從眞宗於澶州，戰後又負責規度修復德清軍，均功不可沒，尤其是軍事後勤工作做得出色。

景德二年（1005）正月，宋遼議和後宋廷賞功，閻承翰獲加廉州刺史，並召回內廷任職。〔註50〕三月甲寅（初六），眞宗親御崇政殿試禮部奏名舉人，得進士李迪（976～1043）以下二百四十六人，以及特奏名五舉以上一百十一人、九經以下五百七十人及特奏名諸科三禮以下七十五人，均賜予及第、出身及同出身。〔註51〕眞宗這科取士之多，已十分恩待舉子；不過，仍發生舉子作弊的事。權三司使、樞密直學士劉師道（？～1010後）之弟劉幾道舉進士，本已獲得殿試的資格。任考官的右正言知制誥陳堯咨（970～1034）大概想討好劉師道，因新例以糊名考較，陳就教劉幾道於卷中使刺針眼以密加識別。劉順利擢第後，卻事泄，給人揭發作弊。眞宗查明事實後，劉幾道落名籍，永不得預舉。眞宗本來不想再追究劉師道的責任，但劉不識趣，堅持要弄個明白。於是眞宗又命閻承翰會同新貴、剛超擢爲東上閤門使的曹利用，以及閻上次治獄的搭檔兵部郎中邊肅一同往御史台審理。審訊的結果是劉師道坐「論奏誣罔」。四月丁酉（二十）劉師道責爲忠武軍（即許州）行軍司馬，陳堯咨責爲單州（今山東荷澤市單縣東南）團練副使。〔註52〕閻承

長吏，如遼軍入寇，就不須固守，率城中軍民齊赴澶州，並派駕前排陣使分兵接應。惜德清軍最後在壬申（廿二）仍被遼軍攻下，知軍尚食使張旦等十四人陣亡。考《長編》記閻承翰往德清軍規度修城，在德清軍被遼軍攻破而澶淵之盟訂立後。惟《宋史》則記閻承翰前往德清軍規度修城，是德清軍尚未被攻破之時，當有誤，現從《長編》之記。

〔註49〕　關於秦翰、李神祐及衛紹欽等高級內臣在景德之役的職務及軍功，可參閱本書第三篇〈宋初內臣名將秦翰事蹟考〉，頁81～82。

〔註50〕　《宋史》，卷四百六十六〈宦者傳一・閻承翰〉，頁13611；《長編》，卷五十九，景德二年正月己巳至甲戌條，頁1313～1314；按秦翰及周文質（？～1026後）等均獲賞功，秦翰擢入內都知加宮苑使，周文質以射殺蕭捷覽之功自高品擢殿頭高品。

〔註51〕　《長編》，卷五十九，景德二年三月甲寅條，頁1321～1323。

〔註52〕　《長編》，卷五十九，景德二年四月丁酉條，頁1328；《宋會要輯稿》，第八冊，〈職官六十四・黜降官一〉，頁4775；《宋史》，卷七〈眞宗紀二〉，頁128；卷二百八十四〈陳堯佐傳附陳堯咨〉，頁9588；卷三百四〈劉師道傳〉，頁10064～10065。

翰這次也和前兩宗案件一樣，只是奉命審理。分別的是，今次眞宗本來沒有打算追究劉師道失察弟弟作弊之罪，只是劉本人不知爲何自取其辱。據宋人筆記所載，劉師道與王欽若交好，陳堯咨則是簽署樞密院事陳堯叟（961～1017）弟，而王、陳二人均是寇準的政敵，今次劉、陳二人遭重貶，可能有黨爭的因素。〔註53〕

　　五月，因遼使多起到來，眞宗命翰林司、御廚司及儀鸞司沿路供帳，並完飭都亭驛及所經的州縣官舍。眞宗以供饋與程式未定，就命閻承翰專責經辦禮信事宜。有人提出以漢衣冠賜遼使，但閻回奏：「南北異宜，各從其土俗可也。」眞宗就依閻的意見而行。爲免遼使生疑，閻又請徙在京師的渤海、契丹諸營於外。眞宗以「南北通好，重勞人也，遽此煩擾，則非吾意。」沒有接受閻的意見。〔註54〕

　　七月己酉（初三），眞宗改勾當制置群牧司事爲群牧副使，又命能者多勞的閻承翰以內侍左班副都知充任，閻又兼管馬政，他在任上多條上馬政。至於制置群牧使就相應改爲群牧使。〔註55〕

〔註53〕 據《能改齋漫錄》所載，在澶淵之役，寇準欲因事而誅王欽若，賴時任隨軍三司使的劉師道在眞宗前力爲解救始免。劉師道因其弟作弊而被貶。到王欽若秉政後乃得復職。本來王欽若還要進用他，但劉不久病卒而不果。又按王欽若在劉師道被黜後兩天，自知鬥不過剛立大功而權勢迫人的寇準，就自請罷參政。寇準要打壓他，就特別將眞宗新授他資政殿學士的班位定在翰林學士之下，侍讀學士之上。劉師道受重譴，可能也是寇準打擊王欽若的手段。又邊肅是寇準的同年進士，這次很有可能借此巴結權勢正盛的寇準，而曹利用方獲得擢陞，大概也見風轉舵，依從寇準之意辦事。參見《長編》，卷五十九，景德二年四月己亥條，頁1329；吳曾（？～1170後）：《能改齋漫錄》（上海：上海古籍出版社，1979年11月新一版），卷十三〈記事·劉師道解王文穆罪文穆復師道職〉，頁388。

〔註54〕 據王曾（978～1038）所記，在景德之初，遼使來聘者凡百，宋廷賜予禮信均由閻承翰所定，王曾稱許閻承翰辦事「質直強幹」。又《宋會要輯稿·職官》將此事繫於景德三年五月，疑誤記。參見王曾（撰），張劍光、孫勵（整理）：《王文正公筆錄》，載朱易安、戴建國等（編）：《全宋筆記》第一編第三冊（鄭州：大象出版社，2003年10月），頁263；《長編》，卷六十，景德二年五月乙亥條，頁1343；《宋會要輯稿》，第七冊，〈職官三十六·主管往來國信所〉，頁3905；《宋史》，卷四百六十六〈宦者傳一·閻承翰〉，頁13611；關於宋廷賜予外國使節的禮品的討論，最近期的研究可參閱王艷：〈宋代的章服賞賜〉，《史學月刊》，2012年第5期，「外國使節」，頁58。

〔註55〕 《長編》，卷四十七，咸平三年九月庚寅條，頁1025；十月乙卯條，頁1028；卷六十，景德二年七月己酉至丙辰條，頁1349～1350；十一月乙丑條，頁1373；《宋會要輯稿》，第六冊，〈職官二十三·群牧司〉，頁3647；孫逢吉

景德三年（1006）正月壬子（初九），閻承翰又有新的差事。因諸陵側地形窪下積水，朝議加以修塞之。眞宗於是命太宗駙馬、武勝軍節度使吳元扆（962～1011）爲監修諸陵澗道都部署，閻承翰仍以內侍左班副都知任副都部署。眞宗先派工部尙書王化基（944～1010）往諸陵奏告，然後命吳、閻督工。吳元扆請禁止陵旁的民眾開掘近陵地，並令本鎭增植嘉木，其北域內的民居及官廨，徙置於三百步外。在吳、閻的督工下，工程歷時三月完成。眞宗即遣使告三陵及嵩嶽。〔註56〕

就在閻承翰忙於修整諸陵時，眞宗於二月丁酉（廿四）正式將內臣的機構確定爲入內內侍省和內侍省。閻承翰長期擔任的內侍班院即更名爲內侍省。〔註57〕另外，在眞宗下詔改革內臣制度的翌日（戊戌，廿五），在澶淵之盟立下大功的宰相寇準卻被罷相，他的同年參政王旦繼任相位，而他的政敵王欽若、陳堯叟則任知樞密院事。值得一提的是，沒有記載閻承翰與這兩派文臣有甚麼交往。〔註58〕

（？～1086後）：《職官分紀》，文淵閣《四庫全書》本，卷十九〈群牧副使、群牧判官〉，葉二十七上下；《玉海》，卷一百四十九〈兵制·馬政下·咸平群牧司〉，葉二十一上下；《宋史》，卷六〈眞宗紀一〉，頁 114～115；卷二百八十四〈陳堯佐傳附陳堯叟〉，頁 9586；卷四百六十六〈宦者傳一·閻承翰〉，頁 13611。考《宋會要輯稿·職官》及《職官分紀》均載閻承翰在景德三年七月任群牧副使。疑有誤，現從《長編》及《玉海》所記。又陳堯叟在咸平三年九月庚寅（十六）在宋廷始置群牧司時，陳堯叟以樞密直學士爲制置群牧使，內外廄牧之事，自騏驥院以下都聽命於群牧司。他在咸平四年三月擢同知樞密院事時就罷其任。閻承翰任新職時，擔任群牧判官的是寇準女婿著作佐郎王曙（963～1034），據《職官分紀》所載，王曙在景德二年即任此職，惟確實月日不詳。

〔註56〕　《長編》，卷六十二，景德三年正月壬子條，頁 1383；《宋會要輯稿》，第三冊，〈禮三十七·緣陵裁製上〉，頁 1572；《宋史》，卷二百五十七〈吳廷祚傳附吳元扆傳〉，頁 8951。

〔註57〕　眞宗爲了入內內侍班院的職務重複累贅，就在二月丁酉（廿四）下詔，以昔日入內內侍班院分遣使臣於內東門等處勾當處置，名目細而甚詳，很多可以省去。決定從此內東門取索司倂入內東門司，其餘的入都知司。而內東門都知司及內侍省入內內侍班院合併爲入內內侍省，以前所領的事務隸之。稍後又詔改內侍班院爲內侍省。參見《長編》，卷六十二，景德三年二月丁酉條，頁 1388～1389。

〔註58〕　首相畢士安在景德二年十月乙酉（初十）病逝，首樞王繼英也於景德三年二月丁亥（十四）病卒。寇準失了兩個有力的政治盟友後，爲王欽若中傷而失寵罷相。參見《長編》，卷六十一，景德二年十月乙酉條，頁 1369～1370；卷六十二，景德三年二月丁亥至己亥條，頁 1387～1390。

　　八月癸未（十三），因有司在起居日所賜軍校茶酒或失諸檢校，眞宗便詔閻承翰差派使臣監領省視，另在崇政殿賜蕃部酒食的事宜，也命監殿門使臣督領其事。大概閻一向做事幹練，故此宮內宮外事務眞宗都委他辦理。〔註59〕

　　十月辛未（初二），閻承翰的頂頭上司張崇貴以招撫西夏李德明之功，以六宅使、獎州刺史、內侍省右班都知擢陞爲皇城使、誠州團練使、內侍省左右班都知，成爲內侍省最高的長官。〔註60〕

　　十一月丙午（初七），眞宗在改派太子中允、直集賢院孫僅（969～1017）爲接伴契丹賀正旦使時，又考慮到入遼使者的從人問題。掌管對遼交聘事務的閻承翰這時上奏，提到現時派遣遼國的使者，其副使與隨從兵士近百人，已差馬軍員寮一人管轄，他請求再派使臣共同管勾。但眞宗認爲再差使臣管轄，恐怕在禮制上遼國難以接受，只同意增加軍員管轄。〔註61〕

　　景德四年（1007）正月己未（廿一），眞宗從京師出發前往鞏縣（今河南鞏義市）朝謁諸陵。二月戊辰朔（初一）抵西京洛陽（今河南洛陽市）。甲戌（初七），眞宗特賜酺三日，隨駕的閻承翰奉命與首席內臣宣政使李神福及西上閤門副使曹瑋（973～1030）共治其事。眞宗在洛陽停留一月後，三月己亥（初二）返抵京師。〔註62〕

　　眞宗返抵京師不久，章穆郭皇后（976～1007）因愛子周悼獻王玄祐（995～1003）在一年前之喪而悲痛成疾，四月辛巳（十五）終於病逝。眞宗再命閻承翰爲園陵按行使，入內副都知藍繼宗爲副使，勘查可作郭皇后陵之地。經過二人的查察，閻承翰上奏在永安縣陵臺側有地三兩處，惟司天監言皆地位不廣，卻已無可選擇。眞宗命令郭皇后陵祔於眞宗生母元德皇太后（944～977）陵安葬。辛卯（廿五），眞宗將郭皇后殯於萬安宮之西階，命藍繼宗及內臣內殿崇班張繼能、三陵都監康仁遇及閻承翰子高品閻文慶同監修園陵，又令步軍都虞候鄭誠（？～1011）爲都鈐轄，文思副使孫正辭（？～1013後）

〔註59〕《宋會要輯稿》，第四冊，〈儀制二・常參起居〉，頁2320。

〔註60〕《長編》，卷六十四，景德三年十月辛未條，頁1428；十一月乙卯條，頁1434。功勳卓著的內臣宮苑使、恩州刺史秦翰也在十一月乙卯（十六）特擢爲皇城使、入內內侍省都都知，成爲入內內侍省的最高長官。

〔註61〕《長編》，卷六十四，景德三年十一月丙午條，頁1432～1433；《宋會要輯稿》，第七冊，〈職官三十六・主管往來國信所〉，頁3905～3906。《宋會要輯稿》將閻承翰上奏繫於九月。

〔註62〕《長編》，卷六十五，景德四年正月己未至二月甲戌條，頁1443～1445；三月己亥條，頁1447；《宋會要輯稿》，第四冊，〈禮六十・賜酺之一〉，頁2097。

副之。六月乙卯（廿一）郭皇后葬於永熙陵西北。在辦理郭皇后的喪禮中，閻承翰父子又頗有勞積。〔註63〕

　　就在郭皇后入土同日，因知宜州（今廣西河池市宜州市）劉永規馭下嚴酷，激起兵變。劉永規及兵馬監押國均被軍校陳進所殺，判官盧成均被推爲帥，據城而叛。七月甲戌（初十）宋廷收到奏報，眞宗即命曹利用統軍南征。爲了鼓舞軍心，當曹利用大軍抵桂州（今廣西桂林市），眞宗便在八月乙未（初二），派使臣犒賞將校軍士。這次獲選爲使臣的是閻承翰子閻文慶。眞宗對閻氏父子聖眷甚隆，五天後（庚子，初七），因與遼修好，眞宗特置管勾往來國信司，命閻承翰及供備庫使帶御器械綦政敏主之，並令每年依時申舉遵守施行。宋遼修好而每歲需遣使交聘，眞宗一直命閻承翰專領其事，並設排辦禮信所，現在將禮信所陞爲國信司，置局鑄印，就順理成章由閻承翰出掌，他在管勾國信司任上多所規置。〔註64〕

　　當閻承翰領新職時，眞宗因知樞密院事陳堯叟奏上〈群牧議〉，力主「群牧之設，國家巨防」，不能因宋遼罷兵之後，以牧馬爲不急之務。眞宗同意他的遠見，就在八月乙巳（十二）置群牧制置使，令陳堯叟兼領之。陳堯叟起初不願意兼領此職，他自陳擔任樞密院要職，而與內臣閻承翰一同辦事，會招物議。但眞宗以「國馬戎事之本，宜得大臣總領，不可避也」。陳堯叟仍以樞密院事多，請只署檢，日常的帖牒文書就委副使閻承翰及判官印署施行。眞宗從之，稍後又增置判官一員協助閻承翰。〔註65〕眞宗一定要由陳堯叟統

〔註63〕《長編》，卷六十五，景德四年四月己卯條，頁1452～1453；六月乙卯條，頁1464；《宋會要輯稿》，第三冊，〈禮三十一・后喪一・章穆皇后〉，頁1446～1447；〈禮三十七・后陵・章穆皇后陵〉，頁1588。按《宋會要輯稿》記同監修園陵的內臣高品爲閻文度，惟檢索《宋史》、《長編》，找不到有任何關於內臣「閻文度」的記載，而在《宋會要輯稿》中，也只有這兩條提到閻文度其人。筆者懷疑這個閻文度，其實是閻文慶的訛寫。

〔註64〕《長編》，卷六十六，景德四年七月壬申至甲戌條，頁1472；八月乙未至己亥條，頁1478；《宋會要輯稿》，第七冊，〈職官三十六・內侍省・主管往來國信所之三十三〉，頁3905～3906；《玉海》，卷一百五十三〈朝貢・外夷來朝・景德國信司〉，葉三十四上下；《宋史》，卷四百六十六〈宦者傳一・閻承翰〉，頁13611。據《玉海》所記，在景德三年十二月戊子（二十），因雄州上奏，詔改機宜司爲國信司。

〔註65〕《長編》，卷六十六，景德四年八月甲辰至乙巳條，頁1479～1480；《玉海》，卷一百四十九〈兵制・馬政下・景德群牧故事〉，葉二十三上下；《職官分紀》，卷十九〈群牧制置使〉，葉二十四下至二十五上；《宋會要輯稿》，第六冊，〈職官二十三・太僕寺之五・群牧司〉，頁3647。

領群牧司，筆者以爲眞宗一方面怕閻承翰管事太多，應付不來；另一方面也是眞宗駕馭內臣的手段，他不容馬政之權掌於內臣之手，即使閻承翰一直忠心勤奮辦事。〔註66〕

三天後（戊申，十五），眞宗因閻承翰先前面奏，以官廨梁折，要求更換的事，於是下詔改革營造物料的供應制度。眞宗大概根據閻承翰的意見，重新訂定各部門提取物料的程序制度，防止濫用及浪費。〔註67〕

四、閻承翰在大中祥符年間的事蹟

眞宗在王欽若的誘導下，並勸服了宰相王旦妥協接受，早在景德四年十一月底便決定製造天書，並在往後數年舉行一連串的東封泰山，西祀后土活動的鬧劇，以「神道設教」的方式，一廂情願地以爲可以借此提高他的威望。眞宗在翌年（1008）正月乙丑（初三）就自編自導自演地弄了一幕天降天書的把戲。自王旦、王欽若以下群臣配合地齊齊歌功頌德。戊辰（初六），眞宗大赦天下，並改元大中祥符，文武官都獲加恩。〔註68〕是年閻承翰已六十有二，作爲高級內臣，他自然獲派有關迎接天書以及稍後封禪泰山的差使。京師舉行醮會，以慶祝天書之降，眞宗便曾命他與另一內臣白文肇輔佐宣政使

〔註66〕 據《群書考索》引《眞宗寶訓》所記，眞宗在景德四年曾對近臣說：「今國馬蕃息，當命內侍二人分掌左右監牧」，他稱許朱巽（？～1023 後）和閻承翰近來「專領此職，頗爲幹舉；然思得大臣總制，以集其事」，於是命陳堯叟領之。當陳推辭時，眞宗就說：「國事，戎馬之本，係于樞司，機要之運；然當別置使名，卿勿辭也。」將馬政納於樞密院，不讓它獨立運作，可見眞宗的用心。參見《群書考索後集》，卷四十四〈兵門‧馬政類〉，葉四下至五上（頁 737～738）。又有關北宋馬政的研究，特別是群牧司的研究，可以參閱江天健：《北宋市馬之研究》（臺北：國立編譯館，1995 年 6 月），第二章〈犖牧與農業衝突〉，第一節〈與農業衝突的監牧〉，頁 43～48；以及張顯運：〈淺析北宋前期官營牧馬業的興盛及原因〉，《東北師大學報》（哲學社會科學版），2010 年第 1 期（總第 243 期），頁 86～92。

〔註67〕 眞宗在詔中表示他曾以在京的廨舍營宇所費的材木，一直無條約制度管理，甚至三司都不能盡察，於是命令事材場、八作司每日具支用件狀向他奏報。他說閻承翰知道有這樣的新規定，所以上奏要求依條約更換官廨的梁木，不敢妄費。閻承翰在太宗朝曾建議改革事材場及八作司的弊病，他熟知此事的弊病何在。眞宗的改革，當出於閻的意見。參見《長編》，卷六十六，景德四年八月戊申條，頁 1481；《宋會要輯稿》，第十四冊，〈刑法二‧禁約八〉，頁 8285。

〔註68〕 《長編》，卷六十七，景德四年十一月庚辰至辛巳條，頁 1506～1507；卷六十八，大中祥符元年正月乙丑至戊辰條，頁 1518～1520。

李神福操辦此事。另外其子閻文慶可能亦派有差使。〔註69〕

　　五月丙子（十七），眞宗出發赴泰山前，即命閻承翰與另外兩員內臣宮苑使勾當皇城司鄧永遷（？～1014）及西京左藏庫副使趙守倫（？～1012後）整肅隨駕禁衛，並命特鑄印信給之。〔註70〕九月己未（初二），眞宗詔告太廟，展示天書及各種瑞物於六室。翌日（庚申，初三），眞宗任命兵部侍郎向敏中爲權東京留守同時，又命閻承翰仍以西京作坊使、內侍副都知與兩員武臣擔任都大提點頓遞，負責封禪隊伍的道路安排工作。〔註71〕十月辛卯（初四），眞宗從京師出發前往泰山，壬子（廿五）封禪泰山。翌日（癸丑，廿六），大赦天下，文武官員皆進秩。丙辰（廿九）抵兗州（今山東濟寧市兗州區）。十一月戊午（初一）到曲阜（今山東濟寧市曲阜市）謁孔廟，丁丑（二十），眞宗一行返抵京師，歷時個半月多的泰山封禪大典完成。十二月辛丑（十五），自王旦以下均依次加官。首席內臣李神福在甲辰（十八）以宣政使、恩州團練使特授新置的宣慶使領昭州防禦使。閻承翰大概也在這時沾恩而遷官一階爲西京左藏庫使。〔註72〕

　　大中祥符二年（1009）二月，閻承翰方扈從眞宗返京不久，眞宗又命他處理一起與群牧有關之事宜。眞宗早前聞知諸州群牧坊監各有提點使臣，惟

〔註69〕據《長編》所記，在大中祥符元年八月丙申（初八），「內侍鄧文慶監泰山道場，於制置使席上言詞輕率，詔特勒停。」這個鄧文慶是否閻文慶的訛寫？據《長編》卷九十六的記載，入內供奉官鄧文慶與盧守明，在天禧四年（1020）七月甲戌（廿五）奉眞宗命馳驛往永興軍，拘捕已被誅的入內副都知昭宣使周懷政（？～1020）的同黨朱能等。考《宋會要輯稿》沒有記載鄧文慶任何事蹟，而《長編》卷九十六以後也沒有鄧文慶的其他記載，《宋史‧周懷政傳》所僅見提到鄧文慶的，與《長編》卷九十六所記相同。暫時難以確定這個鄧文慶即是閻文慶，還是另有其人。參見《長編》，卷六十九，大中祥符元年八月丙申條，頁1555；卷九十六，天禧四年七月甲戌條，頁2209；《宋史》，卷四百六十六〈宦者傳一‧李神福、周懷政〉，頁13606，13616。

〔註70〕《宋會要輯稿》，第二冊，〈禮二十二‧封禪〉，頁1119～1120。

〔註71〕《長編》，卷七十，大中祥符元年九月己未至庚申條，頁1560；《宋會要輯稿》，第五冊，〈職官四‧尚書省‧行在諸司〉，頁3114。除了閻承翰外，擔任同一職務的還有樞密院諸房副承旨、左領軍衛將軍尹德潤、儀鸞副使賈宗（？～1019後）。

〔註72〕《長編》，卷七十，大中祥符元年十二月辛丑至甲辰條，頁1581；《宋史》，卷七〈眞宗紀二〉，頁137～139；卷四百六十六〈宦者傳一‧閻承翰〉，頁13611。按《宋史》記閻承翰在「大中祥符初，西京左藏庫使」，考他在大中祥符元年九月仍帶西京作坊使之官銜從眞宗封禪泰山，他遷官爲西京左藏庫使當在十二月百官加恩後。按西京左藏庫使比西京作坊使高一階，均屬西班諸司正使。

獨京師監牧本司官員卻無暇糾察。與王欽若等商議後，眞宗差使臣二人提點坊監，仍隸本司統轄。時任群牧制置使的陳堯叟上言，指出提點坊監使臣相度同州（今陝西渭南市大荔縣）沙苑監後，發現該監以前只牧養牝馬，現請改充孳生監，因該處無四時草地，初冬即須還廄，與河北諸監不同。另外之前亡失馬數甚多，生駒皆不壯健。陳堯叟請派閻承翰等相度處置，若找到有可四時放牧的草地，即向朝廷上奏。倘需要初冬還廄，即罷經度。眞宗依從陳之建議，命閻承翰依議執行。〔註73〕

二月己丑（初三），眞宗進一步更定內臣兩省中下級官稱：入內內侍省內侍供奉官爲內東、西頭供奉官，殿頭高品爲內侍殿頭，高品爲內侍高品，高班內品爲內侍高班，黃門爲內侍黃門，凡六等，並冠本省之號。初補者曰小黃門，經恩遷補則爲黃門。其內侍省供奉官、殿頭、高品、高班及黃門均依此改。翌日（庚寅，初四），眞宗又詔內臣任諸司副使，有子隸入內內侍省而未經恩遷的，並未特遷補一人。然在同日，入內內侍省的四員主管官員包括入內內侍省都知南作坊使李神祐、內園使石知顒；副都知西京左藏庫使張景宗（？～1022後）、供備庫使藍繼宗卻被眞宗同時罷職。事緣東封泰山慶典，內臣有扈從登山或不登山，或不及從祀的，眞宗命李神祐等按照他們的勞效而敘遷之。入內供奉官范守遜（？～1009後）、皇甫文、史崇貴（？～1012後）、張廷訓等四人均曾犯事遭譴，他們這次就向眞宗陳述勞效，並泣訴李神祐這次敘功不公平。雖然眞宗已不許他們投訴，但他們還不識好歹繼續多次向眞宗申訴。眞宗大怒，四人本來已恩授內常侍，現在就給眞宗罷官。眞宗盛怒之下，就將李神祐四人一併罷職。因入內內侍省都都知秦翰尚在西邊，於是眞宗擢升東染院使張繼能爲入內內侍省副都知，管理本省事務。〔註74〕在這次風波中，閻承翰所領的內侍省沒有波及，也見到他駕馭下屬的本領。

十二月辛卯（十一），遼承天蕭太后病逝。閻承翰大概在這時奉命出使西夏充李德明的加恩官告使。翌年（大中祥符三年，1010）正月己巳（十九），閻從夏州（今陝西榆林市靖邊縣以北 55 公里白城子）使還。他奏報宋廷，李德明於綏州（今陝西榆林市綏德縣）及夏州各建館舍以待宋使。爲了投桃報

〔註73〕《宋會要輯稿》，第十五冊，〈兵二十一・馬政・諸州監牧〉，頁9052。
〔註74〕《長編》，卷七十一，大中祥符二年二月己丑至庚寅條，頁1593；卷七十二，大中祥符二年九月丁丑條，頁1635；《宋史》，卷四百六十六〈宦者傳一・李神祐、張繼能、秦翰、石知顒〉，頁13607，13613，13623，13626；卷四百六十七〈宦者傳二・藍繼宗〉，頁13633。

李，他請求於浦洛峽也置驛以款待夏使。但眞宗以其地荒蕪，役守困難而否決其議。〔註75〕除了西夏使臣接待的問題外，閻承翰又以管勾國信的身份，多次向眞宗奏請更定出使遼國的禮節制度，以及於沿路修建驛館以款待遼使。眞宗在是月底即向樞密院表示「應副契丹使事例，多有增損不同，事繫長久，可盡取看詳，或有過當，於理不便者，並改正之，咸令遵守。緣路修館舍，排當次第，已曾畫一指揮，不至勞煩，可降宣命，悉令仍舊。」對於閻承翰的建議，眞宗持審愼的態度，沒有完全接納。〔註76〕

　　四月癸亥（十四），後宮李氏（即後來追尊爲章懿李太后，987～1032）誕下皇子（即後來的仁宗）。眞宗中年再得子，自是喜不自勝。〔註77〕對於此一宮中的頭等大事，作爲內侍省主管的閻承翰對育養小皇子的事宜自然不敢怠慢。值得一提的是，宋宮中地位最高的內臣宣慶使昭州防禦使勾當皇城司李神福在四月病逝，卒年六十四。〔註78〕

〔註75〕　《長編》，卷七十二，大中祥符二年十二月癸卯條，頁1645～1646；卷七十三，
　　　　　大中祥符三年正月丁巳、己巳條，頁1650～1651；《宋會要輯稿》，第十六冊，
　　　　　〈方域十・道路・驛傳雜錄〉，頁9469；《宋史》，卷七〈眞宗紀二〉，頁142；
　　　　　卷四百六十六〈宦者傳一・閻承翰〉，頁13611；脫脫（纂修），劉浦江（1961
　　　　　～2015）等（修訂）：《遼史》（北京：中華書局點校修訂本，2016年4月），
　　　　　卷十四〈聖宗紀五〉，頁178～179；卷十五〈聖宗紀六〉，頁183，185；卷八
　　　　　十二〈耶律隆運傳〉，頁1422～1423。據《遼史》所記，承天蕭太后卒於遼聖
　　　　　宗統和二十七年（即眞宗大中祥符二年）十二月辛卯（十一）。翌日（壬辰，
　　　　　十二），遣使報於宋、夏及高麗。遼特遣使耶律信寧馳騎來告，由涿州先牒告
　　　　　雄州，雄州守臣急奏宋廷。按《宋史・眞宗紀》繫此事於十二月甲辰（廿四），
　　　　　而《長編》繫此事於十二月癸卯（廿三），而記在翌日（甲辰，廿四）眞宗詔
　　　　　廢朝七日以誌哀。相信宋廷是在十二月廿三日才收到此消息。又宋邊臣曾誤
　　　　　傳蕭太后的寵臣、遼大丞相韓德讓（後賜名耶律隆運，941～1011）於大中祥
　　　　　符三年正月初也逝世。惟據《遼史・聖宗紀六》及《遼史・耶律隆運傳》所
　　　　　載，韓德讓其實要到統和二十九年（即大中祥符四年）三月己卯（初六）才
　　　　　逝世。
〔註76〕　《長編》，卷六十八，大中祥符元年三月乙酉條；卷七十三，大中祥符三年正
　　　　　月丁丑條，頁1653；《宋會要輯稿》，第七冊，〈職官三十六・內侍省・主管往
　　　　　來國信所〉，頁3905～3906。遼朝早在大中祥符元年三月，在遼境內的拒馬河
　　　　　北建館舍招待宋使。是故宋廷也禮尚往來，在宋境內營建接待遼使的驛館。
〔註77〕　《長編》，卷七十三，大中祥符三年四月癸亥條，頁1666～1667。
〔註78〕　《宋會要輯稿》，第四冊，〈儀制十三・內侍追贈・贈觀察使〉，頁2570；《宋
　　　　　史》，卷四百六十六〈宦者傳一・李神福、衛紹欽〉，頁13606，13625。李神
　　　　　福卒後，宋宮中地位最高的內臣依次是昭宣使劉承珪、內侍左右班都知張崇
　　　　　貴和入內內侍都都知秦翰。又原本位在李神福下的昭宣使衛紹欽於大中祥符
　　　　　之後各種典禮都不見他的名字，按《宋史》本傳記衛紹欽得年五十六，但他

五月辛丑（廿三），因京師大雨平地數尺，眞宗以諸軍營壁及民舍多毀壞，命閻承翰與八作司官吏按視並加以修葺，又給壓死之民家以金帛。〔註 79〕總之，閻是能者多勞。

八月丁巳（十一），閻承翰又要爲養馬的事操心。因騏驥院及坊監向宋廷報告，經過年終的查考比較，餵養馬所用之草料比例，是餵熟料者病死的多。宋廷於是又命閻承翰裁定該用之草料比例。閻經過查考，上奏先前已差派內侍高品王守文往府州（今陝西榆林市府谷縣）押送省馬百匹往京師，沿路依常給草料分數糰生秫飼，這批馬送抵京師的坊監別槽餵養，草料如在路上的分數，一年下來，只喪四馬，乃知餵養生料甚便。他請求在飼料的比例上應從以前的六分加到七分。眞宗接受他的意見。〔註 80〕

十一月丙子（初一），閻承翰又爲國信之事上奏。他向眞宗報告，每年伴遼使至，朝廷遣使傳宣撫問人使湯藥等，請每年五至七次，由他所管轄的內侍省差人押賜。眞宗詔由內侍省負責五次，其他由入內內侍省負責，將差事由兩省均勻處理。丙戌（十一），朝臣上言都亭驛每年接待遼使，所差殿侍甚多。眞宗即命閻承翰等查究，並定出今後應委的實際人數以聞。〔註 81〕

大中祥符四年（1011）正月乙酉（十一），已多有歷練的閻文慶與閣門祇候郭盛（？～1012 後）獲眞宗委派，協助樞密直學士周起（971～1028）編排貢奉紀錄。〔註 82〕閻承翰是月獲遷四階爲內園使，並晉陞爲內侍省左班都知。他在咸平初已任左班副都知，一任十四年，至此才擢左班都知。己丑（十五），眞宗出發往河中府（今山西運城市永濟市西）祀汾陰前，差入內內侍都都知、行宮使秦翰都大提舉行在翰林、儀鸞、御廚司，另又派已授沿路都大提點排頓公事的閻承翰，西上閣門使魏昭亮（？～1018）、樞密諸房副都承旨尹德潤

<hr />

的卒年不載。相信他卒於景德四年或大中祥符元年。關於衛紹欽的卒年及其事蹟的考述，可參閱本書第一篇〈《全宋文》前十五冊所收碑銘之宋初內臣史料初考〉，「衛紹欽」條及注 47，頁 26～27。

〔註 79〕《長編》，卷七十三，大中祥符三年五月辛丑條，頁 1672；《宋會要輯稿》，第十四冊，〈兵六‧營壘〉，頁 8723。

〔註 80〕《宋會要輯稿》，第十五冊，〈兵二十四‧馬政四‧雜錄〉，頁 9113～9114。

〔註 81〕《宋會要輯稿》，第七冊，〈職官三十六‧內侍省‧主管往來國信所〉，頁 3906。

〔註 82〕《長編》，卷七十五，大中祥符四年正月乙酉條，頁 1707；二月乙巳朔條，頁 1709。周起稍後上奏，指出不少人以進奉爲名，私染御服繒帛及製乘輿服用之物，並飾以龍鳳，請令禁止。眞宗在二月乙巳（初一）下詔，從周起之議，禁止這種做法。

（？～1014 後）與三員內臣史崇貴、郝昭信、趙履信同管勾駕前修整橋梁道路行宮。丁酉（廿三）眞宗離開京師，開始爲期兩月多的西祀汾陰的典禮。閻承翰與魏昭亮、尹德潤受命充自京至汾陰往來提點排頓公事。二月壬戌（十八），眞宗御朝覲壇，受群臣朝賀，大赦天下，恩賜如東封泰山之例。四月甲辰朔（初一），眞宗一行返抵京師。〔註83〕名位最高的內臣劉承珪以勞擢宣政使、應州觀察使。閻承翰大概亦以西祀汾陰的恩典，七月庚辰（初九）自廉州刺史遷獎州團練使。〔註84〕

就在眾人覃恩遷官不久，閻承翰卻與他的姻家及群牧司同僚西京左藏庫副使、勾當估馬司趙守倫，因在工作上互不相得，竟各自訴訟對方於朝廷，結果二人均被交付御史臺審問。七月甲申（十三），御史臺裁決：閻承翰坐擅用公錢，需贖金三十斤；趙守倫坐違制移估馬司，當免所居官，其典吏當杖刑。眞宗知道這只是因二人不和而互揭工作之短的小問題，翌日（乙酉，十四）就詔寬其責：閻承翰罰贖金十斤，趙守倫贖二十斤，其典吏亦降免從杖。至於群牧都監張繼能、群牧判官陳越、田穀、勾當騏驥院楊保用、估馬楊繼凝並釋罪。而他們的上司制置使陳堯叟也特免按問，所用公錢均予豁免。〔註85〕

〔註83〕《長編》，卷七十五，大中祥符四年正月丁酉至四月甲辰朔條，頁 1708～1718；《宋史》，卷四百六十八〈宦者傳一・閻承翰〉，頁 13611；《宋會要輯稿》，第五冊，〈職官四・尚書省・行在諸司〉，頁 3115～3116。

〔註84〕《長編》，卷七十五，大中祥符四年四月丙寅條，頁 1720；卷七十六，大中祥符四年七月庚辰條，頁 1728；《宋史》，卷四百六十八〈宦者傳一・劉承規、閻承翰〉，頁 13609，13611。按在四年四月丙寅（廿三），群臣本來用壬戌赦書以次遷秩，但眞宗在七月庚辰（初九）又對輔臣說，覺得較早前中外官員以覃恩而得遷官，但對入內內侍省和內侍省官來說，依例遷官，就分辨不出勤惰和勞逸。於是眞宗命輔臣取兩省官員姓名，較其入仕久近、幹事繁簡，而加以升降。眞宗即下詔從祀至脽上、河中府及入仕已十年者，至西京入仕及十五年者，留司掌事入仕及十七年者，並與改官。將命在外者，一體視之。至於請長假及事故入仕未滿限的，就量增俸給。另內諸司使有子者，恩例外更特與改轉官一人。本來眞宗這次較公平的賞典針對的主要是兩省中下級內臣，不過，也許閻承翰加領獎州團練使亦受益於這次加恩。

〔註85〕《長編》，卷二十，太平興國四年十一月辛丑條，頁 465；卷三十六，淳化五年十二月戊寅朔條，頁 802～803；卷六十三，景德三年七月丁卯條，頁 1414；卷七十六，大中祥符四年七月甲申至乙酉條，頁 1729；卷七十八，大中祥符五年八月戊戌條，頁 1777～1778；《宋會要輯稿》，第十六冊，〈蕃夷一・遼上〉，頁 9714；《宋史》，卷四百六十八〈宦者傳一・閻承翰〉，頁 13611。趙守倫久典廄牧，又掌估馬司，大概是不能接受閻對他的管控。他們是怎樣的姻家，群書沒有說得清楚，是否閻文慶娶趙的女兒，因閻承翰父子的墓誌銘並未傳

八月，閻承翰的上司、昭宣使誠州團練使內侍省左右班都知張崇貴卒。
得年五十七。〔註86〕閻承翰成為內侍省最高的主管官員。

十月丁卯（廿八），白波（今河南焦作市孟州市西南）發運判官、大理寺
丞史瑩（？～1012後），上奏言及孟州汜水縣（今河南滎陽市汜水鎮）孤柏嶺
下沿南岸山址，可以開通引導黃河水入汴河，甚為便利。真宗覽奏後頗有保
留，他以史瑩所附奏及圖所請開口處，地形甚高，若河勢正注而來，下面分
洩不及，就會為溢流所害，實在可慮。但史瑩論列甚堅定，就詔使者帶同史
的奏表及圖予內臣勾當汴口楊守遵（？～1011後），命楊守遵與史瑩一同前往
經度。楊守遵回奏工役大而流水悍急猛大，非人力可以抵禦。史瑩卻稱楊守
遵為己邀功，請求別委官員經度。真宗得奏，於是命閻承翰前往覆視，承翰
表示河流并依南岸，若就開汴口取黃河水東注以達京師，亦可憂慮。他請在
汴水下流疏浚減水四渠，以防潰溢。真宗接納其議，就罷史瑩之議而改行開
四渠的水利工程。〔註87〕

閻承翰可說是通天老倌，京師大小事務都委他經度。大中祥符五年（1012）
七月乙亥（初九），真宗因視察汴河上諸新橋，批評京城通津門外新置的汴河

世而暫未能確知。又據《長編》及《宋會要輯稿》所載，趙守倫與閻承翰同
是內臣，趙守倫早在太宗朝已有購買民間私馬及牧養官馬的豐富經驗。而趙
也在景德三年七月建議自京東分廣濟河由定陶（今山東荷澤市定陶縣）至徐
州（今江蘇徐州市）入清河，以達江湖之漕運，不過工役成後，真宗派人覆
驗，覺得通漕的效益不高而罷之。趙與閻承翰一樣，也懂得修河治水。趙守
倫在大中祥符五年（1114）八月以方宅副使上言，以河東廣銳軍士善騎而武
藝不習，他請自京師簡取隊長，精加訓練。真宗接受其議。趙以後的事蹟不
詳，亦不詳是否留任群牧司。

〔註86〕《長編》，卷七十六，大中祥符四年六月甲子條，頁1727；《宋會要輯稿》，第
四冊，〈儀制十三・內侍追贈・贈觀察使〉，頁2570；《宋史》，卷四百六十八
〈宦者傳一・張崇貴〉，頁13619。考《長編》記在是年六月，張崇貴子張承
素請為其父立神道碑。然據《宋史・張崇貴傳》及《宋會要輯稿》，張崇貴實
卒於八月。《長編》此節繫月疑有誤。

〔註87〕《長編》，卷七十六，大中祥符四年十月丁卯條，頁1738；卷七十八，大中祥
符五年六月丙寅條，頁1773；八月戊申條，頁1780；《宋會要輯稿》，第十六
冊，〈方域十六・諸河・汴河〉，頁9588；《玉海》，卷二十二〈地理・河渠・宋
朝四渠四河〉，葉二十四上下。史瑩在上奏時還附有唐玄宗開元十五年（727）
二月十五日碑，言及唐洛州長史李傑在這裡築堰鑿山隨山導水的情況，以說服
真宗接受他的方案。他在大中祥符五年六月，又獲內殿崇班閤門祗候郭盛及知
濱州孫沖（？～1014後）薦其知水事，任棣州（今山東濱州市惠民縣東南）通
判。但同年八月，他因主張徙州治，與孫沖意見不合，被孫奏劾而罷職。

浮橋，未及半年就已破損。公私船隻經過之時，人皆憂懼。眞宗於是又命閻承翰規度利害。閻承翰查看後，以拆廢之爲便。眞宗就依其議行。〔註88〕值得注意的是，眞宗在是年底議立皇后，他屬意劉德妃（即章獻劉太后，968～1033，1022～1033攝政）。而朝臣中王欽若、丁謂（966～1037）、陳彭年（961～1017）及林特（？～1026）一黨，加上內臣名位最高的宣政使應州觀察使劉承珪則在背後支持。五人秘密交通，被時人稱爲「五鬼」。不過，十二月甲子朔（初一），劉承珪卻以疾求退，丁謂等當然不想他退下來，向眞宗力陳挽留他。於是眞宗特置景福殿使以授之，眞宗以景福殿使班在客省使上，俸如內客省使，又許減去他許多繁務，只令他仍舊管勾五嶽觀、內藏庫、皇城司。閻承翰的情況很像劉承珪，因得到眞宗的信任而兼領許多職務，不過，他似乎沒有與朝臣朋比的記載。〔註89〕丙子（十三），兼任管勾國信的閻承翰與張繼能卻被劾待慢遼使，爲驛館供應有缺而令遼使怒而歸去。眞宗特宥二人之罪，其餘官員就分別加以懲處。朝臣似乎沒有爲二人說情。丁亥（廿四），眞宗終於冊立劉德妃爲皇后。閻承翰又得加倍小心謹愼侍候這位厲害的女主了。〔註90〕

大中祥符六年（1013）三月甲辰（十三），眞宗親撰〈內侍箴〉並附注賜閻承翰等兩省主管內臣。據《玉海》所載，其大旨云：

> 內懷祗謹，乃可事君。其或輕率，必當陷刑辟而失身。苟能靖專，無或放佚，朕之望也。監治軍戎，惟在甘苦一同。臨莅之務兼濟，奉使之外，本自無威。苟假朝廷之威，人之奉爾蓋爲朝廷，或不矜伐，掌守禮度，不自專輒。常稟法制，則外人見仍加欽重。

眞宗再命閻承翰入對，再訓示他「勿希旨，勿附辨，但存公平之道，常持正直節儉忠直，不爲奢侈之事，切思矯僞勿遲遲。」眞宗又稱許閻「爾有勤勞，國家必以官報，爾不求自至也。」閻得到眞宗的嘉許後，即上表請求將眞宗的箴言刻石於本省。眞宗自然准奏。〔註91〕值得注意的是，七月丁酉（初七），

〔註88〕《宋會要輯稿》，第十六冊，〈方域十三・橋梁〉，頁9543。
〔註89〕《長編》，卷七十九，大中祥符五年九月戊子條，頁1786～1788；十一月丙午條，頁1805；十二月甲子朔條，頁1806～1807；《宋史》，卷四百六十六〈宦者傳一・劉承規〉，頁13609。
〔註90〕《長編》，卷七十九，大中祥符五年十二月丙子至丁亥條，頁1809～1810。
〔註91〕《長編》，卷八十，大中祥符六年三月甲辰條，頁1820；《宋會要輯稿》，第七冊，〈職官三十六・內侍省〉，頁3891；《玉海》，卷三十一〈聖文・祥符賜內侍箴〉，葉二十八上下；《群書考索前集》，卷十七〈正史門・賜內侍箴〉，葉

名位最高的內臣景福殿使、安遠留後左驍衛上將軍致仕劉承規（即劉承珪）卒。〔註92〕名位比閻承翰高的內臣只有秦翰、韓守英及入內都知皇城使鄧永遷（？～1014）等數人。

十月乙丑（初七），眞宗又下詔將前往亳州（今安徽亳州市），奉天書以朝謁太清宮。龍圖閣待制孫奭（962～1033）雖然在甲戌（十六）上書極力反對此一勞師動眾之舉，但眞宗仍執迷不悟。十二月丙寅（初九）眞宗命兵部尙書寇準權東京留守，而以閻承翰及入內押班勾當皇城司周懷政（979？～1020）都大管句大內公事。〔註93〕這次閻承翰沒有扈從眞宗前往亳州。

大中祥符七年（1014）正月壬寅（十五），眞宗一行離京出發，四天後（丙午，十九）抵亳州，己酉（廿二）朝謁太清宮。乙卯（廿八）車駕經過應天府（今河南商丘市）。丙辰（廿九），詔升應天府爲南京。並建鴻慶宮。二月辛酉（初五），眞宗返抵京師。〔註94〕三月庚寅（初五），眞宗以奉祀禮成，大宴於含元殿。癸巳（初八），眞宗詔文武群臣曾事太祖朝的，賜一子恩。翌日（甲午，初九）群臣以次加恩。〔註95〕閻承翰大概在此次大典中也得到恩典。他在太祖朝已出仕，相信其子閻文慶沾了他的光而獲陞遷。

六月乙亥（廿一），閻承翰在群牧司的上司樞密使陳堯叟，因另一樞使王欽若與樞密副使馬知節（955～1019）相爭而一齊被罷職，而半年前與閻一同

<hr/>

十下（頁127）；《宋史》，卷四百六十六〈宦者傳一・閻承翰〉，頁13611。

〔註92〕 《長編》，卷八十一，大中祥符六年七月丙申條，頁1839；《宋會要輯稿》，第四冊，〈儀制十三・內侍追贈・內侍贈兩官〉，頁2569。劉承珪因久病，眞宗取道家易名度厄之方法，將他改名爲劉承規。當他病重，許他回私第休養。他上表求罷，本來想求節度使之職致仕，但宰相王旦不同意，於是眞宗改授低一級的安遠軍留後及左驍衛上將軍致仕。劉承規死後，眞宗乃贈他鎭江軍節度使，諡「忠肅」。

〔註93〕 《長編》，卷八十一，大中祥符六年十月乙丑至甲戌條，頁1849～1851；十二月丙寅條，頁1854；卷八十三，大中祥符七年八月丁丑條，頁1893；《宋會要輯稿》，第三冊，〈禮五十一・徽號・朝謁太清宮之四〉，頁1882；《宋史》，卷四百六十六〈宦者傳一・閻承翰、周懷政〉，頁13611，13614～13615。考閻承翰的官職，《長編》記他在六年十二月已任入內都知，但於大中祥符七年八丁丑條則仍作內侍都知。而《宋會要・禮五十一》這條記他在祥符六年十二月之官職仍是內侍都知。《宋史》本傳記他在大中祥符七年八月以勞遷入內都知。疑《長編》在祥符六年十二月甲戌條所記閻之官職有誤。又與閻承翰留守京師的內臣還有崇儀使藍繼宗、入內押班周懷政及內殿崇班周文質。

〔註94〕 《長編》，卷八十二，大中祥符七年正月壬寅至二月辛酉條，頁1862～1865。

〔註95〕 《長編》，卷八十二，大中祥符七年三月庚寅至甲午條，頁1867。

留守京師的前宰相寇準，因宰相王旦的極力推薦，復任爲樞密使。〔註96〕王欽若等垮台，與其政敵寇準復任，明顯是朝中兩派文臣的權爭。處身其間的閻承翰卻似乎置身事外，沒有依附那一派，這是他謹愼而高明之處。

八月丁丑（廿四），眞宗除了以御製的〈朝謁太清宮頌〉、〈明道宮碑〉及〈聖祖殿等銘〉出示群臣，回味他是年初南巡之大典外，也不忘祀祭亡伯與亡父。同日，他派閻承翰以內侍都知與內侍楊懷古前往應天府，奉安太祖、太宗聖像於南京鴻慶宮歸德殿。〔註97〕閻承翰使畢返京，眞宗以勞擢升他爲南作坊使、入內都知。這是閻承翰最後一次出使。他在十一月病卒，年六十八，眞宗追贈他懷州防禦使。他的兒子閻文慶大概因他的恤典而得到遷官。〔註98〕

五、餘論

筆者在論藍繼宗和秦翰事蹟兩文中，均提到宋代內臣從其職能去看，宜有「文宦」及「武宦」之別。與閻承翰同時的高級內臣，軍功卓著的秦翰當然是典型的武宦，而從《宋史・宦者傳一》所列的竇神寶、王繼恩、李神祐、張崇貴、張繼能、衛紹欽、石知顒、鄧守恩到《宋史・宦者傳二》所列的楊守珍（？～1030後）、韓守英等人，按其事功經歷均可入於武宦之列。而從《宋史・宦者傳一》所列的王仁睿（945～987）、周懷政到《宋史・宦者傳二》所列的藍繼宗均可區分爲文宦。至於李神福與劉承珪則介乎二者之間。然則閻承翰應當列爲文宦抑武宦？閻承翰雖被眞宗評爲欠缺武幹，但他既曾參與平李順之亂，任川峽路招安都監，又曾任金吾衛都監，並出守北邊，擔任北邊三路都鈐轄的重要兵職，還在景德之役扈駕北征。他雖無在沙場殺敵的顯赫

〔註96〕《長編》，卷八十二，大中祥符七年六月乙亥條，頁1882～1883。
〔註97〕《長編》，卷八十三，大中祥符七年八月丁丑條，頁1893；《宋會要輯稿》，第二冊，〈禮五・祠宮觀・鴻慶宮〉，頁563；〈禮十三・神御殿〉，頁717；《玉海》，卷一百〈郊祀・祠宮（觀附）・祥符南京鴻慶宮二聖殿〉，葉二十一下至二十二上；《宋史》，卷八〈眞宗紀三〉，頁156；卷四百六十六〈宦者傳一・閻承翰〉，頁13612。彭百川（？～1209後）：《太平治蹟統類》（揚州：江蘇廣陵古籍刻印社影印適園叢書本，1990年12月），卷四〈眞宗祥符〉，葉十四下。
〔註98〕《宋史》，卷四百六十六〈宦者傳一・閻承翰〉，頁13612；《宋會要輯稿》，第四冊，〈儀制十三・內侍追贈・贈觀察使、贈防禦使〉，頁2570～2571。按南作坊使即東作坊使改，閻承翰從內園使遷南作坊使，共陞五階。又地位比閻承翰稍高的另一員高級內臣皇城使、入內都知、恩州團練使鄧永遷亦卒於同月，惟不知誰離世略早。

戰功，但他在開渠屯田輸送軍糧，以及修築軍壘、傳達軍情方面均甚有建樹，而在馬政管理方面更是貢獻良多。〔註99〕在今日中國的軍事編制下，以閻承翰的資歷及專長，大概可擔任總後勤部或總裝備部的高級職位。將他歸類為武宦應當沒有太大的爭議的。當然，閻承翰絕非目不識丁的武夫，他長期擔任主管兩省的高級內臣，至少是粗通文墨的，他常常上章奏事，又多次奉命參與按獄，沒有相當文化學識是不成的。他的兒子名「文慶」，他的孫子名「士良」，又隱約看到他尚文的傾向。故此，本文將他歸類為「武宦」，只是從他的仕歷專長而論，而非論列他「無文」。 閻承翰具有多樣的辦事能力，而其中最為人所觸目的，就是他治水開渠的專長。他治河的才具，不但在北宋的內臣中首屈一指，就是與朝臣相較，也不遑多讓。若以現代的職稱制度，他絕對評得上國家一級水利工程師。值得注意的是，他的兒子閻文慶和孫子閻士良均繼承他治水的本事，治水開渠成為閻氏內臣世家的家學。閻承翰的名字有「承」字，顯然其養父對他有所期盼。可惜他的養父姓名及事蹟不載，未能推知閻承翰治河以至牧馬之本領是否承自其父。宋代內臣的辦事能力是如何培養出來的，實是值得我們注意的課題。

閻承翰和藍繼宗等同樣是有多方面才幹的內臣，用現代的說話，他們可算得上「通天老倌」、「萬能博士」。宋宮內外大小事務，上至修建陵墓，下至勘察橋梁，他們幾乎是無一不預，而多數時候他們做得比負責的文臣還要出色。拋開對他們「專權任事」的偏見，我們應看到他們其實是文武臣僚系統以外另一支生力軍和預備隊。我們可不要小看這些被視為帝王奴才及刑餘之人，特別是像閻承翰這些在千百內臣中經千錘百鍊，才得以擢至兩省主管的高級內臣。他們的才具能力，其實和在科場上脫穎而出，且在仕途中久經歷練才兼文武的文臣不遑多讓。只是過去我們受傳統史家的影響，對宋代內臣或存偏見，才低估他們的能力和他們對朝政的貢獻。閻承翰的例子，或可讓我們對北宋內臣的能力及貢獻有多一點的認識。

〔註99〕 考北宋真宗朝著名邊將李允則（953～1028）在閻承翰卒後數年鎮守雄州時，便在閻承翰在雄州所開的屯田基礎上構築完整的防禦系統。宋人對閻承翰的貢獻加以肯定。參見《隆平集校證》，卷十六〈武臣・李允則〉，頁 477；《長編》，卷九十三，天禧三年六月丁酉條，頁 2150～2151；王稱（？～1200 後），《東都事略》，收入《宋史資料萃編》第一輯（臺北：文海出版社，1967 年 1 月），卷二十九〈李謙溥傳附李允則〉，葉三下（頁 476）；《宋史》，卷三百二十四〈李允則傳〉，頁 10480。

　　宋人對閻承翰的批評是他「性剛彊，所至過於檢察，乏和懿之譽」；〔註100〕不過，這只是針對他辦事的態度。閻曾多次奉旨參預審訊朝臣的案件，而這幾宗案件背後均有文臣黨爭的陰霾。然而我們所見到的，是閻完全奉帝王的意旨行事，而絕不介入朝臣的權力鬥爭。閻和比他資歷稍淺的藍繼宗一樣，都是行事小心謹慎，安分守紀的人。也許他早年爲外戚王繼勳犯過而連累被太祖杖責之教訓，令他始終頭腦清醒，他始終是帝王的奴才。眞宗賜他〈內臣箴〉，並表揚他「爾有勤勞，國家必以官報，爾不求自至也。」正是他心領神會眞宗對內臣的要求的間接反映。〔註101〕可惜他的寶貝兒子閻文慶及孫子閻士良卻學不到他這方面的本領。〔註102〕

　　閻承翰的案例還有一點值得我們注意，是他與同屬內臣的趙守倫聯姻。因文獻無徵，我們暫時不知道是閻承翰的養子或養女婚配趙守倫的養子女，還是閻承翰的兄弟家人與趙之家人聯姻？宋代內臣聯姻，並非罕有的事。筆者年前所考論的三個在兩宋之交的內臣董仲永（1104～1165）、鄭景純（1091～1137）及楊良孺（1111～1164），他們的女婿便多是內臣。〔註103〕不過，閻承翰與趙守倫之內臣聯姻，卻是目前記載最早的例子。

〔註100〕 《宋史》，卷四百六十六〈宦者傳一・閻承翰〉，頁13612。

〔註101〕 明末毛一公（？～1620後）編《歷代內侍考》，評及閻承翰、衛紹欽、石全彬、張崇貴、張繼能及劉承規時，他說「宋自太宗以來，時取典兵，覈獄察吏，觀風之任，委之閹人，而其才謂，亦每每足以集事。然閻承翰名在五鬼，紹欽苛愎少恩，全彬用治喪故，驟得美選，崇貴、繼能直因私憾，橫肆訐誣，知而不問，出而聽其自陳刑賞，不幾頓乎。嗚呼！秉讓徇公如劉承規，猶以伺察使人畏，其餘不足，尤以所幸主皆英明，故不大至於決裂耳。」毛一公誤將劉承規被列名五鬼之事，當作閻承翰。他對閻承翰以下諸內臣一方面承認他們都有辦事能力，但整體評價都不高，而認爲幸而太宗及眞宗都是英主，才不至敗事。他的評論自然不脫對內臣的偏見。參見毛一公（撰）：《歷代內侍考》，載《續修四庫全書》（上海：上海古籍出版社據浙江圖書館藏清抄本影印，2002年），第517冊，《史部・傳記類》，卷十，頁110。

〔註102〕 閻文慶官至入內內侍省都都知，名位尚在乃父之上。他同樣具有多方面的才幹，但弄權作惡，與權臣勾結，爲正直士大夫所不齒。他的行事爲人，可看本書第七篇〈小文臣與大宦官：范仲淹與仁宗朝權閹閻文應之交鋒〉，頁207～236。至於閻士良既有其父之惡行，亦頗有治事之才幹，尤精於治河。他的生平事蹟，可參看本書第八篇〈北宋閻氏內臣世家第三、四代人物閻士良與閻安〉，頁238～273。

〔註103〕 參見本書第九篇〈曹勛《松隱集》所收的三篇宋代內臣墓誌銘〉頁304～305，314～317。

　　從閻承翰的案例，我們又可以看到真宗駕馭內臣的手段。真宗基本上能做到任人惟才和知人善任。閻承翰雖然沒有殺敵沙場的武幹，但他做事勤奮而盡忠職守，故真宗仍委以軍旅以外的重任。真宗對臣下寬大，對內臣的控馭卻十分在意，他御撰賜閻承翰的〈內臣箴〉正明確地宣示他的旨意。真宗一朝的內臣，除了劉承珪暗中黨同王欽若等外，就只有在真宗晚年神智不清時得寵的周懷政曾介入文臣之黨爭，到周懷政被指控謀叛，真宗也沒有饒過他一命。〔註104〕其他的高級內臣，都像閻承翰等安分守紀，沒有做出招權納賄的事。據此而論，真宗使用和駕馭內臣的手段算得上是成功的。

修訂後記：

　　本文原載《中國文化研究所學報》，第六十一期（2015 年 7 月），頁 69～99。現除了改用新點校本的宋史文獻外，只補充少許資料及改正一些錯別字，主要觀點不變。

〔註104〕《宋史》，卷四百六十六〈宦者傳一‧周懷政〉，頁 13614～13617。周懷政要到大中祥符六年才擢入內押班，進入內臣主管的行列。仁宗立爲皇太子，他再擢爲入內副都知、管勾左右春坊，擔任東宮的事務總管，而權勢日大。他親善寇準而不喜王欽若，在天禧年間，他有份揭發王欽若受賄之事而致他罷相，又幫助寇準用僞造天書的手段取悅真宗而得復相。他最後卻敗在劉皇后、曹利用、丁謂的手上而被誅。